解析：信访与心理因素

成云新 著

·南京·

图书在版编目（CIP）数据

解析：信访与心理因素 / 成云新著 .-- 南京：东南大学出版社, 2024.12.--ISBN 978-7-5766-1776-4

Ⅰ.D632.8

中国国家版本馆 CIP 数据核字第 2024JF7572 号

责任编辑：谢淑芳　责任校对：子雪莲　封面设计：岳招军　责任印制：周荣虎

解析：信访与心理因素
JIEXI：XINFANG YU XINLI YINSU

著　　者	成云新
出版发行	东南大学出版社
出 版 人	白云飞
社　　址	南京市四牌楼 2 号　邮编：210096
网　　址	http://www.seupress.com
电子邮箱	press(@seupress.com
经　　销	全国各地新华书店
印　　刷	盐城志坤印刷有限公司
开　　本	700 mm×1000 mm　1/16
印　　张	19.25
字　　数	223 千字
版　　次	2024 年 12 月第 1 版
印　　次	2024 年 12 月第 1 次印刷
书　　号	ISBN 978-7-5766-1776-4
定　　价	68.00 元

本社图书若有印装质量问题，请直接与营销部联系，电话：025-83791830。

前　言

信访制度是我们党和国家一项重要而特殊的制度。重要性在于，在我们党和国家的不同发展阶段，信访制度及其工作先后承载了不同的历史使命；特殊性在于，信访制度及其工作的功能特殊、作用特殊，它既是我们党和政府联系群众的桥梁、倾听群众呼声的窗口、体察群众疾苦的重要途径，也可以发挥政治参与、权力监督、权利救济等重要作用。

笔者在2022年出版的首部专著《透视：信访与群众工作》（以下简称《透视》）中，尝试阐释了"信访是什么""信访为什么""信访做什么"等话题。如果说，《透视》一书的重点是围绕信访制度的宗旨，即信访的"联系"功能及其政治属性，对我国信访制度的本身进行了"全景式"的扫描与分析，意在去"标签化"，那么，本书的重点则是围绕信访制度的关键，即信访的"表达"功能及其人文属性，对我国信访制度的主体进行"聚焦式"解剖与探讨，意在去"表面化"。

在《透视》一书中笔者提出，根据马克思主义的实践论观点，信访实践亦由主体、客体、中介三者构成。人既是信访实践的主体，也是信访实践的客体，还是信访中介的重要组成部分，因此人始终应是信访实践的关键。而作为信访实践之关键的人，是有着不同特征、不同个性的一个又一个具体的人。毛泽东同志早在1957年《关于正确处理人民内部矛盾的问题》的讲话中就指出："人民信访是一项非常复杂的工作。其复杂性的重要表现在于，群众诉求有合理的，也有不合理的；有行为正常的，也有偏激偏执的。对于群众的诉求，必须区别对待，妥当处理。"[1]

并且，笔者在《透视》一书中还认为，"信访"的本质是一种使用书面语言（信）和口头语言（访）的群众与干部之间的交流互动。群众信访活动以及干部信访工作的关键则是表达与领会，其本质即为言语，包括"说、写、听、读"。而人的个性与言语均是心理学的重要范畴，信访领域的心理因素因而愈加凸显，我们也就有必要从心理学的角度去认知信访、探讨信访。正如有心理学家提出的，也许我们可以单凭外在表现去理解一些动物的行动，但人是不同的；了解一个人的内在心理，对于理解他们为什么做这些事，以及这对他们意味着什么，是完全必要的。

《史记》有云，"失之毫厘，谬以千里"。即认识的出发点和方向性错误，对事物的理解和判断也会跟着出现错误。部分干部基于信访人的一些外显行为就做出轻率判断，或是从信访人的表面活动就形成武断结论，如认知层面的"对于群众信访，要坚持有理推定"，感情层面的"人不伤心不落泪，人无难事不上访"，意志层面的"信访人反复信访，肯定是其合理诉求没有得到及时解决"，等等。殊不知，当下信访领域的这些表象评判、直观评议往往偏见成分较多。我国哲学家、政治学家和教育家车铭洲先生就曾指出：实事求是，既是科学方法，也是道德境界。

唯物辩证法认为，事物的发展是内因外因共同起作用的结果，内因是事物发展的根据，是第一位的；外因是事物发展的外部条件，是第二位的，外因必须通过内因而起作用。不约而

---

[1] 田先红：《毛泽东的信访分类治理思想及启示》，《毛泽东研究》2014年第2期。

同的是，当代著名心理学家、社会认知理论创始人阿尔伯特·班杜拉也认为，"各种心理学理论都假定有一些中介机制，外部因素通过这些中介机制影响行为。"[1] 由此我们也必须认识到，信访活动、信访工作的起因、过程、结果是会因人而异的。信访的表达并不能等同于"事实"，信访的领会更不能代表"真相"，信访领域须臾不离的则是人的心理因素。

心理学是解释因与果的钥匙，是关于人的学问，是关于生活和社会的科学与技巧。[2] 心理学源于西方哲学，19世纪末才开始脱离哲学，逐渐成为一门独立的科学，因而也有一些心理学大师被称作哲学家。作为一门研究人的心理活动规律以及人与人、人与社会互动规律的学科，心理学的身影出现在我们社会生活的方方面面。它希望通过对规律的研究和概括，帮助人们更好地理解现代社会一些特有的现象，帮助人们适应这个纷繁芜杂的社会。同时，心理学作为对我国哲学社会科学具有支撑作用的学科，也肩负着加强社会心理服务体系建设，助力培育自尊自信、理性平和、积极向上的社会心态的重要使命和责任。特别是当前，心理学在平安中国、健康中国、幸福中国的建设中，正发挥着越来越重要的作用。因为当今世界，人们的心理正普遍面临着生物性、社会性、精神性因素的诸多考验；随着生活失意、心态失衡、行为失常人群的增长变化，部分专家学者认为，这个世界正在步入"痛苦的时代""精神疾病的时代"。

我国著名心理学家杨国枢先生也曾提出重要观点：当一个

---

[1] 阿尔伯特·班杜拉：《自我效能》，华东师范大学出版社2022年版，第59页。

[2] 崔丽娟：《心理学是什么》，北京大学出版社2015年版，第2页。

国家和地区贫穷落后、人民不能温饱的时候，心理学是奢侈品；当一个国家的人民解决了温饱，达到小康阶段，物质文明不再匮乏的时候，心理学是调味品；而当一个国家和地区更加富裕，物质文明和精神文明高度繁盛的时候，心理学是必需品。当下以工作、事业为中心的生活现实，以个体化、原子化为主要特征的经济单位，以自由独立、平等自我为追求的内心渴望，也让我们生活在了一个越来越需要心理学的时代。亦如阿尔伯特·班杜拉所说：心理学不能告诉人们应当怎样度过一生，但是，它可以给人们提供影响个人变化和社会变化的手段。而且，它能帮助人们去评估可供选择的生活方式及社会管理的后果，然后做出价值抉择。

笔者此前也曾研读过数本"信访心理学"方面的著作，既有1980年代出版的，也有近几年刊行的，其中不乏名家力作。但大都是基于心理学所作的信访阐释，总有些意犹未尽的感觉。在本书中，笔者则尝试基于信访做些心理学的阐释。既致力于向同行们介绍一些急需、必需的心理学常识，也分享一些自己在学习心理学知识方面的心得和体会，希冀能与大家做些心理学方面的交流与探讨。更期盼能抛砖引玉，引发理论界、实务界专家学者们的更多关注、更多讨论。因为在所有与人打交道的领域，特别是在我们的信访工作领域，心理学确实很重要也很紧要。

为此，本书共分为两个篇章。上篇"信访是表达的产物也是表达的工具"，其中"信访是表达的产物"重点就"信访""表达""产物"三个要素，"信访是表达的工具"重点就"目的""方式""行为"三个层面，尝试进行心理学意义上的梳理与解读；下篇"信访工作是领会的产物也是领会的工具"，其中"信访工作是领会的产物"重点就"演变""因素""属性"所形成的不同领会,"信访工作是领会的工具"重点就"目标""机制""能力"所导致的不同结果,尝试展开心理学意义上的分析与探究。书中主要介绍和结合了基础心理学即人的心理过程与个性心理特征,现代核心心理学即社会心理学,以及高级心理过程即认知心理学等理论和观点。因为心理学脱胎于哲学,"人性"的哲学争论也可视为最早的社会心理学研究,因此在阐释过程中,也关联了一些哲学家的论断及观点。

心理学思维的主要特点在于:相比于你说了什么,更关注你为什么这么说。心理学大师卡尔·荣格还指出,"每件促使我们注意到他人的事,都能使我们更好地理解自己。"笔者也认为,信访工作者有个特别好的条件,就是观察人,探究人性,因为人性在利害冲突面前会得到充分显露。因而信访工作者也应该始终是一个追问者、探究者,培养和保持探索事由、探索矛盾、探索人性的兴趣。而且,信访领域的人际沟通与事项纷争,尤其是涉及"定分止争"方面的工作,大多能启发我们的智慧、激发我们的勇气。特别是为解决这些问题或困难而付出的努力,也能使我们的思想和心智不断趋于成熟。让我们在想事情、做工作的时候,不会那么地随心所欲,不会那么地理所当然,不会那么地不容置疑。

责任使人承受,敬畏让人谨慎,沉重令人深刻。总体来看,信访工作是连接真实社会的一个十分重要的途径。真实社会往往是极其缤纷庞杂的,而我们个体的经验又往往相当有限。用我们有限的经验,去深入理解一个复杂的社会,显然也是难度很大的。尽管如此,信访工作也有一个极为重要、极具价值的东西可以提供,因为大多数人是需要被倾听、被看见的。特别是被理解、被尊重,是所有人共同的心理需要,是人类共同的心理诉求。只有通过不断地倾听了解,来不断理解他人所面临的处境，理解我们共同所处的社会，我们也才会有更大的能量去应对、把握我们所必须面对的世界，担负起我们信访工作者应有的政治使命。

　　认识总是一个不断深化的过程，事物发展也是一个波浪式前进、螺旋式上升的过程。在《透视》的写作过程中，对于未能深入探讨的一些话题，笔者就已有了另写此书的打算。特别是《透视》出版后，得到信访领域一些知名学者及同行们的充分肯定，也增强了笔者写作此书的信心与勇气（部分专家学者及同行的书评也摘录附后，特表谢意）。不过，本书的写作也只是笔者自己的经历与感受、体验与思考，因而也必然会有片面性、粗浅性。由于笔者的水平有限，因此相关表述也会有牵强附会、生搬硬套之嫌，但若能勉强读之，相信亦会有所收获。而若能与《透视》结合起来看，无疑效果也会更好一些。

　　在此还要感谢南通日报社朱一卉主任给予的大力支持与帮助，感谢南京东南大学出版社给予本书的出版机会，感谢编辑们对于书稿的肯定与辛勤付出，谢谢你们。

目 录

上篇 信访是表达的产物 也是表达的工具 1
 Ⅰ 信访是表达的产物 2
  （Ⅰ）信访的阐释 2
   一、源于语言——语言是信访的前提 3
   二、产于诉求——诉求是信访的发端 7
   三、归于信访——信访是方式的涵盖 10
  （Ⅱ）表达的因由 14
   一、始于过程——心理活动是有共性的 14
   二、基于特征——心理反应是有个性的 33
   三、依于环境——心理建构是有环境的 49
  （Ⅲ）产物的把握 76
   一、缘于需要——需要是信访的内核 78
   二、出于动机——动机是信访的支柱 84
   三、见于行为——行为是信访的表象 94
 Ⅱ 信访是表达的工具 101
  （Ⅰ）目的在表达 103
   一、建议意见——侧重表述所思所虑 104
   二、检举控告——侧重表示所憎所忿 106
   三、申诉求决——侧重表明所盼所需 109
  （Ⅱ）方式可选择 114
   一、形式有取舍——取决于更实效用 115
   二、对象有偏好——热衷于更大领导 117
   三、层级有考量——趋向于更高机构 120
  （Ⅲ）行为会重复 128
   一、重复的情形——造成秩序困扰 128
   二、成因的分析——多种因素导致 132
   三、根源的探讨——核心在于人性 143

下篇 信访工作是领会的产物 也是领会的工具 181
  Ⅰ 信访工作是领会的产物 182
    （Ⅰ）信访工作的演变 182
      一、新中国成立初期 184
      二、实行改革开放后 188
      三、党的十八大以来 190
    （Ⅱ）信访工作的领会 192
      一、领会的视角因素 193
      二、领会的选择因素 196
      三、领会的认知因素 202
    （Ⅲ）信访工作的属性 204
      一、政治属性 204
      二、社会属性 209
      三、人文属性 211
  Ⅱ 信访工作是领会的工具 219
    （Ⅰ）工作目标的导向 220
      一、引导言语阶段 220
      二、自发言语阶段 224
      三、规整言语阶段 229
    （Ⅱ）工作机制的制约 237
      一、言语与过程 238
      二、问题与信息 242
      三、岗位与职责 247
    （Ⅲ）工作能力的影响 253
      一、辨识能力 253
      二、沟通能力 261
      三、反思能力 265
结语 272
参考文献 278
附录 285

上篇 / 信访是表达的产物
       也是表达的工具

Ⅰ 信访是表达的产物

被誉为"现代语言学之父"的索绪尔把复杂的语言现象分为三个层面：语言、言语、言语行为。其中，语言是言语行为的社会部分，言语是言语行为的个人部分；语言既是言语的工具，又是言语的产物。也就是说，语言和言语是人类言语行为的两大组成部分，语言是其中的社会部分，即共性部分；言语是其中的个人部分，即个性部分。因为与此相似相通，笔者在拙著《透视：信访与群众工作》（简称《透视》）一书中提出，信访活动也可分为三个层面：信访、表达、表达行为。其中，信访可以视为表达行为的社会部分，表达可以视为表达行为的个人部分；信访既是表达的产物，也是表达的工具。

如何进一步解释"信访是表达的产物"这一观点，笔者认为，首先需要说清楚"信访""表达"和"产物"的涵义。为此本篇章由三个部分组成：信访的阐释、表达的因由、产物的把握。当然，在本书中主要是借助心理学知识所作的说明。

（Ⅰ）信访的阐释

人际交往以及社会交往是人类的本能性需要，也是最基本的需要之一。交际即指人与人之间的往来接触，它是人类获取必要的生活资料和进行必要的社会协作的手段，是人类获得精神愉悦与心理满足的方式，也是人类获致世代遗传的安全感的重要渠道。因而，交际是人类个体日常生活的重要组成部分，对于人类个体的健康成长和健全发展也有着十分重要的意义。

当然，交际也是需要具备一定条件的，否则交际活动难以完成。这些条件主要包括语言、诉求等，因为语言是人们交际的主要工具，诉求或者想法是人们交往的主要目的。为此，对于"信访"的阐释，也需要从"语言"和"诉求"入手。

一、源于语言——语言是信访的前提

语言是人类社会中约定俗成的符号系统。索绪尔于20世纪初提出的"语言是一种表达观念的符号系统"这一精辟论述，也成为语言的经典定义。为更好地理解语言，有学者也打过一个比方，即"语言是以语音和字形为物质外壳，以词汇为建筑材料，以语法规则联结起来的"。语言也是一种社会现象，它是随着人类社会而产生和发展的。可以认为，语言是人类最伟大的发明，也是人类最重要的交际工具，人类需要借助这种工具进行人际间情感、思想、经验、知识等交流，还需要借助这种工具进行记忆、思维，等等。

从形式上来说，语言可以分为两种，即语言和文字。古希腊哲学家亚里士多德曾提出，语言是思想的符号，文字是语言的符号。就二者来说，语言先于文字，语言的概念中也包含着文字，文字则丰富了语言的内涵。特别是文字的产生，冲破了语言交际中的时空限制，极大地增强了语言的功能。因为一般来说，文字的本领比语言更大：话语只能当面讲、当面听，说完就没，不留痕迹；文字却能把书写者的意思传送到别处，甚至四面八方，还可保留到未来。因此总体来说，人类正是靠着语言和文字的帮助，抒发情感、传播经验、积累知识、交流思想、认识世界、改善生存，从而快速进步起来的。

当然，语言与文字也是有着各自的使用限制的。当代一位知名心理学家说过，人的情感与思想，只有通得过语言、逻辑、禁忌这三重过滤的，才能被人意识到；否则只能停留在知觉以外，构成无意识。其中逻辑，是语言（文字）的规则；禁忌，是社会的逻辑。意识通不过语言的"筛眼"时，将会变成无意识。通常我们也会把人的意识叫作思维或者心理、精神等。人们运用语言交流思想的过程既包括说话，也包括听懂别人的讲话，还包括写字和阅读，这些活动都是人的心理活动。也就是说，说、听、写、读均属于人的心理活动。

有哲学家指出，我们生活的世界不仅是由知识和感知塑造的，也是由语言塑造的；知识总是通过语言中介与知觉联系并产生，如果不能以特定方式用语言来描述建构世界，我们就无法了解任何事情。因此语言这种"工具"，首先是"理解的工具"。德国哲学家卡西尔就认为：人"是如此地使自己被包围在语言的形式、艺术的想象、神话的符号以及宗教的仪式之中，以致除非凭借这些人为媒介物的中介，他将不可能看见或认识任何东西"。爱因斯坦还强调，一个人的智力发展以及其形成概念的方式，在很大程度上依赖于语言。……所以从这个意义上讲，语言和思维是联成一体的。

由此可知，思维与语言是密切关联的。根据杨永明等学者的观点[1]，其一，语言是表达思维的重要方式，人类的一些思维活动需要通过语言表达出来，需要通过语言让别人知晓。其二，语言也需要思维来组织和进行，因为语言如果离开了思维就会造成混乱，任何语言不经思考都很难全面理解其意思。其三，语言还使人类的思维活动发展到高级水平，如抽象逻辑思维正是在儿童掌握了语言之后才逐步形成的。

---

[1] 杨永明，等：《信访心理学》，陕西人民出版社1988年版，第89页。

当然，思维与语言又有着相对独立性。思维可以离开语言而进行，如表象思维就是在无语言参与的情况下进行的。语言也可以离开思维而进行，如精神病患者或者精神高度紧张者虽然说了一堆的话，但自己却并不知道具体说了些什么。因此总体来说，思维与语言既相互联系，又相对独立。即思维不同于语言，语言是思维的工具；语言虽然以声音或文字的形式存在，但它要实现交际的功能，必须有一定的意义，而语言的意义不是别的，正是思维的内容，离开思维，语言便会失去意义。

法国社会学年刊学派认为，人类社会文化的本质是交换，其中语言就是信息的交换。因而，如果没有语言的发明，人际的信息交流就无法顺利实现。当然，人与人之间不仅有语言沟通，还有非语言沟通。如人类使用非语言符号系统（包括尖叫、呻吟、姿势、手势等）进行信息交流，是语言沟通的补充形式，虽然偶尔也单独使用。现代的非语言沟通主要有身体动作和姿势、表情、目光、人际距离、衣着、时间、环境等。相对于语言沟通，非语言沟通信息的丰富性、直白性、准确性、适用性以及细腻性等，则差距较大。当然，有"表达"就应有"领会"。如果离开了"领会"，"表达"也就失去了意义，两者相辅相成。而从其本质来说，"表达"与"领会"的内核皆是"言语"，即"写""说"与"读""听"。这个"言语"即是一个重要的心理学范畴，心理学家们认为，人类运用语言进行交际的过程叫言语。语言是人们进行思维和交际的工具，言语则是人们运用语言交流思想、进行交际的过程。语言是社会现象，是语言学研究的对象；言语则是心理现象，是心理学研究的对象。[1]

在心理学领域，"说、听、写、读"这四种方式也分别对

---

[1] 中国就业培训技术指导中心，中国心理卫生协会：《心理咨询师·基础知识》，民族出版社2012年修订版，第52页。

应着大脑主管说话机能的运动性言语中枢（也叫布洛卡中枢）、主管听觉机能的听觉性言语中枢（也叫威尔尼克中枢）、主管书写功能的书写言语中枢、主管阅读功能的视觉性言语中枢。说话的人通过发音器官或手的动作把语言说出或写出，这是言语的表达过程；听话或读书的人理解着语言文字所表达的思想，这是对语言的感知过程。[1]

因此具体来说，言语是人类所特有的交际活动，是人们运用语言进行思考，并且表达自己的思想、感情，以及影响别人的过程。即言语既包括思考，也包括表达，还包括领会。说话或者书写的人，通过发音器官或者手上动作，把语言说出或者写出，这就是言语的表达过程；听话或者阅读的人，理解着语言或者文字所表达的思想、感情，这就是言语的领会过程。

言语既然包括说、听、写、读，那么言语的形式就是多种多样的。一般把言语的形式分为两类，即外部言语和内部言语。人们之间的交际是通过说、听、写、读的方式进行的，这些用来进行交际的言语，叫外部言语。外部言语又可分为口头言语和书面言语。口头言语是指个体凭借自己的发音器官所发出的语言声音，来表达自己的思想和感情。口头言语还可分为对话言语，如聊天、辩论、座谈等；独白言语，如讲演、授课、报告等。内部言语则是一种个体对自己发出的言语，是为了支持思维活动进行的、不出声的言语，即个体思考问题时的言语活动，它也是由外部言语内化而成的。没有这种内部言语的支持，人类的思维是很难进行的。不同于口头言语，书面言语则是指个体凭借某种语言文字，来表达自己的思想和感情。

---

[1] 杨永明，等：《信访心理学》，陕西人民出版社1988年版，第85页。

参考杨永明等学者的观点[1]，口头言语有四个明显的特征：①情境性。即口头言语常常借助一定的手势、动作和表情等来表达，如果这些手势、动作和表情一旦消失，言语理解的难度就会增加，甚至是无法理解。②选择性。即口头言语是交往双方均在场的情况下进行的，因而可以根据对方的心理状况及性格，选择适当的方式和语言。③通俗性。即口头言语在字词运用、语法结构、逻辑关系等方面一般会比书面言语随意，只要双方能够理解即可。④普及性。在人类历史上，普通民众虽然大都不识字或者识字不多，但他们都普遍掌握口头言语这一最基本的表达技能。

而相较于口头言语，书面言语也有三个重要的特点：①存续性。即书面言语在时间上可以持续保存，在空间上也可以向四面八方进行传递。②适宜性。书面言语是向着当时并不在眼前的读者，甚至是不认识的读者表达思想和感情，因此必须考虑读者的素质及修养水平，稳妥地进行表达。③精准性。由于书面言语无法借助表情和动作来加强自身的表现力，因而在言语过程中要尽量使用精准的字词语句来加以陈述，需要严谨、规范，甚至要讲究标点符号，做到字斟句酌。也正因此，书面言语大都会比口头言语更为精准，表述要求也更为严格，对个体的素质与修养要求也会更高。

二、产于诉求——诉求是信访的发端

根据《新华词典》的解释，"诉"有多个意思，包括告知、述说、倾吐及控告等。而"诉求"，即诉说与请求，或者要求、追求等。因此从"诉求"一词的含义来理解，就是个体或者群体主要借助语言文字，通过言语行为，向对方诉说自己的思想

---

[1] 杨永明，等：《信访心理学》，陕西人民出版社1988年版，第100页。

与感情，提出自己的请求或要求等。简单来说，诉求就是提出自己的有关想法。从行为上看，尚未表达时，仅算作个体的想法；而一经表达，即成个体的诉求。

诉求是社会生产生活，特别是人际交往中的重要内容。我国有学者就指出，人不是独白式的存在，而是在人间交往对话的存在；语言交流是人们所有行动的共同基础。不管是从人类的生存、生产、生活来说，还是从人类的生物属性、社会属性、精神属性来看，基于人们自身物质、精神的需要，或者自然、社会的需要，特别是仅靠自身无法满足的需要或者欲望，诉求是必不可少的社会现象。也就是说，诉求大都是因为人们自身的需要或者欲望而产生的。

一般来说，人的心理活动都有其内部推动力量，这种力量就是人的需要。需要以欲望、要求的形式表现出来，它反映的是人体内部的不平衡状态。人要维持和发展自己的生命，就必须有一定的外部条件来满足它。当这样的条件缺乏时，就会反映到人的头脑里，让人产生对所缺物质或社会条件的需求，这就是人的需要。当人们意识到这种需要的时候，这种需要就转化成了推动人从事某种活动，并朝向一定目标前进的内部动力，即人心理活动的动机。所以需要和动机是推动人从事心理活动的内部动力。

美国心理学家马斯洛提出的需求层次理论，是一个比较有影响的需求理论，并且在现代行为科学中占有重要地位。马斯洛认为，可以把人的需求分为五个层次，即生理的需求、安全的需求、爱和归属的需求、尊重的需求以及自我实现的需求。人的这五个层次的需要，大多是一个由低到高逐级形成并逐级得以满足的。我们可以具体来看一下：

生理的需求，主要是指人对于食物、空气、水和休息等的需要，也是维持个体生存和种系发展的需要。因而在人的一切需求中，生理需求应当是最基本的。

安全的需求，主要是指人对于安全、秩序、稳定以及免除恐惧和焦虑的需求，如果这种需求得不到满足，人就会感到威胁和恐惧。它具体可以表现为人都希望自己有丰厚的收入，有一个稳定的工作，希望生活在安全、有序、可预测和较熟悉的环境中，并且从事自己熟悉的工作等。生理的需求也可能被某些安全的心理需求所控制，机体的生理需求也在寻求着安全措施。因而人类的一切活动，都可成为寻找安全的工具。只有安全的需求得到满足，个人的生活才有安定感。

爱和归属的需求，主要是指人要求与他人建立情感联系，以及隶属于某一群体，并在群体中享有地位的需求。爱和归属的需求包括给予他人的爱和接受他人的爱。此类需求，也可称为社交的需求。

尊重的需求，主要是指人希望有稳定的地位，得到他人的良好评价，受到他人尊重并尊重他人的需求。这种需求得到满足时，会使人体验到自己的力量和价值，增强自己的信心。这种需求得不到满足时，会使人产生自卑和失去信心。

自我实现的需求，主要是指人希望最大限度地发挥自己的潜能，不断地完善自己，完成与自己能力相称的一切事情，实现自己理想的需求。这是人类最高层次的需求。但是，各人自我实现需求的内容，会有明显的差异。

马斯洛还认为，只有较低层次的需求基本满足，较高层次的需求才会出现。当所有较低层次的需求都得到持续不断的满足时，人才会受到自我实现的需求的支配。无论从种族发展的角度，还是从个体发展的角度来看，层次越低的需求出现得越早，层次越高的需求出现得越晚。并且，层次越低的需求力量越强，它们能否得到满足直接关系到个体的生存，因而较低层次的需求又叫缺失性需求。而高层次需求的满足，有益于个体的健康、长寿和精力的旺盛，所以这些需求又叫生长性需求。

总体来说，马斯洛的需求层次理论把人的需求看作多层次的组织系统，反映了人的需求由低级向高级发展的趋向，也反映了需求与行为之间的关系。当然，依据学者们的观点，这个理论也有一些不足，如：需求层次理论存在着人本主义局限性，需求归类有重叠倾向，理论也具有自我中心倾向，需求满足的标准和程度比较模糊，等等。而且，人的大多数行为是多动机的，即同时由多个基本需求或者欲望决定，该理论并未予以明确。

由此我们也应知道，每个人的需求或者欲望往往是不同的，诉求也常常是各异的。如身体受到攻击、经济损失、地位丧失、自尊的削弱等都可能会产生诉求。并且，因为痛苦与欲望有关，而欲望是个体化的，是不断变化的；每个人都从自己不断变化的欲望出发看待问题，从而也使这一问题不断变化，欲望受阻的痛苦也会随之不断产生。

可以说，诉求形成是意识（利害）、环境（社会）、价值（选择）三个基本要素综合作用的结果，诉求的理由也是人的行动得以成立与持续的前提。无论生活于何时何地，人们作为同类物种，都有着某些固定不变的特性，即有"想要更多"的欲望。有学者还提出，马克思关于"人的本质"的思想主要体现为四个认识："人是人的最高本质""劳动或实践是人的本质""人的本质是一切社会关系的总和""人的需要即人的本质"。也就是说，马克思亦把"人的需要"视为了"人的本质"。

三、归于信访——信访是方式的涵盖

在《透视》一书中，笔者有过介绍，"信"与"访"自古以来就是我国民众社会交往交流的两种主要方式，也是双方进行联系交流的两种主要途径，即两者既属于方式也属于途径。其中，方式侧重指人们进行联系交流时普遍采用的方法，途径则侧重指双方实现联系交流的具体路径，强调联系交流的过程性。

而专有涵义"信访"，即本书所述"信访"的典型特征，是人民群众通过写信、走访等方式，向各级机关、单位反映情况，提出建议、意见或者投诉请求。而随着时代的发展进步，除了传统的两大方式外，还出现了一些新兴的双方联系的方式，如电话、传真、网络（包括电子邮件、短信、微信）等，极大方便了人际的互动与交流。但是，无论在方式、方法或者时间、空间上怎样变化，其本质并未改变，即基于言语行为的联系和交往。由"信访"的内部要素所决定，其主要功能就是进行联系、用于表达、传递信息，而处理"信访"的工作即为信访工作。

有关"信访"的功能及作用，《透视》一书中已有较多阐释，在此稍作补充。中共中央、国务院《关于进一步加强新时期信访工作的意见》（中发〔2007〕5号）曾强调，信访工作是我们"党和政府联系群众的桥梁、倾听群众呼声的窗口、体察群众疾苦的重要途径"。从"联系群众""倾听呼声""体察疾苦"三个视角，我们还可进一步认识到，我国信访制度的宗旨在于联系，即密切党和政府与人民群众的联系与关系，它维系的是民心，因为"民心乃国之根本"；信访制度的关键在于表达，即看重和倾听人民群众的呼声与意见，它传递的是民意，所谓"民之所欲，天必从之"；信访制度的核心在于信息，即汇集与发觉人民群众的急难愁盼事项，它体察的是民情，亦即"上之为政，得下之情则治，不得下之情则乱"。简言之，民心是政治领导的基石，民意是政治评判的支柱，民情是政治决策的根据。民心、民意、民情虽各有侧重，但民情连通着民意，民意连接着民心。三者的核心本质，就是执政党、执政者与老百姓、与群众的关系问题。

新中国成立以来中央主要领导同志关于信访制度及其工作,有代表性且影响深远的批示指示,也反复强调着联系、表达、信息这三个方面。如毛泽东同志的"5月批示":"必须重视人民的通信,要给人民来信以恰当的处理,满足群众的正当要求,要把这件事看成是共产党和人民政府加强和人民联系的一种方法,不要采取掉以轻心置之不理的官僚主义态度。"[1]着重强调的即是"联系"。邓小平同志:"群众有气就要出,我们的办法就是使群众有出气的地方,有说话的地方,有申诉的地方。"[2]突出强调的即是"表达"。习近平同志:"各级党委、政府和领导干部要坚持把信访工作作为了解民情、集中民智、维护民利、凝聚民心的一项重要工作,千方百计为群众排忧解难。"[3]首要强调的即是"信息"。

民心、民意、民情就是我们党所领导的国家机构、政府系统的工作重心所在,即始终践行全心全意为人民服务的宗旨。而联系、表达、信息,也正是"信访"的主要功能所在。不过我们也需要明白,根据《中华人民共和国宪法》的规定,我们的国体是"人民民主专政",政体是"人民代表大会制度"。也就是说,人民当家作主是社会主义民主政治的本质和核心,人民当家作主的最根本的实现形式就是人民代表大会制度。民心、民意、民情的主要采集、汇聚通道是各级人民代表大会,以及政治协商会议等。信访制度只是一项辅助性的制度设计,

---

[1] 刁杰成:《人民信访史略》,北京经济学院出版社1996年版,第32页。

[2]《邓小平文选》第一卷,人民出版社1993年版,第273页。

[3] 摘自2022年5月25日《人民日报》刊文《更好担负起为民解难、为党分忧的职责使命》。

是作为核心政治制度的重要补充而存在的。

人民群众通过"信访"与各级机关、单位以及领导干部的联系交往，主要是围绕各自的诉求，即诉说与请求。具体来说，包括上述的反映情况，提出建议、意见或者投诉请求等。因此，这个"信访"便是人民群众与各级机关、单位诸多联系、交往方式的涵盖，而并非具体的诉求。

需要强调的是，如果说这个"信访"是"联系—表达—信息"功能的统一体，那么换个角度来说，其也应是"需要—表达—呈现"过程的统一体，即联系意味着需要、信息意味着呈现，而关键始终在于表达。其中，"表达—呈现"主要涵盖信访过程、信访诉求，可视为信访的"产物"范畴；而"需要—表达"主要是信访动机、信访目的，则是以信访为"工具"的。因此我们可以说，信访既是表达的产物，也是表达的工具，两者的视角有所不同而已。

事实上，"信访"只是一个简化而来的概念，是群众"写信""走访"等方式的统称。从作用上来说，"信访"相当于"言语"，既可以是过程，也可以是结果；既可以是形式，也可以是内容。而从过程上来看，现在的"信访"大都出于当事人的"利害"考虑，也基于当事人的"文化"认知，或者说是"心理"反应。不过，个体的"利害"并非都需要通过或借助"信访"。因此可以说，作为方式的信访，是因人而异、因地而异、因时而异的。

而我国老百姓喜爱"信访"这种方式的原因主要有三个方面：一是权力因素。主要有"权力至上"的观念、"判决公正"的希冀、"清官情结"的延续等。二是自身条件。主要有"自身能力"的考虑、"诉讼成本"的权衡、"寻求可能"的侥幸等。三是环境制约。主要有传统方式的承继、熟人环境的影响、他人行为的促成等。

（Ⅱ）表达的因由

什么是表达？简单来说，是表示自己的思想和感情，是将思维所得的成果用语言、语音、语调以及表情、行为等方式反映出来的一种行为。也可以说，表达一般以语言为工具，以交际、传播为目的，以物、事、情、理为内容，以听者、读者为接收对象，是观察、记忆、思维和创造等心理活动的综合运用。表达的主要方式则有叙述、描写、抒情、议论、说明等。

如前文所述，言语是人们运用语言或文字进行交际、交流思想与感情的过程，包括表达、领会两种类型。这里所说的表达，即是言语的一种类型，主要包括说、写两种形式。也可以说，表达的本质就是通过言语行为，向对方倾诉思想、情感等，以满足自身的需要。从时间角度，表达可以视为一个过程；从空间角度，表达也可以视为一个渠道。

既然表达是一种言语行为，那么它也属于人的心理活动范畴。如果要探讨人们为何会产生表达，即表达的因由，那就必然涉及心理过程、个性特征、社会环境等心理学知识。而且笔者认为，总体来看，人们的表达始于心理过程，基于个性特征，依于社会环境，因为表达的内容主要就是表达者的思想与感情。

一、始于过程——心理活动是有共性的

这个过程即心理过程，是人类心理活动的共性现象。我们大都知道，心理是脑的机能，脑是从事心理活动的器官，心理现象是脑活动的结果。心理也是一种主观映象，这种主观映象既可以是事物的形象，也可以是概念，还可以是体验。它是主观的，而不是物质的。

心理现象人皆有之，它也是宇宙中最复杂的现象之一，从

古到今为人们所关注。不过，需要指出的是，心理现象既是脑的机能，也受社会的制约，是自然和社会相结合的产物。只有从自然和社会两个方面进行研究，才能揭示心理的实质和规律。

心理学家大都认为，个体的人有着比较稳定的心理模式，该心理模式是由认知过程、情绪情感过程、意志过程组成的。为此，立足于"基础心理学"知识，我们先来简要了解一下人类心理的共性现象，即心理过程，主要包括认知过程、情绪情感过程、意志过程三部分。

（一）认知

认知是人类整个心理活动的契机，属于首要性、关键性、决定性的心理过程，也是连接主体与客体、主体内部与外部的最早心理过程。具体来说，认知也叫认识，是指人认识外界事物的过程，或者说，是对作用于人的感觉器官的外界事物进行信息加工的过程。这也意味着，人认知外界事物的过程，主要就是一个感官信息加工的过程。

认知主要包括感觉、知觉、记忆、思维等心理现象。人们通过各个感觉器官，认识了作用于它的事物的一个个属性，产生了感觉。人们又能把各种感觉结合起来，产生对事物整体的认识，这就是知觉。感觉和知觉都是对事物外部现象的认识，也均属于感性认识阶段。

人们通过思维才能产生对事物本质的认识，这是由表及里、去粗取精的过程。这种过程的产生依赖于记忆，记忆提供了过去获得的经验，使人们能把过去的经历和现在的经历联系起来，加以对照，从而认识到事物的本质和事物之间的内在联系，达到理性认识。使人们不仅知道了某种现象，而且知道这种现象是怎么发生的，即"知其然，也知其所以然"。

概念与分类，是思维的基本单位。形成概念就是分类，因为我们用了同一个概念、同一个符号来表示一些事物，就是把这些事物视为同一类。因此思维只有借助于语言（基础是概念、词汇）才能发生。但需要注意的是，词汇有助于我们了解概念，同时也是词汇把我们拉入"陷阱"，让我们相信词汇分类从本质上反映了明确的界限，而事实并非如此，即"定义并非本义，本质亦非本原"。

认知过程还包括表象、想象及言语等心理现象。通过记忆，人们可以把经历过的事物的形象保存在头脑中，需要的时候又可以把它们从大脑里提取出来，这是人的表象。而想象就是运用已有的表象，对其进行加工和改造，从而创造出新形象的过程。如果没有表象为想象提供素材，想象是无法进行的。关于言语，前文已有介绍，这里不再赘述。

需要指出的是，与数码相机或摄像机不同，人类记忆具有高度的选择性和重构性：人们以帮助自己理解信息和事件的方式添加、删除和更改元素，这是无法回避的。由于记忆是可重构的，也会经历不断的后续处理，因此容易被虚构，即想象中的事件会与实际事件相混淆。

记忆的重构性也使记忆容易受到暗示的影响，即在事件发生后植入想法，而这些想法随后就会被联系起来。特别是当我们需要记住复杂的信息时，我们的记忆就会被先前的知识和信念所扭曲。因而人类的记忆也是最能显露个人心灵秘密的，因为一个人的记忆不是偶然的，个体的记忆通常记载着他自认为重要的事件，而这些均是从数以万计的印象中筛选出来的。

在此，参考崔丽娟所著《心理学是什么》等专业知识，再重点介绍一下感觉与知觉的关系，以方便我们进一步了解与把握，因为这两者是影响与分析个体心理差异的重要因素。

首先我们需要知道，感觉是知觉的基础，知觉以感觉为前提，并与感觉一起进行而产生；知觉是感觉的深入和发展，感觉越丰富、越精确，知觉也就越完善、越正确。也可以说，因为感觉的丰富而有知觉的完整，因有知觉的产生而使感觉更敏锐，两者呈相互因果关系。由此便产生了个性心理的区分，亦如2016年诺贝尔文学奖得主鲍勃·迪伦所说：有些人能感受雨，而其他人则只是被淋湿。

但是我们也需要明白，感觉是客观世界物质运动在人脑中形成的主观印象，是由于环境或内部事件而对物理能量的觉察和直接体验；知觉则是对感觉脉冲的组织和解释，是对客观事物进行信息整合而形成客观事物的整体映像。或者说，感觉是外界刺激转化为神经电信号的过程，而知觉则是大脑解释这些信号、赋予其意义的过程。但是还需要提醒的是，注意力却决定着人脑将处理哪些信息，即感觉的具体对象。

感觉是对客观事物个别属性的反映，而知觉是对客观事物整体属性的反映。但知觉并非把感觉简单地相加，知觉的产生还要借助于经验和知识的帮助，因此知觉是经验参与其中的纯粹的心理活动。知觉包括信息"向上"（刺激／信息输入）和"向下"（解释／信息输出）两个加工过程。意识之外一般无感觉，而知觉却可以发生在我们的意识之外。因而知觉是有偏差的，知觉会随着我们的心理状态而改变。而且人与人之间也会有所不同，即知觉具有明显的主观性。

医学上感觉可以分为特殊感觉、躯体感觉、内脏感觉。特殊感觉包括视觉、听觉、嗅觉、味觉和平衡觉。其中视觉最为重要，我们有关世界的信息，几乎都是通过视觉获得的，而且当视觉和其他感觉发生矛盾时，我们深信"眼见为实"。因而在人类的感觉系统中，视觉无疑是占据主导地位的。

有趣的是，研究表明，从心理活动看，人们运用视觉线索和前庭感觉信息时也存在着个体差异（前庭感觉将视觉、听觉、嗅觉、味觉、触觉等各种感觉通道的信息进行过滤，以便把有效信息传入大脑，让大脑能集中注意力），尤其是当两类信息不一致时，有的人更多地依赖于前庭感觉的信息，而有的人则更多地依赖于外部环境的视觉线索，如心理学上的"直棒调节垂直试验"。两种特点的方向知觉分别被称为场独立性和场依存性。具有这两种不同方向知觉特点的人，其性格特征也不尽相同。场独立性的人，在性格上往往表现为：喜欢独来独往，对社会交往不感兴趣，生活上不太注意别人的意见，不轻易动感情，喜欢从事与人少有交往的职业。场依存性的人，在性格上则常常表现为：喜欢寻求社会支助，喜欢社会交往，重视他人的意见，容易接受团体的建议，好动感情，喜欢从事与人打交道的工作。可以说，两者存在着"直觉"与"感觉"、"判断"与"知觉"的不同。这些不同，也正是当下最为流行的职业人格评估工具MBTI测试的重要组成部分。

综上所述，感觉是一种生理、心理活动，而知觉纯粹是一种心理活动，表现出人的主观因素的参与，会受到个体兴趣、爱好、价值观和知识经验的影响。为此，知觉具有4个基本特性，这些特性的个体性差异由高到低也大致呈如下排序：

①知觉的选择性。在同一时刻进入我们感官的刺激是十分丰富的，但我们不会对所有的刺激都同时给予加工，我们总是根据自己当前的需要，有选择地对其中某些刺激进行反应，而忽视其他刺激。这种人们对外来刺激有选择地进行组织加工的过程，就叫知觉的选择性。

被我们选择进行进一步加工的刺激，称为知觉对象；而同时作用于我们感官的其他刺激就被叫作知觉背景。知觉对象与知觉背景的区别在于：知觉对象有鲜明的、完整的形象，突出于背景之前；是有意义的，容易被记忆。但是，知觉对象与知觉背景也是相对而言的，此时的知觉对象也可以成为彼时的知觉背景；被这个人选择为知觉对象的刺激也可能在那个人眼中就成为知觉背景，这要看知觉者个人的需要、兴趣、爱好、知识经验以及刺激物对个人的重要性等主观因素。

②知觉的理解性。指人们在知觉过程中，会根据自己的知识和经验，对感知到的事物进行加工处理，并用语词加以概括，赋予确定的意义。知觉的理解性受知觉者的知识经验、实践经历、接受到的言语指导以及个人的兴趣爱好等的影响，对同一事物可以表现出不同的知觉结果。

③知觉的整体性。是指人们根据自己的知识经验，把直接作用于感官的不完备的刺激，整合成完备而统一的整体。知觉整体性的组织原则包括邻近律、相似律、连续律、求简律、闭合律等。其中，闭合律实际是求简律的一个特别和重要的例子，指人们在知觉一个熟悉或者连贯性的模式时，如果其中某个部分没有了，人们的知觉会自动把它补上去，并以最简单和最好的形式知觉它。特别是，如果知觉没有闭合，就会引起张力，保持记忆、不易忘怀；可一旦闭合完成，张力即消除，记忆也随之消失。由此可知，因为知觉的整体性，我们在知觉熟悉的事物时，如果某个或某些部分出现缺失，我们的知觉会自动插入估量或猜测的内容，以便把它补齐，而不管它是否原本如此。

④知觉的恒常性。在一定范围内，知觉的这种不随知觉条件变化而变化，而是保持对客观事物相对稳定的组织加工过程，就是知觉的恒常性。

总之，知觉也是有偏差的。知觉会随着我们的心理状态而改变，而且人与人之间也会有所不同。可能影响我们知觉的内容或如何知觉的因素有：①需要。当我们对某件东西感兴趣或想要得到它时，我们就很有可能知觉到它。②信念。我们所认为的正确世界，会影响我们对模糊的感觉信号的解释。③情绪。情绪可以影响我们对感觉信息的解释，情绪唤醒也可能会通过激活大脑视觉皮层来改变对刺激的知觉。④预期。之前的经验或来自他人的指导能够导致预期，这样的预期会影响我们如何去具体知觉。⑤文化。不同的文化让人们在不同的知觉环境中生活。文化也通过塑造我们的刻板印象、引导我们的注意来影响知觉。例如，西方人在观看场景时，往往更关注人物，而很少关注背景。而东亚人则更注重整体语境，以及人物与背景的关系等。

（二）情绪情感

人有喜怒哀乐，这是人的情绪和情感。情绪和情感是伴随认识和意志过程而产生的对外界事物的态度和体验。这种态度和体验是以人的需要为中介的，当外界事物正好满足人的需要时，就会引起愉快的体验，否则就会引起消极的体验或者无感。所以，情绪和情感是对客观事物与主体需要之间关系的反映。

因为情绪和情感是态度与体验，是关系的反映，因而可知，情绪和情感是不同于认识过程的一种心理过程。具体表现为：首先，情绪和情感是以人的需要为中介的一种心理活动，它反映的是客观外界事物与主体需要之间的关系。体验构成情绪和情感的心理内容，而认识过程则是对事物本身的认知。其次，情绪和情感是主体的一种主观感受，或者说是一种内心体验。而认识过程是以形象或概念的形式，反映外界的事物。再次，可以从一个人的外部表现看到其情绪上的变化，却看不到其所进行的认识活动过程，因为情绪和情感大多有其外部表现形式，即表情。最后，情绪和情感大都会引起一定的生理上的变化，如心率、血压、呼吸等，它们是通过内分泌腺的作用实现的，认识活动则不伴有这种生理上的变化。

需要稍作说明的是，为与认识过程相区别，人们常把对客观事物态度上的感受与体验叫作感情。但是，感情这一概念比较笼统，难以表达这一心理现象的全部特征。为了区别出感情发生的过程和在这一过程中产生的体验，心理学上采用了情绪和情感两个概念。实际上，情绪和情感指的是同一过程和同一现象，只是分别强调了同一心理现象的两个不同的方面。

具体来说，情绪和情感之间既有区别，也有联系。情绪，指的是感情反映的过程，也就是脑的活动过程。从这一点来说，情绪这一概念既可以用于人类，也可用于动物。情绪具有情景性和易变性，情绪也伴随着明显的生理变化和外部行为的表现。情感，则常被用来描述具有深刻而稳定的社会意义的感情，如对祖国的热爱、对敌人的仇恨，对美的欣赏、对丑的厌恶等。所以情感代表的是感情的内容，即感情的体验和感受。与情绪相比，情感更为深刻，具有更强的稳定性和持久性。

情绪和情感的功能作用主要有四个方面：

①适应作用。情绪和情感是个体人生存、发展和适应环境的重要手段。例如：压抑，能让你获得安全感；愤怒，包含着自尊自重的力量；嫉妒，告诉你真正想要的是什么；悲伤，包含着治愈与安慰的力量；焦虑，更多是对于未知环境的不适应。

②动机功能。情绪和情感可以驱动我们从事活动，提高我们的活动效率。情绪和情感还可以对内驱力提供的信号产生放大和增强的作用。而对人类大脑的剖析显示，任何人做决策时，都不可能摆脱内感受和情感的影响。

③信号功能。可以传递信息、沟通思想。有学者就提出，情绪是仪表，它反映着自身与环境的关系，即情绪的产生并不仅仅是个体的主观原因影响，也会受到所处的环境以及所接触的人的影响。我们可以认为，情绪是有目的的，情绪的根本目

的是生存，所有情绪都是为生存而设置的不同反应模式；情绪即价值，任何情绪都有价值，积极也好消极也罢，它们都是在疏通自己。而且，在诸多非言语交流方式上，面部表情最能传达一个人的情绪状态。

④组织功能。主要表现在，积极的情绪和情感对活动起着协调与促进的作用，消极的情绪和情感对活动起着瓦解与破坏的作用。例如，当人处于一种积极的情绪情感中时，就会很容易注意到事物美好的一面；当人陷入负面情绪情感中，就会变得悲观，看问题也只能看到事物不好的一面。所以在判断个体的态度时，情绪和情感是很关键的因素。

并且，情绪还会影响记忆形成的所有阶段。情绪的一个常见功能就是增强记忆，以便更好地回忆那些对我们生存具有重要性或相关性的经历。用美国作家玛雅·安吉洛的话说："人们会忘记你说过的话，会忘记你做的事，但人们永远不会忘记你带给他们的感受。"我们也倾向于记住那些与我们目前的情绪一致的事件，即情绪一致性记忆，而有忽视或忘记与自己当前情绪不一致经历的倾向。

例如，与你感到悲伤时相比，当你感到快乐时，你更容易记住令人快乐的事件，忘记或忽略令人不快乐的事件。同样，当你不开心的时候，你更容易记住令人不快乐的事情。这反过来又会形成一个恶性循环：你回忆的令人不快乐的事情越多，你感到越沮丧，你越沮丧，你回忆起的令人不快乐的事情就会越多。因此情绪情感对人的影响很大。

因为情绪对大脑功能及精神生活均处于中心地位，因此需要再具体介绍一下情绪方面的相关知识。

1. 情绪与体验

情绪是一种伴随面孔和身体变化、脑激活、认知评估、主观感受以及行为倾向的唤醒状态。也就是说，情绪不是由某个情境或事件直接触发的，而是当我们关注并评估（评价）这个情境与自己正在追求的某个"目标"之间的关系时，情绪才会产生。而人之所以会产生情绪，本质上正是某种需要诉求的反映。

一般来说，情绪最初始于某个具体的情境，或与自身相关的事件，它可能是外部的，也可能是我们头脑中某个记忆、想法或念头。当我们注意到这个情境后，会根据自己正在追求的某个"目标"，来评估这个情境对于目标的利弊，给它赋予特定的意义——看它对于我们的目标来说意味着什么。而与此同时，这些情绪反应也会反过来影响最初的情境，形成新的情境。

因此情绪有两个核心特征：发生的时机和反应的多面性。情绪反应不仅仅是我们常说的愉快、难过等"主观的体验"，它还包括随之而来的"生理变化和行为的改变"。因而情绪是主观因素、环境因素、神经过程和内分泌过程相互作用的结果。由此可知，情绪体验包括生理变化、认知过程、行为倾向以及主观感受。具体来说主要包括以下几个方面：首先是面孔、脑和身体的生理变化；其次是对事件的评价和解释的认知过程；再次是诱发我们"战斗或逃跑"等的行为倾向；最后是主观感受。此外，人们所处的社会环境和文化层次也会对个体的内部情绪体验和外部情绪表达产生一定的影响。

情绪是一种快速的计算。视觉、嗅觉、听觉等这些外界刺激，总是最快被边缘系统处理，形成各种情绪。快速反应的好处是关键时刻能救你的命，但代价是杏仁核的判断常常不准确。杏仁核只知道这个东西危险不危险，但是不知道为什么危险。它有的，只是一种"感觉"。在此也介绍几个情绪小概念：

情绪状态。最小、最不易把握的情绪单位是情绪状态。情绪状态通常只能持续数秒钟的时间，往往由某种经验触发（如收获时喜悦、肯定时高兴）；纯粹的心理活动，如白日梦、自我反省、畅想未来等，也能引发某种情绪状态。

情绪特质。能够持续且可以在数分钟、数小时乃至几天内保持不变的感受，称为"心境"；如果一种感受持续了数年，就成为某种情绪特质（如易愤怒）；一种情绪特质会增加一个人经历某种情绪状态的机率，因为这种情绪特质降低了该情绪状态的触发门槛。

情绪风格。它是指人们对生活经验做出反应的某种持续不变的方式。情绪风格会影响特定的情绪状态、心境和情绪特质出现的可能性，因为相对于情绪状态和情绪特质而言，情绪风格完全是基于左右情绪的大脑系统，因而可把情绪风格称为情绪生活的"原子"，它们是搭建起情绪生活的最基本的积木。不同的人有不同的情绪风格，正如每个人都有独一无二的指纹和独一无二的面孔，我们每个人都有独一无二的情绪风格特征。神经科学家戴维森认为情绪风格有6个维度，即自我觉察能力、情绪调整能力、生活态度、情境敏感性、社交直觉、专注力。但是并不存在一种所谓理想的情绪风格，即没有最优维度。文明的繁荣有赖于各种不同情绪风格的人，包括那些情绪风格比较极端的人。因为人类进化需要多样性，多样性更能保证安全，能够应对更多不同状况，特别是重大突发状况。

情绪智力。一般来说包括三类能力：对自身情绪的准确评价和表达的能力，对自身和他人情绪有效调节的能力，利用情绪去形成动机、计划并取得成就的能力。著名心理学家戈尔曼也通过大量的实验证明，人的情绪智力（情商）是一个包含着多个层面丰富内容的概念，其中情绪的自我觉察能力、情绪的自我调控能力、情绪的自我激励能力、对他人情绪的识别能力、处理人际关系的能力,是情绪智力的五大构成要素。但是,事物是充满辩证的,情绪调整能力极强的人,可能会丧失克服困难的动力;情绪调整能力极弱的人,可能会对无法改变的事念念不忘。在任何时候都有着极其"积极"生活态度的人,可能对危险视而不见;过于"消极"的人,又会认为什么事情都没有价值。

还需要注意的是,当各种各样情绪产生时,最先受攻击的是身体的免疫系统,70%以上的人会以攻击自己身体器官的方式来消化情绪。例如,易怒本身就是一个容易导致免疫系统受损、血压升高、心脏病、伤口愈合缓慢的危险因素。而"将愤怒发泄出来"的想法往往也会适得其反:它会让人们在发泄愤怒之后身心更加疲惫。有心理学家就认为,一个人的情绪粒度越高,即能够知晓情绪的细微变化,其情绪能力也会越高,而且越不容易生病,拥有幸福生活的概率也会更大。

2. 情绪与认知

生理反应先于情绪,但产生何种情绪则是由认知因素决定的。情绪的认知过程主要是对情绪的感知和评价过程,认知与情绪是相互作用、相互影响的。心理学上有一个重要发现:事情本身不能够影响你的情绪,影响你情绪的是你对事情的看法。你的看法就是你内心假设的映射,提升认知就是改变、精进你的内心假设,并用实践来验证正确性。

情绪的运行与认知的运行是无缝融合的,正是通过两者协作,人们才能够驾驭人际关系、日常工作与精神成长带来的挑战。可以说,所有的大脑区域都影响着情绪,或者受情绪影响,甚至连视觉皮质与听觉皮质都是如此。

有些情绪,比如内疚和羞耻,也是需要一些复杂的认知能力的。当你的行为与你的良知发生冲突时,就会产生内疚感;

即使没有其他人知道你做了什么，你也会感到内疚；因为内疚感只与一个人学到的社会标准有关，因此内疚感可以让我们变得更善良、更乐于奉献。他人贬低我们而不帮助我们时，羞耻感会提醒我们；当我们认为自己的名誉受损时，也会产生羞耻感，羞耻感的重点则在于别人发现了我们的错误行为。羞耻感具有广泛的文化和社会因素，是一种更为复杂的情绪。但是患有某些精神疾病的人，可能永远也不会感到内疚或羞耻。这是我们需要注意的。

一些研究还表明，人们之所以变得恐惧、愤怒、悲伤或狂喜（即喜怒哀惧），并不是因为事件本身或这些事件引发的身体变化，而是他们对这些事件和身体反应的解释。美国心理学家斯坎特·沙赫特和杰罗姆·辛格认为情绪体验主要取决于两个因素：生理唤醒，以及你如何理解和解释这种唤醒。沙赫特和辛格的观点激发了其他许多研究者开始关注评价是如何引发并影响情绪的，包括人们用来解释自己和他人行为的信念、认知、期望和归因。毕竟，人类是唯一能说"想得越多，我就越疯狂"的物种。我们可以把自己想象成处于某种情绪状态，有时我们又会觉得自己脱离了那种状态。

评价，即决定一个人在既定环境中会感受哪种情绪的认知、信念、归因和期望。情绪评价的重要性也能够解释为何两个人对同一种境况会有不同的情绪反应。有心理学家介绍，两个人从尼泊尔登山回来，其中一个人说："我好高兴啊！那里的天空无比蓝，当地人也很友好，群山雄伟，生活很美好。"另一个说："我非常痛苦！那里到处是臭虫和跳蚤，没有厕所，还要喝牦牛酥油茶，山里太糟糕了。"同一次旅行，会有两种截然不同的情绪反应。这个故事便告诉我们，情绪的产生过程是相当复杂的。因为对现实环境的印象，完全依赖于一个人的观察与评判。

一系列的研究还表明，归因也会影响情绪。那些认为自己考试成绩好是因为自身努力的学生往往会感到自豪，觉得自己优秀，并感到满足。那些认为自己考得好纯属侥幸的学生则会充满感激、感到惊喜或内疚（"我不配获得这个成绩"）。那些将考试失败归咎于自己失误的学生，更倾向于感到后悔、内疚或无能为力。而那些将考试失利归咎于别人的学生，却往往会感到愤怒。

情绪的模式也因文化而异。文化塑造情绪，情绪体验的概念、语言和预期在不同文化间存在着差异，即情绪变化会受到生理特点、认知过程和文化规则的影响。不同的情绪调节方式给自身情绪体验、认知功能和人际交往带来的影响，会因为文化背景、社会价值观、个人情绪调节目标和情境的复杂性而有所不同。

情绪既可以影响认知评估，又可以直接影响决策行为。决策中大致存在着两种加工过程，一种是直觉的，另一种是分析的。决策中的认知加工是纯直觉和纯理性的混合物。过去的体验也能够帮助你确定对当下及未来的体验和看法。如人的最大痛苦，是认为承受着其不该承受的痛苦，这个痛苦便会被无限放大。特别是，如果一个人把意识思想不断地集中在消极的事情上，那么潜意识就会乖乖地传递与这种思维相关的感觉、情绪和记忆。因为这些感觉会成为你的现实，因此你极可能会陷入一个永无止境的消极、恐惧和焦虑的循环中，在每种情况下不断寻找坏处。这也是我们需要警惕的。

3. 情绪与理性

人类的情绪，是几十万甚至几百万年前开始形成的，是严格与当时的环境相匹配的。也就是说，人类是在丛林中形成我们的情绪的，人类的情绪也是为成为合格的动物而生的。也因此有心理学家认为，情绪是认识人性的钥匙；我们只有深刻理解情绪的源头，才能真正懂得人性。

情绪中枢也是人类大脑中最古老的部分，它影响着我们如何思考和看待世界。因为若"心情不好"，便很少会让你对这个世界（或者说话的人）感到更亲切。相关研究也证明，情绪对大脑功能及精神生活，都处于中心地位，即情绪是大脑的核心。情绪在人类认知中也发挥着十分积极的作用，情绪和感受的失误会严重损害人的理性能力。

从进化的角度讲，情绪相当于大脑的一个报警器，作为在紧急情况下掌控身体的应急措施。杏仁核的具体作用，概括起来就是"情境记忆"和"威胁识别"。在"杏仁核-前额叶"通路中，前额叶（代表理性）与杏仁核（代表感性）是互相抑制、动态平衡的关系。不过机体的任何情绪反应，都要快于理性脑，因为情绪的硬核首先是保命。人体在成年之前，也主要是发展情绪能力，其后才是理性能力。即使成年后，日常的本能反应，也基本是由情绪脑主导的自动化反应。

美国神经学家勒杜就指出："情绪可以淹没意识……因为在我们的进化史上，大脑从情绪系统到认知系统的联结强于从认知系统到情绪系统的联结。"情绪与认知产生分离以及情绪反应处于主导地位的现象，在恐惧和焦虑症患者那里表现得尤为明显，他们"清楚地知道周围环境中很少或根本没有什么可怕的东西，但让自己不害怕是不可能的"。人类最原始的情绪，也几乎全是负面的，比如恐惧、愤怒、悲伤。而人类最难克服的，就是损失厌恶心理。

理性主义者一向认为，人的理性天生就能辨别是非对错。但英国哲学家休谟却认为，我们的言语和行为并不是由理性决定的，而是由我们的感情来决定的，"宁毁世界，不伤己指。

这与理智并没有什么冲突。""理性是激情的奴隶。"德国哲学家黑格尔也认为:"假如没有热情,世界上一切伟大的事业都不会成功。"美国心理学家马斯洛则指出:"理智和冲动是协作的,而且强烈地倾向于殊途同归,而不是分道扬镳。非理性不一定是反理性的,而常常是亲理性的。"英国政治经济学家马尔萨斯也认为:"把人类看作是仅仅具有理性的动物,这是错误的——人是一种复合动物,情欲对于人类理智做出的决定,将永远是一种干扰力量。"

情绪对理性的控制是强大的,而理性对情绪的控制是弱小的。情绪对人体的主导是接近垄断性的,因为情绪是保命的,人类的决策依靠情感。理性逻辑,更多的也仅仅是服务情绪而已。这就是为什么,真正的智慧只发生在极少数人的身上。因为真正的智慧调动是反本能的过程,由于它是逻辑推导,因此它极慢,且极耗能,这就是为什么,我们大都很少进入这样的状态。也可以说,个体理性的缺乏,是与其情绪的控制互为因果的;个体理性的丧失,也是与其认知的碎片化互为因果的。

比解决问题更重要的,永远是先处理情绪。众多的心理学实验表明,不管在言语上还是行动上发泄愤怒,只会导致更多的愤怒和暴力。在无意义愤怒中,过分概括化、过度苛责、错误归因、灾难化和贴挑衅性负面标签等五种最常见的想法经常出现(类似于心理学家韦斯勒在认知疗法中总结的不合理信念三大共同特征:过分概括化、绝对化要求、糟糕至极),它们也经常会相互交织,甚至同时出现。

我们还需要知道,情绪产生过程包括情境、注意、评价、反应,每一个阶段都是我们可以做出改变地方,这就是"情绪调节"的过程模型。具体包括,前因情绪调节策略:选择另一个情境,改造当前的情境,注意力调配,改变对情境的评估;聚焦反应的情绪调节；反应调节，通过哭泣、倾诉或做运动来释放情绪，或者通过掩饰、压抑及转移情绪。为此，我们不仅应该重视理念的力量，还应该关注情感的力量，关注情感的教育。

（三）意志

意志是有意识地确立目的，调节和支配行动，并通过克服困难和挫折，实现预定目的的心理过程。或者说，意志是人的思维决策见之于行动的心理过程，表现了心理对行为的支配。支配的力量有强有弱，我们常以此来评价一个人意志的品质。明朝思想家王阳明所提出的"知行合一"，即是需要强大意志力才能做到的。

受意志支配的行动，叫意志行动。意志行动是有意识、有目的的行动，行动的目的需要通过克服困难和挫折才能达到。有些行动是习惯性的、无意识的，如有的人爱眨眼、爱抖腿等。有些行动虽然有意识、有目的，但是可以自然而然地完成，如吃饭、玩游戏等，没有困难需要克服，也就不能算是意志行动。

意志行动既然有意识、有目的，那么，意志行动的过程就包括对行动目的的确立和对行动计划的制定，以及采取保证达到目的的行动两个阶段，即准备阶段和执行决策阶段。不过，决心要达到目的，是实事求是、立足实际，还是想走捷径、碰运气，即投机取巧，这两种态度也会导致两种不同的行动选择。

一般来说，良好的意志品质可表现为四大特点：一是自觉性，即独立判断，自觉确定行动的目的；二是果断性，即迅速、不失时机地采取决定；三是坚韧性，即坚持克服困难；四是自制性，即善于管理与控制个人情绪与行为。

而有限意志力，是指人们经常做那些他们明知与他们长远利益相冲突的事情。有限意志力的原因主要为：①习惯、传统、嗜好，这是由于过去对当前行为选择的影响；②生理欲望，如饥饿、干渴、性欲、睡眠等，一旦行为人为一种生理欲望所控制时，行为的首选常常是为了实现欲望；③多重自我，即双重人格；④情绪失控等。

综上所述，人的心理过程一般可分为认知过程、情绪情感过程、意志过程，这三种心理过程并不是孤立的，而是相互联系、相互制约、相互渗透的。认知是情感和意志的基础，而强烈的情感和坚强的意志又对认知活动具有重要影响；情感和意志之间也是相互影响的，任何意志活动的展开总是需要一定的情感倾向作为心理支撑，而情感活动的延续与巩固又离不开意志活动的努力。它们主要呈现的是互动因果关系。

而且笔者认为，认知大都是以概念的理解、记忆、运用为主，不直接涉及主体自身；情感大都是以主体需要为中介的态度与体验，直接涉及主体自身；意志大都是以主体的意念与行动为主，直接由自身决定。即人类的心理过程大致是一个由"不涉自身"，到"涉及自需"，再到"取决自意"的过程，或者说呈现出从"非自"，到"自需"，再到"自意"的程度的不同。

以上简要介绍了人类心理活动的共性，即心理过程。表达作为一种言语行为，属于心理活动的范畴，也应当是人类共性心理现象即心理过程的结果。总体来讲，我们说表达的因由始于心理过程，就是需要注意到以下三个方面：

1. *认知的影响*

认知被认为是人的整个心理活动的契机，是连接主体客体、主体内部外部的最早的心理过程。在感性认识阶段，知觉借助于经验和知识的帮助，或者说主观因素的参与，产生对事物的整体认识。更为重要的是，知觉既是经验参与其间的纯粹的心理活动，也是一种主动和有选择性的构造过程，受到个体兴趣、爱好、价值观和知识经验的影响。一方面，注意力决定了人脑将处理哪些信息；另一方面，知觉的不同理解、不同选择，是个体间知觉差异产生的主要原因，并由此引发个体心理出现不同。知觉还会随着心理状态而改变，如需要、信念、情绪、预期、文化等，而且个体间也会有所不同。因而真的会存在，因为我们的知觉不同，我们"看到"了不同的世界，并各自沉浸其中。

在理性认识阶段，个体也需要把过去的经历与现在的经历联系起来，认识事物的本质和事物之间的内在联系。特别是个体内部已有的知识、经验及结构，都会对其心理活动以及外部行为产生决定性的影响。而个体的行为、动作的产生，也都会受到内部心理活动的调节和控制。而且，思想与语言的质量及水平紧密相关，人类的记忆也具有高度的选择性和重构性，还容易出现虚构。

为此需要强调的是，其一，个体的感觉越丰富、越精确，其知觉也就会越完善、越正确；其二，知觉的产生要借助于经验和知识的帮助，即表现为人主观因素的参与，受到个体兴趣、爱好、价值观和知识经验的影响；其三，知觉的选择性以及知觉对象与知觉背景的确定与调整，也会明显影响个体对于事物的知觉结果。

2. *情感的影响*

情感是个体对客观外界事物的态度体验，是人脑对客观外界事物与主体需要之间关系的反映，也是大脑的核心。情绪是情感反映的过程，情感则代表感情反映的内容。而即使对于同一事物，个体的主观需要及态度体验并不会完全相同，即很可能产生不同的情感。

信念即感觉，你体验到的是你自己构建的一个世界；情绪即意义，情绪其实是内心的一种投射。事情本身不能够影响你的情感，影响你情感的是你对事情的看法。消极的情感对活动起着瓦解与破坏的作用,看问题也只能看到事物不好的那一面。情感的模式因文化而异,情感也会影响记忆形成的所有阶段。有些情感,比如内疚和羞耻,是需要一些复杂的认知能力的,而某些精神疾病患者可能永远也不会感到内疚或羞耻。因而情感教育也是改变个体的必经路径。

3. **意志的影响**

意志表现了心理对行为的支配,意志行动也是有意识、有目的的行动,但支配的力量有强有弱,即个体的意志品质各有不同。特别是由于习惯、生理欲望、情绪等因素的影响,意志控制有时是会失效的。而且,即便两个人均决心要达到相同的目的,是"实事求是"还是"投机取巧",不同的态度也会导致不同的行为选择。特别是人际冲突的表现形式,即意见分歧、负面情绪、干涉阻挠三个要素,也正分别对应着心理的三个过程:认知、情绪情感、意志行为。

二、基于特征——心理反应是有个性的

这个特征即个性心理特征,或者说是个体心理的面貌。认知、情绪情感和意志是总体以过程的形式表现出来的,它们都有发生、发展和最后结束的不同阶段,而且这些心理现象是人人都有的。但是,每一个人所表现出来的心理现象与面貌又会有其特性。一个人的心理特性表现在他／她的心理活动的动力上,也表现在他／她的能力和人格上。依然立足于"基础心理学"知识,我们再简要了解一下个体独特的心理面貌,即个性心理特征,包括心理动力、能力、人格三个方面。

(一)动力

需要,是推动有机体活动的动力和源泉。而需要就是有机体内部的一种不平衡状态,表现为有机体对内外环境条件的欲

求。需要都有对象，没有对象的需要是不存在的。但需要又是不断发展的，是永远也不会得到彻底满足的，这也是人之需要的最大特点。

动机是引起、推动、维持与调节个体的行为，使之趋向一定目标的心理过程或内在动力。也可以说，动机是激发个体朝着一定目标活动，并维持这种活动的一种内在的心理活动或动力。动机是一个人或其他动物内部的一个过程，它使生物体朝着一个目标前进，或者摆脱一个不愉快的处境。在心理学上，动机一般也被认为涉及人类行为的发端、方向、强度和持续性。动机不能进行直接地观察，但可根据个体的外部行为表现加以推断。

当个体意识到自己的需要时，就会去寻找满足需要的对象，这时活动的动机便产生了。也就是说，动机是在需要的基础上产生的。当人感到缺乏某种东西的时候，会引起机体内部的紧张状态，此时就需要以意向、愿望的形式指向某种对象，并激发起人的行为、活动，需要便转化成了人的行为、活动的动机。需要和动机，则共同构成了个体心理特征中的动力要素。

而理解一个人的动机意味着要回答心理学上的一个核心问题：人们为什么要做他们正在做的事？我们自己的经验会告诉我们，做出某一行为的理由非常复杂，包含生理的、心理的、文化的和人际的力量。更重要的是，人们的思想和行为的范围巨大，这意味着关于"为什么"的任何单一答案均可能是不够的。

由生理需要引起的推动个体为恢复机体内部平衡的唤醒状态，叫内驱力，或叫驱力，它是生理性的动机。能引起有机体的定向活动，并能满足某种需要的外部条件，叫诱因，或叫社会性动机。也可以说，以人类的社会文化需要为基础而产生的动机属于社会性动机，如交往的需要产生交往动机、成就的需要产生成就动机、权利的需要产生权利动机等。兴趣、爱好等也都是人的社会性动机。还需要说明的是，积极的情绪会推动人去设法获得某种对象，消极的情绪会促使人远离某个对象，所以情绪也具有动机的作用。

能意识到自己行为活动的动机，或者说是能意识到自己活动目的的动机，叫有意识动机；没有意识到或没有清楚意识到活动目的的动机，叫无意识动机。无意识动机在自我意识没有发展起来的婴幼儿身上存在着，在成人身上也存在着，如定势的作用是人们往往意识不到的。定势对人的知觉、记忆、思维、行为和态度都会起到重要的作用。定势既可以由人的知识和经验引起，也可以由刚刚发生的事情引起。关于定势现象，下文还会有介绍。

还需要提及的是内在动机与外在动机。由个体内在需要引起的动机叫内在动机，主要指为了某项活动本身而追求某项活动。在外部环境影响下产生的动机叫外在动机，主要指为了外在奖励而追求某项活动。例如，由于认识到学习的重要意义而努力学习的动机是内在动机，为获得某种或某些奖励而学习的动机则是外在动机。

需要注意的是，内在动机和外在动机在推动个体行为、活动中虽然都会发挥作用，但是，外在动机只有在不损害内在动机的情况下才是积极的。如果外在动机的作用大于内在动机的作用，个体的行为、活动主要靠外部奖励的推动，那么此后，个体对外部奖励的水平产生不满的话，他的行为、活动的积极性就会大大降低，结果毁掉的是个体活动的内在动机。

为加深印象，在此介绍心理学上一个关于动机行为的有趣案例：一位老人在退休以后买了一座郊外的别墅养老。选择这里的原因就是因为远离人群，图的就是安静。结果有一群孩子，每天到别墅附近踢球，嘈杂的叫喊声严重打扰了老人休息。他走出去和孩子们说，你们明天来踢球，我给你们付1美元。第二天老人如约兑现了他的承诺。第三天孩子们又来踢球，问老人是不是还有1美元拿，结果老人说今天之后0.5美元。第四天孩子们找老人拿0.5美元，结果老人说今天没有钱付给你们。后来，孩子们觉得无聊，便不来踢球了。老人成功获得了他想要的安静环境。

当我们认识到一个问题需要解决时，有的人会把自己的动机直接转化为沟通行为，有的人会利用对方的动机来解决对方的行为。本来孩子们踢球是源于自己的内在动机，比如喜爱。但是随着老人对他们的奖励，踢球变成了他们的外在动机，为了获取额外的收入。等老人取消了奖励以后，孩子们失去了外在的动机，随之便取消了踢球的行为。老人的动机是希望孩子们离开，孩子们离开的动机是因为没有了奖励。学会分析动机和行为之间的关系，很多问题可以巧妙化解。

一般来说，动机是个体行为活动背后的原因。但是，动机和行为之间的关系又是非常复杂的。同一行为可以由不同的动机引起，不同的活动也可由相同或相似的动机引起。个体活动的动机也是多种多样的，有些动机起着主导的作用，有些动机则处于从属的地位。并且，动机和效果一般来说是一致的，即良好的动机会产生积极的效果，不良的动机会产生消极的结果。但是，在实际生活中，由于某些因素的作用，动机和效果也会出现不一致的情况。这也正是我们需要注意的地方。

（二）能力

能力是顺利、有效地完成某种活动所必须具备的条件，或者说心理条件。通常包括观察力、注意力、记忆力、思维力、想象力。其中思维力是支柱和核心，代表智力的发展水平，也是最基本的心理条件。

能力不是知识和技能，但又与知识和技能有着密不可分的联系。这些能力是掌握知识和技能的前提，决定着掌握知识和技能的方向、速度、巩固的程度和所能达到的水平。同时，在掌握知识和技能的过程中，能力也得到了发展，两者亦呈互动因果关系。为此也可以说，能力是掌握知识技能的工具，也是知识技能的产物。

影响能力发展的因素包括遗传因素、环境因素和教育因素。遗传决定了能力发展可能的范围或限度，环境则决定了在遗传基础上能力发展的具体程度，而教育则是能力发展的关键。因此，个体的能力水平是遗传因素、环境因素、教育因素共同作用的结果。如果个体的能力水平出现不足，就可能是由于其中某种因素，或者两种、三种因素共同作用的结果，不可完全怪罪于个体自身。这也是我们需要注意的。

这里特别要介绍一下两种能力，一是思维力，二是注意力。因为思维力是能力的支柱和核心，而注意力则决定着个体所能得到的信息的来源，也是引发相关评判的基础。

关于思维力，2002年诺贝尔经济学奖获得者、著名心理学家丹尼尔·卡尼曼在其名著《思考，快与慢》中提出，人类拥有两种类型的思维模式：慢速思维，指较慢却有意识（自主）加工的思维，程序性的且需要运用推理规则，来有意识地解决问题，如分析问题、做计划或制造东西。快速思维，指快速却自动（无意识、非自主）完成的思维，自动完成的却可以解决复杂度极高的问题，例如说话、走路、弹钢琴等。快速思维对信息的处理本质上是并行的，而且执行的大都是那种逻辑分析不可能完成的计算。

也有心理学家表示，大脑"自我控制"基本上有两个系统：

热系统和冷系统。热系统"是短期不耐烦的基础",冷系统"是认知的、复杂的、反射的、激活较慢的"。或者说,思维系统 I（impusive 首字母、意思是冲动的）是人类和其他动物共有的一种思考方式,它是在意识之外进行的,兼具迅速化、情绪化、概括化等特点。思维系统 R（rational 首字母、意思是理性的）是受人们意识控制的思考方式,它是理性、合乎逻辑和持怀疑态度的。

也可以说,大脑决策中存在着两种加工过程,一种是直觉的,几乎不消耗认知资源；另一种是分析的,需要集中注意力和意志力,负责处理复杂的计算和决策。不过,如果我们必须"深思熟虑"地检查我们所做的每一件小事,那么我们将不能完成任何事情。

注意力指的就是个体专注于某件事情,同时又能够忽略其他无关事情的一种能力。而所谓选择性注意,是指当人们被周围不断出现的无数刺激所淹没的时候,还能够奇迹般地仅仅注意到其中的一个事物。专注力与情绪是亲密的伴侣,人的注意力也是有多种不同形式的。

有心理学家提出,大脑大致有两种注意系统：一种是"自下而上"的系统,即无意注意（非随意）,它会自动立即把人的注意力转移到突发性新信息上；另一种是"自上而下"的系统,即有意注意（随意）,它不是本能的,而是有意的,是注意力的体现。有心理学家还提出,注意力有三个重要概念：①你可以选择你所关注的事物,而忽略其他事物；②你的注意力可能会被不相干的人、事、物所吸引,即使你并不希望如此；③如果你只专注于一件事,你可能会完全忽略其他事物,即使你的双眼此刻正紧紧盯着它。这三个重要概念也对应着注意力的三个法则：

胶水法则：人们通过集中注意力来寻找与目标物体相关的特征，科学家们把这种将注意力聚焦于物品特定特征的策略，称为基于特征的注意力。注意力如同胶水一样，将目标物的不同特征所对应的神经元的反应集合到一起。开放的、不予评判的觉察能力是指对进入思想、视觉、听觉、触觉的任何信息都不加批判地进行接收的能力，如果开放的、不予评判的觉察能力很强，一个人往往可以将自己的关注点保持在自己的目标上，不会被各种事件所牵引和干扰，就好像内心有一块磁铁一样。

吸引法则：与其他物体截然不同的特征，在我们的大脑中所做出反应的神经元信号，会与对其他物体做出反应的信号截然不同。当这种情况发生时，人们的注意力会自动被吸引到这些事物特征上，从而加强了这些大脑信号，使这个事物非常容易被迅速捕捉到，科学家们称这种效应为"跳出效应"。视觉（也包括听觉）搜索非常简单，一切"跳"出来的东西更能吸引你的注意力，也正是你要寻找的东西。但是，这些"跳"出来的东西也会分散你的注意力，使你更难找寻到目标物。

盲区法则：需要记住的关键一点是，你的注意力会自动关注那些看起来与周围其他事物截然不同的物体。假设通过发挥注意力的作用，偏好其他特征的神经元被抑制工作了，那么这些微弱的信号几乎不会干扰到大脑的其他脑区。科学家把这一情况称为"非注意盲视"。

(三) 人格

心理学中所说的人格，指的是一个人的心理面貌，是个体行为、思想、动机和情绪的独特且相对稳定的模式。也可以说，人格是个体各种心理特征的总和，是一个相对稳定的结构，使个体具有了区别于他人的、独特的心理品质。它主要包括人的气质和性格。

1. 气质

气质是表现在心理活动的强度、速度和灵活性等动力特点方面的人格特征，相当于我们平常所说的脾气、秉性，它是心理活动动力特征的总和。有人暴躁，有人温顺，有人活泼好动，有人沉默寡言，这就是气质的不同。

这些心理活动的动力特征，既表现在人的感知、记忆、思维等认识活动中，也表现在人的情绪和意志活动中，特别是在情绪活动中表现得更为明显。例如，一个人言谈举止的敏捷性，注意力集中的程度，思维的灵活性，以及他的情绪产生的快慢、强弱的程度，情绪的稳定性和变化的速度，意志努力的强度等，都是他的心理活动动力特征的表现。下面简要介绍一下四种典型气质类型的外在表现：

胆汁质。胆汁质的神经过程的特点是强但不平衡；感受性低而耐受性高，能忍受强的刺激，行为外向，情绪的兴奋性高，但心境变化剧烈，脾气暴躁，难以自我克制。

多血质。多血质的神经过程特点是强、平衡且灵活；感受性低而耐受性高。

黏液质。黏液质神经过程的特点是强、平衡但不灵活；感受性低而耐受性高，反应速度慢，情绪的兴奋性低但很平稳；举止平和，行为内向，头脑清醒，做事有条不紊、踏踏实实，容易循规蹈矩；注意力集中，稳定性强；不善言谈，交际适度。

抑郁质。抑郁质的神经过程的特点是弱，而且兴奋过程更弱；感受性高而耐受性低，多疑多虑，内心体验极为深刻，行为极端内向。

气质类型的主要特点：气质具有稳定性和可塑性，但气质类型却无好坏之分；气质类型不决定一个人成就的高低，但能影响工作的效率；气质类型影响性格特征形成的难易，也影响对环境的适应和身体的健康。例如，胆汁质的人容易形成勇敢、果断、坚毅的性格特征，但却难以形成善于克制自己情绪的性格特征。多血质的人容易形成热情、好客、机智、开朗的性格特征，却难以形成耐心、细致的性格特征。而气质类型极端的人情绪兴奋性或太强或太弱，适应环境的能力也比较差，容易影响到身体的健康。对这种极端类型的人，需要给予特别的关注。

简要来看，多血质的人机智、灵敏，容易用很巧妙的办法应对环境的变化；黏液质的人常用克己忍耐的方法应对环境的变化；胆汁质的人脾气暴躁，在不顺心的时候容易产生攻击行为，造成不良的后果；抑郁质的人过于敏感，比较脆弱，容易受到伤害，感受到挫折。后两种类型的人适应环境的能力都不强。

2. 性格

性格是人格中表现出来的最鲜明最重要的心理特征。它是人对客观现实稳定的态度以及与之相适应的惯常的行为方式的心理特征。或者说，性格是个体在对现实的稳定化态度和习惯化了的行为方式中，表现出来的人格特征。因此心理学认为，主体对客体的态度体验和行为方式标志着性格的本质特征。

态度是个体对人、物或思想观念的一种反应倾向性，它是在后天生活中习得的，由认知、情感和行为倾向三个因素组成。一个人对现实的态度，表现在他在生活中追求什么、拒绝什么，即表现在他都做了些什么上面，而一个人怎样去做则表明了他的行为方式。一个人对现实的稳定化态度决定了他的行为方式，而习惯化了的行为方式又体现了他对现实的态度。简单来说，态度决定行为，行为则体现态度。

性格是在社会生活实践中逐渐形成的，一经形成便比较稳定，它会在不同的时间和不同的地点表现出来。性格的稳定性并不是一成不变的，而是可塑的。性格在一个人的生活中形成后，随着生活环境的变化，性格特征也会随之变化。这也是我们需要注意的。不过，性格不同于气质，它受社会历史文化的影响，有明显的社会道德评价的意义，直接反映了一个人的道德风貌。所以，气质更多地体现了人格的生物属性，性格更多地体现了人格的社会属性，而心智则更多地体现了人格的精神属性。个体之间人格差异的核心是性格的差异，因为性格反映着个体的道德风貌。

有心理学家提出，性格特征也可理解为情绪风格在不同维度上的某种组合，例如：①冲动：弱专注力与弱自我觉察能力的组合。②耐心：强自我觉察能力与高情境敏感性的组合，许多事情会随着情境的变化而改变，认识到此点有助于培养自身的耐心。③害羞：弱情绪调整能力与低情境敏感性的组合；如果对情境不够敏感，羞怯和谨慎会在错误的场合出现，自缚手脚。④焦虑：弱情绪调整能力、消极的生活态度、强自我觉察能力以及弱专注力的组合。⑤乐观：积极的生活态度与强情绪调整能力的组合。⑥总是不开心：消极的生活态度与弱情绪调整能力的组合；这使得个体无法保持积极的情绪，一旦受挫就会陷入消极情绪而无法自拔。

性格在一个人身上表现出来的是一个有机整体，但为了详细地了解性格，又可以把它分解为不同的方面。一般来说，可以从性格的组成部分来分解性格，这就是性格的静态结构；还可以从性格结构几个方面的联系上，在不同的生活情景中来考查性格，这就是性格的动态结构。

性格的静态结构。可以把性格分解为态度特征、意志特征、情绪特征、理智特征四个组成成分。即在性格的静态结构中，态度特征最为明显，包含着个体稳定的信念及行为倾向，也是联系个体内外部的桥梁；其次分别是意志、情绪、认知方面的特征。

态度特征，是指一个人如何处理社会各方面关系的性格特征，即他对社会、对集体、对工作、对劳动、对他人、对自己的态度的性格特征。

意志特征，是指一个人对自己的行为自觉地进行调节的特征，其可以从意志品质的四个方面，即意志的自觉性、果断性、坚韧性、自制性上来观察。

情绪特征，是指一个人的情绪对其活动的影响，以及其对自己情绪的控制能力。

理智特征，是指一个人在认知活动中的性格特征，主要表现在：认知活动中的独立性和依存性、想象中的现实性、思维活动的精确性等。

性格的动态结构。一般说来，性格的态度特征是性格的核心，对社会、对集体的态度又是最为重要的态度。因为态度直接表现了一个人对事物所特有的、比较恒常的倾向，它也决定了性格的其他特征。例如，一个对社会、对集体有高度责任感的人，他对工作、学习也一定是认真负责、兢兢业业的，对别人也会是诚恳、热情的，对自己也是能够严格要求的。因此，在分析一个人的性格时，一定要抓住其性格的主要特征，由此可预见到其可能具有的其他的性格特征。这也是我们需要掌握的重点。

也有心理学家认为，人的性格可分为四个层次，即世界观，包括认识、观念、信念、理想等，主要是个体已有的确信认知；现实态度，包括对己、对人、对事的态度，是联系个体内外部世界的桥梁；心理特征，包括理智特征、情绪特征、意志特征，现实态度加上心理特征也就是前述性格的静态结构的组成；行为方式,包括做什么以及怎么做,主要是个体行为的习惯或倾向。概括来说,世界观是性格的最高层次,心理特征是性格的基础,现实态度是内外部的桥梁,行为方式则是性格的外在表现。

另外,性格的各种特征并不是一成不变的机械组合,在不同的场合下会显露出一个人性格的不同侧面。例如,鲁迅先生既"横眉冷对千夫指",又"俯首甘为孺子牛"。因此,应该在各种不同的场合去观察一个人,以便全面了解其性格的各个方面。

了解了气质与性格,我们再来说说人格。人格是指一个人比较稳定的行为习惯和表现,很多学者把人格看成生涯发展的一个重要变量,其发展应包括机体成熟、社会关系、自我成长三个不可分割的过程。影响个人人格的因素则主要包括生理遗传、生存环境、个人际遇、文化熏陶等。人的成长过程,就是一个力量不断增长和人格不断完善的过程,但同时也是一个丧失与别人共有的原始共同性、与他人越来越分离的过程。

每个人都有自己的心理特点,这些独特的心理特点即构成这个人不同于别人的心理面貌。个体之间的心理面貌上的差异,表现在心理需要和动机上,就是人的动力的差异;表现在从事实践活动上,就是人的能力的差异;表现在心理品质上,就是人格的差异。

因为人格特点的含义是变异的,即某一人格特点在和不同的其他特点相联系中获得不同的意义,比如个体具有顽强的特点,它可能是高尚的人格特征,也可能成为卑劣的人格特征。因而要准确地考查每一个人的人格品质,不应该孤立地看某一品质,应该在统一的整体中加以评价。

心理学家把许多品质视为个体人格特质,这些特质在很大程度上受到文化的影响。我们所重视的特质，我们对自我与社会的感觉，以及我们对正确的行为方式的观念，所有关键的人格特质都始于我们成长的文化背景。不过，个人虽会受其文化的影响，但同一文化中的个体仍会有很大的差异。

从叙事的角度来看，你如何看待和解释自己的故事是你人格的精髓。讲述关于自己的故事，在塑造自己独特人格方面也起着至关重要的作用。认知心理学家就强调，自己的故事会"塑造"和"歪曲"我们的记忆。心理治疗师们也在探索如何让那些讲述自我失败人生故事的来访者扭转颓势，创造出更有希望和积极的故事。人本主义、存在主义和叙事视角的人格观都有一个核心信息：即使命运将我们带向悲剧，我们也有选择自己命运的力量。

需要强调的是，人格是各种心理特性的总和，也是各种心理特性的一个相对稳定的组织结构，在不同的时间和不同的地点，它都影响着一个人的思想、情感和行为，使其具有区别于他人的、独特的心理品质。人格的特性表现主要有五个方面：

独特性。每个人的遗传因素不同，他们又在不同的环境条件下发育成长，并且接受了不同程度、不同层次、不同内容的教育，因而各人都有自己独特的心理特点。没有哪两个人的性格是完全相同的，这就构成了人格的独特性。

整体性。人格的整体性是说，包含在人格中的各种心理特征彼此交织，相互影响，从而构成了一个有机整体。

稳定性。由各种心理特征构成的人格结构是比较稳定的，它对人的行为的影响是一贯的，是不受时间和地点限制的，这就是人格的稳定性。

功能性。外界环境刺激是通过人格中介才起作用的，也就是说，人格对个人的行为具有调节的功能。因而，一个人的行为总会打上其人格的烙印。例如，一事当前，有的人先从大局出发，首先顾及社会和集体的利益；有的人则首先考虑自己的得失，甚至为了自己的利益，不惜损害社会和集体的利益。所以，人格能决定一个人的生活方式，甚至能决定一个人的成败。

统一性。即自然性和社会性的统一。人格是在一定的社会环境中形成的，因而，一个人的人格必然会反映出他生活在其中的社会文化的特点和他所受教育的影响，这就是人格的社会制约性。但是，人的心理，包括他的人格，又是大脑的机能，人格的形成必然要以神经系统的成熟为基础，所以，人格也必然是人的自然性和社会性的统一。如果进一步细分，人格还有精神性的成分，是人的自然性、社会性、精神性的统一，因为人性中也包含着生物属性、社会属性、精神属性。

在此还需要说明的是，认知、情绪情感和意志，需要和动机，能力和人格这些心理现象，是彼此关联、密不可分的。出于科学研究的需要，才把这些心理现象细分出来，以便深入探讨它们各自活动的规律。应有的总体认识是，当外界事物作用于感觉器官的时候，人们总要认识它。在认识它的同时，人们又会产生对它的态度，引起人们的情绪，激发人们的行动。这就是人的认识、情绪情感及意志活动，心理学家把这三类心理现象称为心理过程，因为它们都是以过程的形式存在的，它们都要经历发生、发展和结束的不同阶段。而每个人的心理过程都会表现出其个人的特点，构成了其独特的心理面貌。组成一个人心理面貌的就是他的心理特性。需要和动机反映了他心理活动的动力，能力说明了他对某种活动的适宜性，气质和性格则表现了他的人格特征。

也就是说，认知、情绪情感、意志是心理过程，每个人都通过这些心理活动认识着外界事物，反映着这些事物和自己的关系，体验着各种感情，支配着自己的活动。但是，各人在进行这些心理活动的时候，又都表现出了与他人不同的特点。心理过程和个性心理又是紧密联系着的。个性心理通过心理过程的实践逐步形成和发展，心理过程的某些特点又往往是个性心理的结构要素，也只有在心理过程中才能表现出个性心理的差异；而个性心理也影响心理过程的发展。即两者也呈现着互动因果关系。

笔者还认为，人类是活在需要或欲望之中的，需要也是人类生存的各个起点及动力源头。能力则是满足每一需要的支撑，亦如哲人们常说的，你的欲望需要与你的能力相匹配，否则就会产生很多烦恼甚至痛苦。而人格是给能力提供保障的，包括气质上和性格上的。因而总体来看，个性心理特征大致是由"多变需要"到"匹配能力"，再到"稳定人格"的累积，或者说是从"单一"到"条线"，再到"整体"的程度的不同。当然，三者也是呈现互动因果关系的。而我们每个人的心理特征，则是累积程度的各有不同。

综上所述，每个人的心理过程也都会表现出其个人的特点，展示出每个人不同于他人的个性心理特征。即心理过程会表现个性差异，个性差异也影响心理过程。作为一种言语行为和心理活动，我们说表达的因由也基于个性心理特征，就是需要留意到以下三个方面：

（1）动力的作用。动力来自需要和动机，动机也是在需要的基础上产生的。动机主要涉及行为的发端、方向、强度和持续性，并且不能忽视，情绪也具有动机的作用。而需要的最大特点，是永远也不会得到彻底满足的。人们做出某一行为的原因，以及动机和行为之间的关系，都是非常复杂的。同一行为可以由不同的动机引起，不同的活动也可由相同或相似的动机引发。有些动机起着主导作用，有些动机则处于从属地位；有的动机是有意识的，有的则是无意识的，如定势的作用。而且，动机和效果还会出现不一致的情况。特别是，如果外在动机的作用大于内在动机的作用，结果会毁掉个体活动的内在动机。这些都是我们在分析个体表达行为的动力因素时需要考虑的方面。

（2）能力的作用。能力虽不是知识和技能，但与二者密切关联，并且在掌握知识和技能的过程中，能力也会得到发展。即能力是掌握知识技能的工具，也是知识技能的产物。大脑拥有两种类型的思维模式，即快思维与慢思维；也有两种注意系统，即"自下而上"与"自上而下"。专注力与情绪是亲密的伴侣，注意力也有三个重要概念，即胶水法则、吸引法则、盲区法则。影响能力发展的因素包括遗传的因素、环境和教育的因素，其中教育是能力发展的关键。在探究个体的表达活动时，能力因素也是需要我们认真对待的方面。如果个体的能力水平出现不足，可能是由于不同因素共同作用的结果，我们不可完全怪罪于个体自身。

（3）人格的作用。人格是各种心理特性的总和，影响着一个人的思想、情感和行为，即个体的行为总会打上其人格的烙印，外界环境刺激也是通过人格中介才起作用的。而人格具有社会制约性，因为人格是在一定的社会环境中形成的，人格必然会受个体所生活的社会文化特点和其所受教育的影响。并且，气质类型影响个体性格特征形成的难易，也影响其对环境的适应，对极端类型的人也需特别关注。性格的要素是态度和行为，而态度会决定行为，行为则体现态度；性格具有稳定性，性格一经形成便比较稳定，但并非一成不变，性格也是可塑的；性格的态度特征，或者说世界观、人生观、价值观等是性格的核心，决定着性格的其他特征；而对社会和集体的态度又是最为重要的态度，在分析个体的性格时必须抓住其性格的主要特征。

三、依于环境——心理建构是有环境的

这个环境主要是指社会环境。心理是社会的产物，离开了人类社会，即使拥有人的大脑，也不能自发地产生人的心理。简要来说，人类的心理现象既是脑的机能，又受社会的制约，是自然和社会相结合的产物。马克思也指出，"人是一切社会关系的总和""一个人的发展取决于和他直接或间接进行交往的其他一切人的发展"。因此，人是社会历史的产物，社会对于人的心理更为重要并具有决定性的作用。只有从自然和社会两个方面进行研究，才能揭示人类心理的实质和规律。

社会心理学家斯坦利·米尔格拉姆也曾说过，"我们都是被缠绕在社会约束这张蛛网里的脆弱生物"。他这里所指的约束就是社会规范，是关于我们应该如何行动的规则，如果违反会面临强制性惩罚，如果遵循也会获得相应奖励。规范即日常生活的惯例，使得与他人的互动具有可预测性且有秩序，它们无形又牢固。

作为管理社会生活的规则或规范，包括外在的法律和内在的文化习俗。而所谓人的角色，即是由一系列"适当"的行为规范所管理的社会地位。规范是强有力的，它们根据文化和情境的不同而变化，我们经常努力避免与其发生冲突。根据社会认知学习理论，人格就是环境和个体各方面相互作用的结果，是相互影响的。而所有关键的人格特质，又都始于我们成长的文化。

文化，被定义为社会中多数成员共享的一套价值观、信念和习俗，并且支配着他们的行为。文化代代传承而来。其实人类所有的知识，都是历史的知识，所有的知识都是历史的积累。

人类不仅靠基因传承，还要靠文化传承。

文化对人类的生存和繁衍以及社会交往，都有非常重要的塑造作用。不同文化环境下，人们对同一件事物的知觉模式也会有差异。比如，对于丰满的身形，有的文化会认为是健康，也有的会认为是肥胖。又如，红色出现在交通信号灯、医院、试卷上时人们往往会警觉，而出现在春节、婚礼、股市等情境下时则是受欢迎的。文化对于人类的认知过程、情绪情感过程、意志过程以及社会行为，具有强大的塑造作用，同时促使个体形成了对自我的不同理解。

文化对于我们的影响重要而广泛。它影响着我们如何去感知这个世界，如何去加工外界信息，如何看待和知觉外在世界的表征。也影响着我们如何去看待自己，如何去认识自己，如何去理解自己，如何去建构自我概念。还影响着我们的动机，我们的归因方式，以及我们的道德观念、道德判断和道德行为等。

情绪研究是心理学研究中的核心板块，而文化对其的影响也是巨大的，如文化能够影响东方人和西方人在进行情绪的识别、感受、体验以及表达等情绪过程，是否存在差异性。即由于价值观、社会规范和认知评价方面的文化差异，产生了特定文化下的情绪感受。文化几乎会影响情绪体验的方方面面，包括哪些情绪被认为是恰当的、哪些是错误的，以及人们的真情实感。

心理学创始人冯特也提出观点[1]，人的个体生理和认知是重要的，但是社会影响和社会情境对人类经验的影响和形塑方式也同样重要。德国心理学家勒温则建立了一个著名的心理学公式[2]：$B=F(P·E)$，B指行为，P指个体，E指个体所处的情境，

---

[1] 袁清明，等：《群众信访心理学》，中原农民出版社2016年版，第47页。
[2] 袁清明，等：《群众信访心理学》，中原农民出版社2016年版，第49页。

F指函数关系。这个公式的含义是：行为是个体及其情境的函数，即个体行为是个体与其所处情境相互作用的结果。

与他人交往的需求是人类最强大的动机之一，因为人类的生存与群体或者部落息息相关。社会排斥会阻碍移情、批判性思维和解决问题的能力，并可能导致其他负面的心理后果。相反，社会接纳（一种归属感）则会有许多正面的影响。这种与他人相近的内驱力，也有着积极的进化意义。

由于个性因素的影响，人类要求分工和公平；由于社会性需要，人类要求合作和交往。在这样的条件下，人类就形成了分工基础之上的各种社会组织。社会的构成元素就是人和组织，而社会之所以能称之为社会的关键，是人与人、人与组织及组织与组织之间的关系链。这就涉及"社会心理学"的研究范畴，主要是人的社会化，以及社会认知、社会动机、社会态度等方面的内容。

（一）社会化

1. 涵义

我们每个人不会也不可能自由地长大，从出生的那天开始，社会就一直干预着、引导着我们成长的整个历程。在我们尚未成熟的漫长岁月里，社会想方设法把我们广泛而不确定的冲动和能力，引导到较为狭窄的行为、动机、信念和态度的社会模式里。这种社会干预或引导过程，如果从个人角度来说，就是个体的社会化。

社会化是指人类个体在社会环境下，从自然人发展成为社会人的过程。自然人，又称生物人，一般指刚刚出生的新生儿，他们不具备人的社会属性，只有自然的生理性动机和需要。社会人，是指通过社会化，个体掌握了该社会的道德和文化，学会了该社会的道德规范和道德行为，形成了独立的人格，产生自我意识，最终成长为社会化的人。社会人的形成，依赖人与人之间的社会交往，产生社会互动，在社会情境中学会社会的基本知识和基本技能。

德国哲学家费尔巴哈说过："当人刚刚脱离自然界的时候，他也只是一个纯粹的自然物，而不是人。人是人、文化、历史的产物。"恩格斯很赞赏这句话，称它为"名言"[1]。所谓个人社会化，指的就是从"纯粹自然物"到"社会人"的过程，就是接受文化等影响的过程。

我们每个人必须经过社会化，才能使外在于自己的社会行为规范、准则等内化为自己的行为标准，这也是我们进行社会交往的基础。因此，社会化会涉及社会和个体两个方面。从社会角度看，社会化是社会对个体进行教化、教导的过程；而从个体角度看，社会化则是个体与其他社会成员互动、成为合格的社会成员的过程。因而笔者认为，社会化是"社会内化"即社会学习，与"个体外化"即融入社会的辩证统一；基于社会化过程，每一个体也建构出了大脑的"内环境"，并形成了社会"外环境"与大脑"内环境"的持续互动。

社会化是人们对其所生存的社会一生适应的过程。通过社会化，我们使自己的需要变成适应社会规范的方式，甚至像饥饿这样的最为基本的需要，我们也在社会化的过程中从社会文化模式里学会了吃什么、什么时候吃、怎么吃等，即学会了以社会赞许或认可的方式去满足。也正是由于社会化，才使一个社会或一种制度得到生存和发展，才使人类社会保持着安定团结的局面，才使个体的身心在社会中得以健康发展。

社会化关注文化的传递模式，认为社会化是社会文化的传

---

[1] 袁清明，等：《群众信访心理学》，中原农民出版社2016年版，第69页。

递过程。从这个角度看,社会化的主要内容就是个人学习和掌握社会文化。一般说来,社会文化的核心内容包括价值体系、社会规范两大部分。个人通过社会化过程将社会价值观念内化,学习并掌握社会规范。这一过程对于个人人格的形成与发展和自我观念的完善,以及个人在特定社会结构中的角色扮演,具有重要意义。简言之,社会化过程的实质是个体反映社会现实的过程,从心理学来看,就是社会现实内部化的过程。

2. 特点

人的社会化的内容主要包括三个方面:个性的形成和发展;社会价值观的内化和社会文化的继承、传递和延续;掌握生活技能,培养社会角色。社会化的范围则包括政治社会化、民族社会化、法律社会化、道德社会化、性别角色社会化、职业社会化等。社会化不仅仅是社会教化个人学习社会文化、取得社会成员资格的过程,同时也是个人通过学习、积累社会知识、发展和形成自己个性的过程。总体来说,人的个性,以先天素质为基础,受环境制约、影响,随着个人社会化的进程而逐步形成和发展起来的。

社会化有着三个方面的主要特点:

①社会化需以人的遗传素质为基础。社会化是把自然人转变成为社会人的过程,因此,它首先要求这个自然人要具备人所具有的生物特性,也就是从生物学角度来说,他是一个完整的人,有着人脑这一高度发达的器官。只有具备了这样的遗传物质基础,或者说这样的遗传素质,个体的社会化才能顺利进行。

②社会化是持续一生的发展。心理学家们一致认为,生命是全程发展的,即发展贯穿着每一个人的一生。人的生命过程一旦展开,我们的需要、欲望、兴趣等,就会随着我们生命发展的进程,在不同阶段表现出不同的形式和内容。心理学的这

种"生命全程观"预示了在我们的一生中,我们将会体验现实生活中的多种刺激和各种各样的可能性。我们已有的认知、思维方式、理解力、情感体验,以及我们的社会兴趣、社会态度和价值观都在不断发生着变化,这个过程就是一个持续变化和持续发展的社会化进程。心理学的生命全程发展的观点也说明,社会化与我们的情感发展、个性发展,以及我们的认知和道德发展等是相互联系着的,因此也表明社会化还是个体的一种整体发展过程。

③社会化是共同性和个别性的统一。所谓的共同性是指同一个国家、同一个民族的不同个体有着相同或相近的人格特征,一般称为国民性或民族性。比如中华民族,她的一个突出的国民性就是家庭观念比较重,人民勤俭、勤劳;而美利坚民族的突出特点则是家庭观念比较淡漠,但人民比较具有进取心和成功动机。可以说,世界上这么多国家,每一个国家、每一个民族都有他们自己的特点。

3. 作用

社会化既造就了人的社会共性,又塑造了人的独特个性,是人的社会共性与独特个性的有机统一过程。一方面,基于文化,社会化使得生活在同一个民族、国家,同一个阶级、阶层,同一时代、阶段人的个性具有一些共同的特征,即每人的个性中都会内在地包含民族性、阶级性、时代性等共性的东西。这是社会文化传递的结果。

另一方面,基于个体,社会化又不可能造就具有完全相同个性的个人。其主要原因在于:一是每个人都有自己独特的生物因素,以遗传特征为代表;二是每个人都有自己特殊的生活环境和生活经历;三是个人在社会化的过程中也具有能动作用。生物因素、环境因素和生活实践,是实现个人社会化所不可缺少的三个必要条件。无论缺少哪一方面，都会直接影响个人的社会化程度和水平。也可以说，每一个体的社会化，一方面，要根据自己的年龄、性别，依照社会规范而行为；另一方面，还必须解决自己面临的各种各样的任务和事件，因此每一个体的社会化均有自己独特的特点。个体通过社会化，一方面，使自己具备了与所处的群体中的其他人相同或相似的个性心理特征；另一方面，也使自己具有了不同于其他人的独特风格。即每一个体都会发展出一个基于自身特定特征和独特生活经历的个人身份。这就是社会化的共同性和个别性的统一。

从更大范畴看，国民性体现在社会生活的方方面面，所以，社会化虽然说是个体的社会化，但对于生活在同一个社会环境中的个体来说，社会化又会使他们具有许多相同的特性，这就是社会化的共同性。但是，个体的社会化毕竟又是个体自身成长的过程，因而社会化也必定会因个体的不同而具有其社会化的独特性或者说个别性，即每一个社会化的个体，又不完全相同，即使是处于同一个社会中，由于个体的年龄、智力、性格，甚至体质的差异，个体社会化的结果也不尽相同。

此外，社会化也有层次之分：①早期社会化，也称基本社会化、未成年人社会化，指人的社会化的初级阶段。②继续社会化，指继早期社会化之后的成年人的社会化。③再社会化，指个体从原有的生活方式向另一种新的生活方式转变、适应和文化内化的过程。个人的社会质量，是衡量个人社会化水平的唯一尺度。即一个人的社会质量大，那么他的个人社会化程度就高，反之则低。

社会化在社会服从方面也发挥着基础性的作用。心理学上，把即使人们不愿意去做，但不得不做的行为称为服从。服从是个体按照社会要求、团体规范或别人的愿望而做出的行为，这种行为是在外界压力或诱惑下而发生的。事实上，从某种意义上，我们可以把服从理解为是为了维护社会团体所订立的标准，个人自觉自愿地服从普遍通行的行为方式。因为只有这样，个人才能与社会相适应。

总体来看，奖赏、惩罚和威胁，以及源于社会环境的压力，都会使人发生服从行为。但是还需指出，企图运用这些手段使他人发生服从行为时，特别要注意掌握"度"的问题。如果惩罚或威胁过分，社会环境给人带来的压力感过强，很有可能不仅不会使他人发生服从行为，反而容易引发对抗心理，甚至还有可能使某些人把过强的压力转化成过度的紧张、焦虑，从而引发心理疾病。

其实每一个社会，在很大程度上都需要社会公民对社会的服从，比如，遵守社会的道德规范、遵守社会的法律条文、遵守社会团体的纪律，等等。如果一个社会真的没有了公民对其的服从，人们任由自己的本性去生活，社会便会失去稳定。

（二）社会认知

亦如认知被认为是人的整个心理活动的契机，社会认知也是人的整个社会心理活动的契机，是连接主体同客体、主体内部同外部的最早心理过程。它包括社会知觉、社会印象、社会判断三个互有影响的认知阶段。

有种心理表征叫概念，它是将具有共同属性的物体、活动、抽象事物或特质归类的心理范畴。概念是思想的基石。命题则是由概念组成的意义单位，表达一个单一的看法。命题又在知识、联系和期望的复杂网络中连接在一起。这些网络被心理学家称为认知图式，是描述和思考世界各个方面的心理框架。

用来表达概念的词语，可能会影响或塑造我们对它们的看法。美国语言学家本杰明·李·沃尔夫提出，语言塑造认知和知觉。

他还认为，语法（单词的形成和排列方式，以传达时态和其他概念）影响着我们对世界的看法。简言之，即语言塑造认知，语法影响看法。而词汇和语法也确实会影响我们知觉物体的位置、对时间的思考、对形状和颜色的注意，以及记忆事件的方式等。

认知受制于框架效应，不同呈现方式，便会做出不同的选择；同一信息，呈现方式积极或消极，评价也会大不相同。信念和认知的差异也有助于解释，为什么两个经历过同一事件的人，可能会从中得到完全不同的教训。

由于认知主体之间有着共同的文化环境和共同的思考方式，因此，社会认知有社会个体水平上的认知和社会集合体水平上的认知。对于一个民族而言，这种共同认知也就是民族意识的重要内容。个体水平上的社会认知则大致可以分为两个部分，一个是个体对内的认知，即自我性认知；一个是个体对外的认知，即社会性认知。

1. 自我性认知

个性的核心内容及形成、发展的标志是自我。自我也称自我意识、自我概念，是指个体对自己存在状态的觉察和认识。培养和塑造什么样的自我概念，对个人和社会来说是极为重要的基础。自我也是一个人在心理上构建的恒定的主体——人格整体，是社会关系品质、性格特性、道德、信念、价值、人生目标等集中于一身的综合体。自我随时影响着个体的行动，它可以在意识和无意识中存在。人的认知评价，也是受作为主体的自我的指引和约束的。

具体来看，自我概念是一个有机的认知机构，由态度、情感、信念和价值观等组成，贯穿整个经验和行动，并把个体表现出来的各种特定习惯、能力、思想、观点等组织起来。自我概念具有三种心理作用：保持内在一致性，决定个人对经验怎样解释，决定人们的期望。某种经验对于个体的意义，大都是由其自我概念决定的。

在各种不同的互动情境中，人们对于事情发生的期待、对于情境中其他人行为的解释，以及自己在情境中的行为，都高度决定于自己的自我概念。实质上，一切外部影响力量内化为个人的个性品质，都需要经过自我概念的中介。因为我们如何看待这个世界、如何与他人相处，最终取决于我们如何看待自己。

自我概念就像一个过滤器，进入个人心理世界的每一种知觉都必须通过这一过滤器。自我概念消极时，每一种经验都会被与消极的自我评定联系到一起。而如果自我概念是积极的，每一种经验都可能被赋予积极的含义。积极自我概念的培养，应当成为现代社会化的重要目标。

为此，我们需要很好地了解个体既有的自我概念状况，懂得每一种互动形式经过个体自我概念折射后对于他们的意义，才真正有可能找到实质地促进个体社会化的方法与策略。而人自认为是怎样一个人，比其真正是怎样一个人更为重要，因为每个人都是按其认为自己是怎样一个人而行动的。并且，学会对自己的思维活动进行反思和有效的自我调节，也是一个人心理成熟的标志。

需要说明的是，自我概念中的两个主要成分是自尊和自信。如果自尊受到伤害，我们就会动用相关的规则来对事情做出判断。如果我们认为肇事者武断专横、蛮不讲理或不公正，我们就会认为对方不对或不好，然后会感到愤怒。简而言之，个性化的意义解读及其与自尊主题的关联，决定了人们的反应。个人的整体自我评价——或者更为重要的，是自我评价或自尊的改变——通常能触发人的情绪反应：快乐或痛苦、愤怒或焦虑。我们以前的评价，或与他人比较造成的自尊变化，特别能影响我们的情绪。而自尊与我们对他人评价的关系就像一个跷跷板，对别人的价值评价升高，我们自己的价值感就会下降。

2. *社会性认知*

社会认知也称社会知觉，是由各种社会信息所形成的知觉，对行为原因的认知也属于社会知觉的范围。社会知觉是一种基本的社会心理活动，个体的社会动机、社会态度、社会化过程、社会行为的发生，都是以社会知觉为基础的。由此也可知，社会知觉基础性、决定性的重要作用。

人类认识世界是从感觉和知觉开始的。知觉的基础是被认知事物本身的属性，但是个体的一些主观因素，也会对社会知觉的过程和结果产生重要的影响。相对于感觉，知觉的主要特点，是一种概括的过程，也是一种对事物进行解释的过程，包含有思维的因素。知觉不仅仅决定于客体本身，也决定于主体的目的、态度、价值观和过去的经验。人们的知识经验不同，需要不同、期望不同，对同一知觉对象的理解也会不同。因为知觉与记忆和经验有着深刻的联系，知识经验越丰富，对物体的知觉越完善、越全面。

个体的认知方式对其社会知觉也会有影响。认知方式也称认知风格，是指个体在认知活动中所偏爱的信息加工方式。它是一种比较稳定的心理特征，个体之间存在很大的差异。例如，认知方式可区分为依赖型和独立型、冲动型和沉思型、具体型和抽象型等截然不同的类型。

而社会知觉对于个体的社会评判，也有着决定性的影响。即使是同一知觉刺激，如果观察者采取的角度或选取的焦点不同，亦可产生截然不同的知觉经验。而影响知觉选择性的因素就有刺激的变化、对比、位置、运动、大小程度、强度、反复等，并且知觉还要受经验、情绪、动机、兴趣、需要等主观影响。

特别需要指出的是，人们当前的活动常受前面曾从事过的活动影响，倾向于带有前面活动的特点。当这种影响发生在知觉过程中时，产生的就是知觉定势，它一般由早先的经验造成。当然，知觉者的需要、情绪、态度和价值观念等也会产生定势作用。

在社会认知范畴还需要了解两个重要概念：图式与印象。在这里，图式主要指向事物，印象主要指向他人。

图式。图式就是存在于记忆中的认知结构或知识结构。图式不仅指对事物的概念性认识，也包括对事物的程序性认识。个体进行认知时，图式对新输入的信息起着解释功能。也因此，个体或群体的经验不同，对相同的认知对象便会产生不同的认知结果。图式的主要作用是影响和帮助，即影响信息的输入、保持、输出，帮助信息的提取、加工、填补等。图式概念对个体的心理和行为有重大影响，图式化也常常导致认知上的主观、简化、片面和顽固坚持原有看法，妨碍人们对信息的全面准确接收。

印象。所谓的印象是指我们对别人的看法。在很多情况下，我们不是等到全面把握了他人的全部特征后，再形成对他人的印象的，我们会根据有限的甚至是片段的信息，进行加工整理，形成对他人的印象。在形成对他人的印象时，个体好恶的评价是最重要的。研究表明，好恶评价是印象形成的主要依据，一旦个体把某人放在喜欢或不喜欢的范围内，对这个人的其他认知就会归入相应范围。[1]在好恶评价中，对热情与冷淡的评价是形成他人印象的关键因素，是好恶评价中心性的品质。

在对他人的印象形成中，究竟怎样利用已有资料来评价他人，也跟个性有关。有些人，他喜欢一开始就接纳别人、看他们的优点，而发现别人的缺点时，也能尽量忽略它、原谅它。

---

[1] 袁清明，等：《群众信访心理学》，中原农民出版社2016年版，第138页。

而有些人则喜欢一与人接触就看人家的缺点，如果有优点也不会马上就对他做出肯定，而是谨慎地继续观察。可以说每个人评价他人的眼光和方式都是不同的。

还需要注意的是，进化心理学指出，人们对负面信息的重视和迅速反应的这种负面偏见，是人类在漫长的种系发展过程中所形成的一种社会认知的基本倾向，它有利于维护个体的生存和种族的延续。即一般来说，个体对负面信息的注意、记忆会更强；与积极肯定的品质相比，更注重消极否定的品质。也就是说，对同一个人来说，在所有其他品质都相等的情况下，一种消极否定的品质比积极肯定的品质更能影响印象的形成。在心理学上，有学者把这一现象叫作"黑票作用"。

认知心理学家还认为，人们都是有选择地接受信息并将其统合成一个有意义的整体的。因此，对他人的印象形成，是认知者主动地、有组织地将关于认知对象的信息整合成一个紧凑的、有意义印象的过程，在这一过程中，人们往往要采取一些捷径，提高信息加工的效率。如第一印象与首因效应、近因效应、光环效应等。

第一印象确实对我们认识他人并形成对他人的印象有着强烈的影响。在第一印象的首因效应中，对情感因素的认知常常起着十分重要的作用。而且，当一个人用不同的语气说同样一句话时，给别人的感觉是完全不同的。因为在现实生活中，当我们形成对他人的印象时，非语言线索的作用比语言线索要大得多。

为此，与人第一次接触时，尤其要注意自己的外表、谈吐和修养。因为每个人都心照不宣地认为他人所具有的品质都是相互关联的，一旦掌握了某人其中的一种品质，就可以推想他所具有的其他品质及行为表现。还由于我们对人知觉时有一种情感效应，因而也常使人对他人的评价出现偏差。

因为每一种人际关系都包含了喜欢和不喜欢这一维度，事实上这一维度也影响着我们社会生活的每一个方面。心理学的研究表明，有许多品质或特征可以增加或保持彼此在社会交往中的喜欢与吸引。如，热情的魅力——热情的中心性品质效应。热情还是冷酷，可使一个人对他人的吸引力发生实质性的变化，很大程度上决定着他在社会交往中的喜欢与吸引。在心理学上，通常就把"热情—冷酷"这对品质叫做中心性品质。

心理学家们认为，热情之所以可以左右着我们在社会交往中的喜欢与吸引，是因为"热情—冷酷"这对品质包含了更多的有关个人的内容，它们和许多人类的其他人格特性紧密相关。因此，一旦我们感觉到一个人是热情的，我们就会把联系在其周围其他人类优良的品质也"配送"给他；而相反，当我们感觉到一个人是冷酷的，我们就把联系在其周围的其他人类不良品质"配送"给他。

又如，喜欢别人的人也会赢得别人的喜欢——人际吸引的相互性原则。"你期望别人怎么待你，你也要怎么待人"。我们常常就是这样，最喜欢那些喜欢我们的人。因为喜欢我们的人使我们体验到了愉快的情绪，更重要的是，那些喜欢我们的人，使我们受尊重的需要得到了极大的满足。

人际吸引的相互性原则也有着适用的范围。一个人如果自我尊重程度较强，较为自信，那么别人对他表示出的喜欢和赞扬，他可能并不在乎，因而人际吸引的相互性原则对这种人作用也就不太大。而那些具有较低自我尊重的人则不然，他们不喜欢那些给他们否定评价的人，因为他极不自信，所以特别需要别人的肯定，特别看重别人对自己表达出的喜欢情感。可见，自我尊重的强弱，在很大程度上影响着人际吸引的相互性作用的发生。

在实际生活中，应该说大多数人都不是很自信的，自我尊重的意识常常并不很强，因而大多数人都特别需要别人对自己的肯定，而且越不自信时就越需要别人的肯定。如果，有很多人都说我们很好，都说喜欢我们，那么我们往往会越来越自信。

还有一个原因决定着我们去喜欢那些喜欢我们的人，那就是报答。我们往往是迫于一些压力或内疚，不想让人失望，不想让别人"热情热心换冷淡冷漠"，我们想让别人知道我们也是有感情的，也是比较热情和知道回报的人，于是，我们也对对方表现出喜欢。总之，我们要想获得别人的喜欢和认可，就应该先怀着一颗真诚的心去悦纳他人，悦纳周围的一切。

（三）社会动机

动机是为满足某种需要而产生并维持行动以达到目的的内部驱动力。引起动机的内在条件是需要，引起动机的外在条件是诱因。动机可能是意识到的，也可能是意识不到的。定势就是一种未被意识到的动机。

个体的某种需要从未满足状态转换到满足状态，然后产生新的需要，这一循环过程称为动机过程。动机过程一般为：需要→心理紧张→动机→行动→目标→需要满足（或不满足）→紧张解除（或紧张增加）→新的需要。

动机系统大致有四个组成部分：信念、意愿、兴趣、无意识。人类可以意识到的主要是需要，如信念反映需要、意愿属于需要、兴趣源于需要。无意识则包括定势、意向等。可以认为，从定势到信念，大致体现着个体的意识作用，从"无意识"到"强意识"的程度的不同。

一般来说，社会动机是人的欲求和目标的统一，是人的社会行为背后的动因，是引起人的社会行为的内在动力。但也需要指出，社会动机虽是推动人的社会行为的内在动力，但隐藏在这种动力背后的活动，以及活动中人与人之间的关系，才是推动人们行为的根本性力量。

也就是说，社会动机的本质存在于动机者置身于其中的社会活动，以及由活动所"对象化"了的人与人关系之中。因此，社会动机实质上是对人与人关系的一种处理，是在利己与利他之间进行不同选择，更多则是显示利己与利他的权重的不同。而且，社会性动机所产生的力量如此之大，以致会超过和压制人的生物学本能。

社会动机有两个重要影响因素，一个是归因，一个是情绪。归因主要指向动机的"因果关系"，情绪主要指向动机的"需求关系"。也可以说，归因属于"决定论"范畴，情绪属于"目的论"范畴。

1. 归因

归因即个体在互动中归结行为的原因，即指个体根据有关信息、线索对行为原因进行推测与判断的过程。归因思维是人们重要的思维习惯，也是人的一项基本需求。不过，归因反映的是个体对于引起某个事件原因的认识，因此，由归因所得出的原因其实是个体的一种主观解释，未必是引起事件的真正原因。但是，这种未必正确的主观解释往往比真实的原因更能影响个体的情绪、行为等各个方面。

归因不是一个独立的过程。归因研究的价值正在于，归因是上一次行为和下一次行为之间的重要环节。直白地说，对上一次行为原因的解释，将对下一次行为产生重要的影响。从这个角度而言，归因是影响动机的重要因素。

内部原因和外部原因对人们行为表现所起的作用是各不相同的，但二者相辅相成，共同制约着个体行为表现的发生和变化。一般来说，内因是根据，外因是条件，外因通过内因而起作用。现实生活中，行动者倾向于强调情境的作用，而观察者则倾向于强调行动者特点的作用。这也说明为什么人们倾向于把别人的行为归因于他们的内因,而把自己的行为归因于情境。即对于行动者来说,是情境引发了自己的具体行为;而对于观察者来说,是行动者的自身特点引发了其具体行为。也就是说,相比情境的影响,人们更容易相信个体应该为自己的行为负责。

笔者则认为,上述行动者与观察者的所谓不同归因,其实也只是同一事物的不同标签而已,两者不是对立的,而是统一的。因为行动者所认为的其对于情境的感知,而后反应并做出了具体的行为,本质上就是取决于行动者自身的特点。与观察者所认为的,并非情境的作用,而是行动者自身特点引发的具体行为,两者是一致的、相符的。因为外因是通过内因而起作用的,不同的人是产生不同内因的关键。

进一步来说,并非观察者忽视了情境的作用,或者说,行动者忽视了自身的特点,而是观察者与行动者均各自抓住了其中的关键因素或关键变量。观察者抓住的关键因素或关键变量是置身"事"中的"人",而行动者抓住的关键因素或关键变量是其所置身的"情境"。因为就观察者来说,对于同一情境,不同的人肯定会有不同的反应;就行动者来说,对于不同的情境,自己肯定也会有不同的反应。

总体来看,人的归因是在有限理性的前提下进行的。也就是说,人的归因是会有错误的,具体表现为:①归因会受社会视角的影响,行动者与观察者的归因会有差异;②基本归因错误,即倾向于把他人的行为解释成个体本人因素的结果,而非情境因素导致的结果;③防御性归因错误,即基于归因者自我保护心理,如对受害者受害的原因做出内部归因;④情绪会在归因过程中发挥重要的影响作用,即当归因处于积极的情绪状态时,更容易做出积极性的归因判断。

根据人的归因思维原理,失意者倾向于将自己的不幸归因于社会或他人，并容易产生报复心理。如心理学上的"习得性无助"：在"觉得无助→表现出无助→加深无助的观念→表现出更严重的无助"的恶性循环中，人往往会把一切结果归结于环境和外因。人与动物一样，也容易受到习得性无助的影响。人们在最初无法控制的情境中获得了一种无助感，在以后的情境中往往也不能从中摆脱。

此外，影响归因的因素还有能力高低、努力程度、任务难易、运气好坏、身心状态、外界环境等。社会心理学的研究还表明，人们普遍有对自己宽容、对他人苛责，将自己的失败归结为情境、将他人的失败归结为能力的倾向。对于他人及外界事物，我们也很容易将初级评价（对于事物的评价、对于单次事件的评价）衍生至次级评价（对于人的特质评价、对于所有情形的评价）。

有关初级评价与次级评价，值得多说几句。我们常说，在双方产生争论或争执时，应当避免人身攻击，为什么？因为在争执升级时，往往会出现事态开始恶化的情景。那就是其中一方超越了具体情境，用"你总是这样做"或"他就是这样一个人"来评论对方的整体个性。这种超越当前情境、对人的个性特质进行概括的倾向，通常是争执升级为争吵，甚至全面冲突的原因。对他人的行为进行概括和标签化，听起来和感觉上就像是对他人的攻击。

进行概括化或贴标签时，实际上是在将一个单一事件，视作反映更广泛问题模式的一部分。情境不再仅仅是关于他们做了什么，而是变成了关于他们是什么样的人。当人们愤怒时，大都不太能够清晰而理性地思考。并且这种概括化，也有意或无意让他们逃避了对于那个具体情境的责任。

有心理学家提出，攻击对手"最狠"的方式，就是避开就事论事，直接给对方扣上一顶帽子，从人品的角度全面否定这个人。这样，他所有的言行就都没有公信力了，没有了任何还手的余地……鲁迅先生对此类人士刻画得更为深刻，如果一个人的周围都是垃圾，那么，只有两种可能：要么这个人是捡垃圾的，要么这个人就是个垃圾……

2. 情绪

情绪是一种主观的、生理的、有目的的和社会的现象。情绪是将其四个成分联合或协调为一个同时发生的模式或心理建构，即它将主观的、生理的、机能的、表达的成分编织成一个对诱发事件的反应。也就是说，情绪是产生生理、机能变化的主观性地表达。

一方面，如前文所述，积极的情绪会推动人去设法获得某种对象，消极的情绪会促使人远离某类对象，所以情绪具有动机的作用；另一方面，情绪也会影响动机。研究表明，情绪的高唤醒对认知操作起瓦解和破坏作用，如狂怒会使人失去理智，出现越轨行为。成功的情绪调节就是要管理情绪体验和行为，使之处于适度的水平。

在日常生活中，为有效沟通及构建和谐社会关系，人们需要准确理解他人的情绪和意图。共情是理解和分享他人情绪体验的能力，包括情感共情和认知共情两个成分。前者涉及分享他人情绪体验的能力，而后者主要指理解他人情绪状态的能力。

有研究表明，被他人理解，是实现社会联系的关键因素，更有可能体会到积极情绪并做出亲社会行为。而孤独感较强的人可能难以处理社会信息，并可能与对负面社会线索或社会威胁的敏感性增加有关，因而更容易产生负面情绪。拥有积极情绪的人则会回忆起更多积极的事件，而拥有消极情绪的人则会回忆起更多消极的事件。

孤独，被定义为社会隔离或缺乏社会联系的主观感觉。人类是社会性动物，社会联系对身心健康至关重要。作家三毛也说过：心若没有栖息的地方，到哪里都是在流浪。被他人理解的感觉是实现社会联系的关键因素，与更高的生活满意度相关。当一个人感受到被他人理解时，他就更有可能做出亲社会行为，如帮助他人和与他人合作，他们也更有可能体验到幸福和满足等积极情绪。

研究发现，一个人的孤独感越强，他的多个脑区域的ISC（大脑活动的主体间相关性）越低，其中包括背内侧前额叶皮层、前扣带回皮层和颞上沟（这些区域参与了社会认知和社会信息的处理）。该研究结果还表明，与周围人不同的世界观与孤独感也有关。孤独程度越高，与负面情绪相关的区域（如脑岛和杏仁核）的激活程度也越高，这表明孤独可能与对负面社会线索的敏感性增加，以及对社会威胁的感知增强有关。表明孤独感较强的人可能难以处理社会信息，在社会交往中更容易产生负面情绪。

为此，有心理学家提出，把人际关系看成是精神世界最重要的，甚至也许是唯一重要的命题。一切精神困惑走向终极，都绕不开这样一个问题：我应该如何对待他人？当然，对待他人的另一面，就是该如何对待自己。还有学者提出，人际关系最大的两个"雷"，一个是利益，一个是情绪。同理，解决人际关系问题的两个关键，一个是利益，一个是情绪。

（四）社会态度

在心理学的全部历史和领域中，没有任何一个概念比态度更接近中心位置。[1] 态度是个体对特定对象以一定方式做出反

---

[1] 袁清明，等：《群众信访心理学》，中原农民出版社2016年版，第237页。

应时,所持有的评价性、调整性、综合性较稳定的内部心理倾向;也指个体依据自己的经验或观点、对特定的事物在内心进行意义估量,或凭直觉做出如何对待的一种心理倾向。它是个体一种尚未表现于外的内心历程或潜在的心理状态。

态度的心理结构主要包括三个因素,即认知因素、情感因素和行为倾向因素。态度的形成和改变是个体社会化过程的一个重要方面。态度作为一种心理现象,既是人们的内在体验,又包括人们的行为倾向。态度的实质,乃是表明外界事物与人的主观需要之间的关系。

态度也可以看成是一种心理上的准备状态,是由认知、感情、意志组成的综合体。这种准备状态支配着人们对观察、记忆、思维的选择,也决定着人们听到什么、看到什么、想些什么和做些什么,即在人的活动中起着指导性和动力性的作用。态度既不同于事实,也不同于意见,而具有自身的一些特征。总体上说,情感倾向是态度的基本特征,一般包括道德感和价值感两个方面。

态度的功能主要是指态度对活动的影响,突出表现为两点:态度影响判断和选择、态度影响效率。态度、信念、期望会影响个体获取信息、做出推理、进行决策、解决问题的方式。但不管是通过直觉还是通过分步思维过程而产生,态度总是关于事物对自己有多大利害关系的一种价值判断或情绪评定的结果。

态度也是一个人的人格的重要组成部分,也可以说人与人的具体差别,主要在于态度上的差别。认识不同,意义与价值不同,态度也就有区别。而两个人之间关系也会影响效果,简单来说:对人肯定则对其观点也会肯定,对人否定则对其观点也会否定;对人肯定则对其反对的观点也会否定,对人否定则对其反对的观点就会肯定。

态度其实也是信念的表征。只有当一个人的信念、价值观有所改变时，他的态度才会改变。价值观也是个体核心的信念体系，是个体评价事物与抉择的标准，是关于什么是"值得的"看法。价值观对人们自身行为的定向和调节起着非常重要的作用，人和人的区别就在于价值观的不同，在于到底看重什么。因此价值观对态度有直接影响，个体的态度取决于对象的价值。一个人的信念系统加上态度，大致便是此人的基本性格。个体的态度则是联系个体内、外世界的桥梁，向内可以探究个体的心理状态，向外可以对行为进行预期。[1]

人们会倾向于记住支持其立场或价值观的合理论点，还倾向于记住支持相反立场或价值观的不合理论点。认知失调即是两种态度，或者态度与行为发生冲突（即失调）时所产生的不舒适感。也可以说，认知失调是同时持有两种心理上不一致的认知，或信念与行为不对等所产生的紧张状态。因而，认知失调是需要及时进行调整的。为了消除这种失调，多数人会改变他们的态度。

态度的转变分为两种：一种是一致性的改变，指方向不变而仅仅改变原有态度的强度，可视为"量变"。另一种是不一致的改变，指以性质相反的新态度取代原有的旧态度，或者说是方向性的改变，可视为"质变"。不过我们也需要知道，不仅态度能够影响我们的行为，而行为反过来也会影响我们的态度。

有学者提出，"晓理"与"明义"策略是依据认同性内化要求制定的，是产生自觉德行的前提。其中，"晓理"即晓以道理，阐释事情的原因；"明义"即明以意义，阐明事情的意旨。

---

[1] 袁清明，等：《群众信访心理学》，中原农民出版社2016年版，第237页。

这两者是态度教育的核心策略，也是从根本上来改变个体的信念和价值观。只有耐心细致地引导个体对改变态度的要求有所认识，并由其自己做出选择和决定时，真正的态度改变才是可能的。英国哲学家维特根斯坦也认为：要说服某人相信真理，仅仅陈述它是不够的，它必须被发现。

当然，劝说他人改变态度也有不同的方法或路径。根据说服的详尽可能性模型，动机影响说服性交流中对信息的专注程度。当动机是审查信息时，则更容易被论据的力度说服，而不是被一些表面的特征说服，例如信息传递者的魅力。换言之，当主题对个人有重要意义时，就需要详细说明信息，仔细思考其内容。心理学家将此称为说服的核心途径。不过，完成好审查信息、思考信息的任务，前提是需要具备相应的认知能力的。

而当我们缺乏动机或认知资源，例如忙碌、心烦意乱或疲惫时，说服是通过外围途径实现的。相比而言，外围途径更为漫不经心，不论事实如何，长信息比短信息更具说服力，名人的论点比普通人的论点更具说服力。简单来说，无论现实意义上的冲突是什么，进入无意识层面，本质上都是对人际关系的基本态度的冲突。影响态度的一种有效方式是利用熟悉效应，而说服则由详尽可能性模型所描述的核心途径和外围途径实现。

需要指出的是，价值观和价值观体系是决定人的行为的心理基础。态度对象的客观价值对态度有重要的影响，但态度的直接决定因素是个体赋予对象的主观价值。为此，当你以一种欣赏的态度去看一件事时，你便会看到许多优点；而以批评的态度去看时，你便会看到许多不足。因而也只有积极的思维才能找到希望，发挥自己的潜能，从而最后取得成功。

说到态度，必然涉及刻板印象或者偏见。刻板印象是一种印象上的概括，相信特定群体的成员享有共同的特征。或者说是对一群人的印象概括，群体的成员被认为享有共同的特征。刻板印象有助于人们快速处理新信息，组织经验，并预测他人的行为。但刻板印象也会通过夸大群体之间的差异、低估群体内部的差异，以及产生选择性知觉来歪曲现实。

刻板印象本质上是认知层面的。换句话说，刻板印象是关于其他群体的信念。刻板印象尤其是消极的刻板印象，常常伴随着偏见，它更为情绪化，或与情绪有关。而偏见会导致对某个群体强烈的、不理智的厌恶或仇恨，也可以说，偏见总体上是对某类人或事的不合理的负面情绪。

偏见，说到底，是大脑处理信息所采取的一种方式，以片面、表面信息为特征。偏见并不是从本质上就有害的，它为大脑不断地理解周围复杂的环境提供了捷径。在社会认知理论的概念体系中，偏见属于社会态度范畴，是"人们不以客观事实为根据所建立的对人、对事、对物的态度"。简言之，偏见常常是一种基于有限信息的预先判断，这种预先判断使得态度变得毫无根据和非理性。

具体来讲，在认识他人的过程中，效率、期望选择性和第一印象的稳定性等三个因素具有重要作用。因为人是讲究效率的，对相识的人尽快简单地做出判断，这就常常依赖于"心理捷径"，此时偏见常常会发挥出显著的作用；人们在认知他人的过程中，也会希望看到他们的预先判断；个体的第一印象具有较高的稳定性，对于其他人的认知也会产生有力的影响。

社会心理学家认为，偏见涉及人们生活的方方面面，我们都是偏见和歧视的受害者或者潜在受害者，只因为我们属于一个可区分团体中的一员——无论这个团体的划分是根据种族、宗教、性别、国籍、性取向、体形还是残障与否。研究也表明，仅仅诉诸道德或理智的争论尚不足以减少偏见，还必须触及人们更深层次的不安全感、恐惧或负面联想。

总之,在认知层面,刻板印象易形成心理表征;在态度层面,产生偏见易导致消极态度;在行为层面,歧视现象易造成负面行为。心理学家提出有助于减少两个群体之间偏见的四个条件包括:①双方必须具有平等的法律地位、经济机会和权力;②双方必须有权力机构所提供的法律、道义和经济支持;③双方必须有一起工作和交往的机会(即接触假说);④双方必须努力完成共同目标。特别是根据接触假说,当人们有机会习惯彼此的规则、习俗和态度,从而发现共同的兴趣和人性时,偏见就会降低。

综上所述,人类的心理现象是自然和社会相结合的产物,个体行为也是个体与其所处环境相互作用的结果。表达作为一种言语行为和心理活动,我们说表达的因由更依附于社会环境,就是需要重视以下四个方面:

(1) 社会化的关联。人的个性是以先天素质为基础,受环境影响制约并随着其社会化进程而逐步形成和发展的,是生物因素、环境因素和生活实践的持续合成,并依赖于人与人之间的社会交往。而社会化的核心内容就是个体学习和掌握价值体系和社会规范,达成"社会内化"与"个体外化"、共同性与个别性的统一。因此每一个体的社会化均会有自己的特点,衡量个体社会化水平的唯一尺度则是个体的社会质量。显而易见,个体的表达与其社会化水平或社会质量关系紧密,尤其是与政治、法律、道德等社会化的范围、程度密切关联。

(2) 社会认知的关联。一方面,自我随时影响着个体的行动,并且某种经验对于个体的意义,大都是由其自我概念决定的。特别是个体在各种互动情境中,对于事情发生的期待、对于情境中其他人行为的解释,以及自己在情境中的行为,都高度决定于自我概念，因而自我概念对于个人和社会来说极为重要。而个体自认为是怎样的人，比其真正是怎样的人更为重要，因为个体总是依自认为而行动的。即如何看待这个世界，如何与他人相处，最终取决于我们如何看待我们自己。

另一方面，人们主观方面的知识经验不同，需要和期望不同，情绪和动机不同，以及采取角度和选取焦点不同，对同一知觉对象的理解也会不同。并且，由于个体认知方式的不同、知觉选择性因素以及知觉定势的存在，特别是个体好恶对于形成他人印象的重要影响，个体的知觉不仅取决于客体本身，也取决于主体的目的、态度、价值观和过去的经验。而个体对负面信息的注意、记忆也会更强，个性化的意义解读及其与自尊主题的关联，共同决定了人们的反应。因而可知，个体的表达与其社会认知，包括自我概念，也存在着高度关联。

（3）社会动机的关联。社会动机是个体的欲求与目标的统一，是个体社会行为背后的动因，是在利己与利他之间进行的选择，涉及社会行为的发端、方向、强度和持续性；社会动机的本质存在于个体置身于其中的社会活动，以及由活动所"对象化"了的人与人关系之中；人际关系可看成是心理世界最重要的命题，被他人理解的感觉也是实现社会联系的关键因素。但人们普遍有对自己宽容、对他人苛责的倾向，也很容易将初级评价衍生至次级评价；由归因所得出的原因其实也只是个体的一种主观解释，虽未必是引起事件的真正原因，但更能影响个体的情绪与行为。而个体的社会视角、自我价值保护倾向、观察位置、时间因素等，均会影响个体的归因；特别是情绪，既具有动机的作用，也会影响到动机。由此可见，个体的表达与其社会动机也是紧密关联的。

（4）社会态度的关联。在心理学领域，态度是更接近中心位置的，信念系统加上态度大致便是个体的基本性格；个体的态度也是联系个体内、外世界的桥梁，向内可以探究其心理状态，向外可以预期其行为动向。并且，态度的形成和改变也是个体社会化过程的一个重要方面，人与人的差别主要在于态度上的差别，认识不同，意义与价值不同，态度也就有区别。而态度的实质，则是表明外界事物与人的主观需要之间的关系。特别是，态度的直接决定因素是个体赋予对象的主观价值，欣赏则呈"优点"，鄙视则显"不足"。态度还可以看成是一种心理上的准备状态，这种准备状态支配着个体对观察、记忆、思维的选择，也决定着个体听到什么、看到什么、想些什么和做些什么。那么毋庸置疑，个体的表达与其社会态度更是直接关联的。

需要强调的是，迈入市场经济后，国人的价值观已悄然转变：一方面，与市场经济相匹配的时间观念、效率观念、竞争观念、流动观念、公平观念愈加彰显，即节奏加快、竞争加剧、流动加大、公平加码；另一方面，价值观多元、利益主体多元，世俗化和功利化倾向明显，个人主义开始大行其道，理想主义精神渐行渐远。总体表现为，利益驱动支配，利益观念凸显。社会价值、社会选择、社会行为、社会规范等多元化，也形成了传统与现代、守旧与创新、保守与前卫等各种冲突。还导致了当下精神性问题或精神性疾病患者的明显增多。而产生冲突与一个人在特定的社会背景下认为自己应该做什么样的事有关。它并不完全属于生理学的范畴，也离不开心理学，包括文化和社会规则的参与。

为此有学者提出，国人价值观重塑的关键，在于如何处理个体与群体（社会）的关系问题，或者说在于如何整合个性张扬与群体制约间的矛盾问题。因为伴随着近百年来从传统农耕社会向现代工业社会的转型，国人的价值主体发生了剧烈的变化或者说高度的分化。一方面在物质生活领域造成了利益主体的多元化，另一方面在精神生活领域则使得个性不断张扬，由此原本单一的价值认同的维系变得越发困难。

而心理世界最重要的命题是人际关系，实现社会联系的关键因素则是被他人理解的感觉。为此，我们需要通过人际的社会交往，帮助与促进个体提升社会化水平。我们也需要通过叙事等方式，更多地了解个体既有的自我概念状况，以及目的、态度、价值观和过去的经验等。我们还可以通过叙事、理解等方式，深入了解个体的社会动机及归因、情绪等。因为从叙事的角度看，人格的精髓在于个体如何看待和解释自己的故事。而"晓理"与"明义"是态度教育的核心策略，也可从根本上来改变个体的信念和价值观。为此我们可以先通过叙事、理解等方式了解个体的既有态度，再通过耐心细致地引导，使其对改变态度的要求有所认识，并由其自己做出选择和决定，从而促使其态度真正得到改变，进而提高个体的社会质量。

（Ⅲ）产物的把握

前文说过，信访既是"联系—表达—信息"的功能统一体，也是"需要—表达—呈现"的过程统一体。其中"表达—呈现"主要涵盖信访过程、信访诉求，可视为信访"产物"的范畴。鉴于"信访"的内涵很小而外延很大，为此需要说明一下，"信访是表达的产物"中的"信访"，应当基于或者包含三层意思：

其一，信访的本质，就是尝试通过言语来实现与对方的交流互动。或者更直白地说，就是群众试图通过书面或口头言语，来实现与干部之间在思想、感情等方面的交流互动。

其二，信访的核心，就是群众基于自身需要的信息表达，这些需要包括自然与社会需要、物质与精神需要，或者是马斯洛所提出的生理的、安全的、爱和归属的、尊重的、自我实现的需要等。

其三，信访的含义，既可以是动词——群众的具体信访行为、信访活动，如写信、寄信、走访、面谈等；也可以是名词——群众信访表达的事物呈现，如书信、走访的实物或内容等。也就是说，这个信访，既可以代表活动过程，也可以代表活动结果。

根据《现代汉语词典》释义，产物是指在一定条件下产生的事物或结果。在心理学层面，从干部的视角，"信访是表达的产物"中的"产物"，也应当有三个特点：

其一，可以是群众信访行为、信访表达的过程展现，即产生的事物。这些过程也是这个"产物"最外显的部分，可以被人们观察到。

其二，可以是群众信访行为、信访表达的结果呈现，即产生的结果。主要是群众所提出的需要或诉求等信息，可以被人们所了解。

其三，可以是群众信访行为、信访表达的动机显现。这些动机有可能直接显露，即动机与诉求基本一致；也可能动机被有意隐藏或部分隐藏，即动机与诉求并非一致，或者说信访人的真实需要与表面诉求并不相同。

总之，这个产物既可以是表达的过程，也可以是表达的结果，还可以是对表达动机的判断。当然，这主要是从干部的视角来讲的。如果从信访人的视角看，则是先有需要，然后产生动机，然后出现行为，即它是一个"需要—动机—行为"的过程统一体，是一个从心理到行动的整体过程。而且，它也可以视为这个"产物"外显程度不断增加的过程。如果缺少其中任何一个环节，都会影响这个产物的有效形成。

一、缘于需要——需要是信访的内核

一般来说，诉求是信访表达的重点，没有诉求的信访表达基本不会出现。这里的"诉"是指诉说、倾诉，"求"是指请求、恳求，合起来是"诉说"与"请求"。正常情况下，信访人的信访表达都会包括"诉说"与"请求"这两个方面。

诉说一般用于介绍事实、经过、情节，以及理由、依据等，包括法律、政策方面的理由、依据，道德、道理方面的理由、依据，还有情感、情绪方面的理由、依据等。也可以说，从法律政策到道德道理，再到情感情绪，这些理由、依据存在着"正当程度"或"义务程度"由高到低的差异。其中，法律政策方面的理由、依据，正当性、义务性相对而言是最高的。

请求一般用于说明目的，即此次信访的主要目的是什么，请求信访对象解决什么事情或问题。包括意见建议方面的请求、检举控告方面的请求、申诉求决方面的请求等，请求相关机关或单位或干部予以处理解决。也可以说，从意见建议，到检举控告，再到申诉求决，这些请求与现实权益也存在着"关联程度"或"迫切程度"由低到高的不同。其中，申诉求决方面的请求，与信访人现实权益的关联性、迫切性相对而言是最高的。

人的心理活动均有其内部推动力量，这种力量就是人的需要。需要常以欲望、要求等形式表现出来，它反映的是人体内部的不平衡状态。人要维持和发展自己的生命，就必须有一定的外部条件来满足它。当这样的条件缺乏时，就会反映到人的头脑里，让人产生对所缺物质或社会条件的需求，这就是人的需要。当人们意识到这种需要的时候，这种需要就转化成了推动人从事某种活动，并朝向一定目标前进的内部动力，即人心理活动的动机。所以需要和动机是推动人从事心理活动，以及进行外部活动的内部动力。

马斯洛的需求层次理论认为，人几乎总是希望着什么，这是贯穿他整个一生的特点。需要是人的一切行动的原动力，需要也是人的一种主观状态，是人的自然和社会的客观需求在头脑中的反映。而利益是社会的基础、前提和动力因素，追求利益也是人类一切社会活动的动因。莎士比亚《皆大欢喜》台词：世界是一个舞台，所有的男男女女不过是台上的演员；他们有上场的时候，也有下场的时候；一个人在一生中扮演着好几个角色。而每种角色都会产生一些需要，角色不断，便需要不绝。写信人、上访人的经历、处境、角色不同，他们的需要也就不同。

需要是信访表达的核心，没有需要的信访表达也基本不存在。需要和动机是推动人从事心理活动的内部动力，也是推动信访人产生信访心理及信访行为的内部动力。信访活动的发生，常常就是由于人的某些需要得不到满足而引起的。但信访人的真实需要是否直接表现为信访诉求，则是存在变数的。或者说，信访诉求未必反映信访人的真实需要、真实动机、真实目的。不过说到底，信访活动也是一项寻求自身需要得到满足的活动。在此，结合心理学知识，来具体介绍一下"需要"。

人类的生存和发展，必然需要一定的客观条件来保证，否则就保证不了生存与发展。例如，人饿了要吃饭，渴了要喝水，冷了要御寒，热了要避暑，累了要休息，还要生儿育女等。人们在社会中生活，也要有谋生的手段、互助的方式，以及保持良好的人际关系，等等。这些条件是不能缺少的，缺少了就会给人造成机体内部的不平衡状态。这种不平衡状态反映到人的大脑中，就使人产生对所缺少东西的欲望和要求，这种欲望和要求就是人的需要。也可以简单说，需要是包括人类在内的有机体内部的一种不平衡状态，表现为有机体对内外环境条件的欲求。

需要都有对象，没有对象的需要是不存在的。与动物存在不同的是，人除了生理的需要之外，还有社会性的需要。而且，人的需要会受到社会的制约，带有明显的社会性。同时，需要又是不断发展变化的，人的需要永远不会停留在一个地方或者一个水平上。当旧的需要得到满足，不平衡短暂消除之后，新的不平衡又会产生，人们又会为满足新的需要去追求新的对象。所以，需要是推动有机体活动的动力和源泉。正是因为需要的不断发展变化，且永远也不会彻底满足，其才会成为人的活动积极性的源泉。

学者蔡燕在《信访心理学》一书中提出，需要有3个特点[1]：①对象性，任何需要都具有一定的对象，即需要总是指向某种事物。②周期性，在通常情况下，需要并不是一次就终止的，而往往是周而复始的产生。③社会历史性，人的需要不总是停留在一种水平上，而是随着历史的发展而发展的。也就是说，这种发展是受社会历史条件限制的，原有的需要满足后，在一定条件下又会产生新的需要。

从产生角度加以分类，可以把需要分为自然需要和社会需要。自然需要是由生理的不平衡引起的需要，又叫生理需要或生物需要。它与有机体的生存发展及种族延续有密切的关系，如饮食、休息、求偶等需要，它也是人类最基本的、最原始的需要。动物和人都有自然需要，但无论是满足需要的对象，还是满足需要的方式，人和动物也都有着本质的区别。因为人不仅要吃，而且人吃东西还需讲究卫生、讲究营养、讲究味道，吃的时候还要表现出一定的修养和风度等。社会需要是反映社会要求而产生的需要，如求知、成就、交往等的需要。社会需要是人类所特有的，是通过学习得来的，所以又叫获得性需要。社会性需要是人们在社会

---

[1] 蔡燕：《信访心理学》，中国卓越出版公司1989年版，第30页。

生活与实践中逐渐形成的需要，所以在不同的社会里，处在不同社会地位的人，他们的社会需要也就有所不同。

就满足需要的对象而言，可以把需要分为物质需要和精神需要。物质需要是对社会物质产品的需要，如对食品的需要，以及对工作和生活条件的需要等。精神需要是对社会精神产品的需要，如对文化科学知识的需要，以及对艺术的观赏、对美的欣赏的需要等。物质需要和精神需要之间也有着密切的联系，对物质产品的需要不仅要满足人的生理的需要，而且还要满足人的审美观念。如穿衣服是为了保暖，但选购衣服的时候还要挑选美观、大方，能够表现自己身份的衣服。同样，为了满足人的精神需要，还要有一定的物质条件来保证。例如，没有教学的课本、没有上课的教室，就难以通过讲授的方式获取科学知识；没有收音机、电视机、智能手机，也就不会那么容易地知晓新闻、了解国内外大事等。

说到精神需要，这里不得不提一下公平感的心理需要。对于公平或公正的体验是人类的一个基本心理需要，或者说是强烈心理需要，追求公平公正也是社会性动物的一种本能。人不但看重结果的公平，更看重程序的公平。也只有当人们真正感受到法律程序的公平性时，人们守法的可能性才会大大提高。但是研究又表明，人们倾向于得出公平或正确的判断，不过这些所谓公平或正确的判断，却往往是偏向于他们自身的利益的。

人的互惠行为模式是现代文明形成的基础，原因在于，只有当大家相信自己对别人的付出（恩惠）必定会得到回报的时候，交换和分工合作才能形成。"给予—回报"的互惠原则是人类公平感的基础。只有具备了互惠机制和信任机制的制度，也才具有可行性。美国政治家福尔杰曾提出，公平的重要性在于，它反映了我们觉察到的自我表现价值感。侵犯公平被认为是直接攻击我们作为一个人的价值。美国诺贝尔奖获得者保罗·克鲁格曼也认为，社会溃败无关道德，而与不平等相关联。社会不公平是很多社会问题产生的根源。

不过，贪婪是人的本性，欲望如同猛兽。一旦超越了温饱阶段，欲望与需要的界线就变得模糊。有哲人就认为，人类社会千百年来所做的事，也就是法律、宗教、道德、文学与人的贪欲的搏斗。欲望既不是天使，也不是魔鬼，它就是人性，是人的本能，对人的本能不能做道德的判断。但是，在满足欲望的时候，如果涉及他人，就会发生道德问题、法律问题。

我国著名社会学家曹锦清指出，经验证明，在"资源配置"上，"市场"较"计划"具有更高的效率，但在"社会效应"上，市场经济推动了高流动（横向的空间流动与纵向的地位流动）的同时，也促成了社会的高分化（从一般的贫富分化向两极分化演变），并且在伦理上推动了以个人责任（对家庭、对单位、对国家承担责任）为核心的道德规范，向以更加注重个人权利或利益的方式演进。相互冲突的意向和利益，导致大量社会失范行为的产生。

英国道德哲学家约瑟夫·巴特勒也认为："每个人自己的满足是他关注的一切的中心。"因为市场经济坚持的是利益导向原则和公平竞争原则，也使竞争中的"马太效应"日益凸显。特别是智能时代，每个人再次成为原子化、散沙化的存在，这让个体的表达越来越情绪化、粗鄙化，也直接引发了三个后果："共识"的消失、事实与逻辑的式微、一切皆成站队。

世界其实很简单，只是人心很复杂；人心其实也简单，只是欲望很复杂。现代人的主要问题，就是其欲望，即追求主要是由物质财富构成的幸福的欲望。这种物欲席卷了现代社会的大多数人，也是现代文明飞速发展的主要动力。但心理学家认为，人类的物质需求程度越高，精神需求就会越迷茫，越需要通过外界教育疏导来释放其内在的压力,越需要心理教育和心理安慰等精神层面的东西。因为幸福不是由于得到的多,而是计较的少;只有心是晴朗的,人生才没有雨天。

由于个性因素的影响,人类要求分工和公平;由于社会性需要,人类也要求合作和交往。信赖则是一切经济交易和社会合作的基础,信赖机制的前提也是各有所需。信赖的程度取决于合作方之间的信息和地位,信赖机制的保障须有惩罚的安排。而在信赖丧失的社会环境中,人们就像处于一种潜在的战争状态,没有和平与效率可言。

一端是所有成员共同的社会,另一端是真实的个人。那么哪些规范是我们应当找到的?有学者归纳出三个方面:①有诚实,才会有基本的互信,而不管是何种形式的交流,我们至少要互相信任,互相信任应当是重要的起点;②一个人应坚持自己存在的价值,也因此必须要承认别人存在的价值,这也就是自尊、自重与彼此承认各自的独立性;③人与人之间的容忍,两个人或许多人相处在一起,每个人都会有不同的需求、不同的特性,只好寻找出一个大家都能接受的共同点,去容忍个人的小差异与不足。

我们说信访缘于需要,就是想要强调,信访心理及行为的产生首先是因为需要,没有需要就不会产生信访。而与此同时,个体有部分需要的满足离不开表达,特别是在仅靠自身力量无法满足、必需求助于公权力机关或者权力者的情况下,信访也就具备了产生的条件,即形成了充分必要条件。对于这些需要,我们还需注意以下几个方面:

(1)需要的本质。是人们内在的一种不平衡状态,主要表现为人们对内外环境条件的欲求。而这些欲望和要求,就是人们的需要,其既有客观性,也有主观性。

（2）需要的特点。包括对象性，需要总是指向某种事物；周期性，需要往往会周而复始产生；社会历史性，原有的需要满足后，在一定条件下又会产生新的需要。

（3）需要的区分。人们不仅有生理性的需要，还有社会性的需要；不仅有物质性的需要，还有精神性的需要。并且，需要还有层次方面的不同。在不同的社会里，处在不同社会地位的人，他们的需要往往存在不同。

（4）需要的表达。即诉求，一般包括诉说与请求。诉说主要用于介绍事实、经过、情节，以及理由、依据等，而这些理由、依据会存在正当性、义务性的不同。请求主要用于说明目的，请求对方解决什么事项或问题。一方面，这些目的也有客观条件符合与否、正当与否之分；另一方面，这些请求与个体的现实权益也会存在关联性、迫切性的不同。我们只有将事实认识与事实判断、义务认识与义务判断、价值认识与价值判断内在地结合起来，对于信访人的需要才能形成真正的认识。

二、出于动机——动机是信访的支柱

人产生需要以后，总是希望得到满足。而要满足这些需要，就要进行某些行为或者活动，来获取满足需要的对象。因此，当个体意识到自己的需要时，就会去寻找可以满足需要的对象，这时行为或者活动的动机也就产生了。所以，动机是引起、推动、维持与调节个体的行为，使之趋向一定目标的心理过程或内在动力。也可以说，动机是激发个体朝着一定目标活动，并维持这种活动的一种内在的心理活动或内部动力；动机是需要的具体表现，是为了满足某种需要而产生的心理机制。凡是引起和推动人们去从事某种活动，以满足一定的需要或愿望，这种引起和推动某种活动的因素，就是这种活动的动机。动机虽然不能进行直接地观察,但是可以根据个体的外部行为或活动表现,来加以推断。

由此我们知道,动机是在需要的基础上产生的。而缺乏与需要属于"一体两面",为此我们也可以说,当个体感到缺乏某种东西的时候,会引起机体内部的紧张状态,此时便需以意向、愿望等形式指向某种对象,并激发起个体的行为或者活动,需要便转化成了个体的行为或者活动的动机。在心理学上,动机一般被认为涉及人类行为的发端、方向、强度和持续性。

弗洛伊德认为,整个精神机关的基本促进动力,来自未得到满足的愿望或者未得到平息的激动。人总是力图从低劣地位上升到优越地位,这是人类普遍的、基本的活动动力,这种动力从早期开始一直持续一生。并且,追求利益是人类一切社会活动的动因,利益则是社会的基础、前提和动力因素。

英国哲学家边沁认为,自然把人类置于两位主人"快乐和痛苦"主宰之下;我们的全部观念莫不来源于快乐和痛苦;我们的所有判断、人生的所有决定,莫不与快乐和痛苦有关。功利原则将一切事物都回溯到这两种动机。心理学家卡尼曼也认为,快乐是人类行为的终极目的和行为动机的真正本质。

实际上,人类行为的最终目的与欲望的真正本质并非在于物质利益,而在于物质彼岸的精神快乐。快乐对于人类行为而言,具有终极"善"的意义,这就是人类行为的"趋利避害"原则。而人的违法行为,常常是为了追求一种不适当的快乐。

学者蔡燕在《信访心理学》中提出,动机有3个特点[1]:

①动机是人的主观状态。动机由需要而来,是满足需要的行动方案,动机本身都是未经实践证明的软件产品,是人的主

---

[1] 蔡燕:《信访心理学》,中国卓越出版公司1989年版,第37页。

观状态。由于动机是主观的产物，因此可能符合客观事物的规律，动机正确；也可能不符合客观事物的规律，动机不正确。

②动机的内隐性。在动机转化为行动之前，外力是不能透视出一个人的动机的，动机只能隐藏在人的心里。在复杂动机形成中，往往具有内隐层、过渡层、表露层等多层次结构。因此，在具有多种动机的较复杂的活动中，人的动机的内隐性还表现在行为本身不是直接地表露所有动机。

③动机的实践性。由于动机推动着人的行动，因此行为与动机是相联系的。动机无论隐藏多深，人们总是可以根据行为直接或间接地追溯到真正的动机。也就是说，只要人的动机或迟或早地转化为人的实践，那么，实践可以在一定程度上，即或早或晚、或多或少鉴别其动机，这就是动机的实践性。

金国华等学者在其所著《信访心理学》中还提出，动机是和需要紧密相连的，但两者也有差异。需要在主观上常以意向和愿望被体验着，只有当愿望或需要在个体进行活动并维持这种活动时，需要才成为活动的动机。动机就是激发和维持个体进行活动，并导致该活动朝向某一目标的心理倾向或动力。并且，动机在激活人的活动方面具有3个方面的作用[1]：

①激活功能。动机是人们行为的根本动力，它具有发动行为的作用，能推动个体产生某种活动，使个体由静止状态转向活动状态。而动机激活力量的大小是由动机的性质和强度决定的。

②指向功能。动机不仅能激发行为，而且能将行为指向一定的对象或目标。如果动机不一样，个体活动的方向和所追求的目标也会不一样。

---

[1] 金国华，等：《信访心理学》，上海大学出版社2014年版，第103页。

③维持和调整功能。动机具有维持功能，它表现为行为的坚持性。当动机激发个体的某种活动后，这种活动能否坚持下去，同样要受动机的调节和支配。动机的维持作用是由个体的活动与其所预期的目标的一致程度来决定的。当活动指向个体所追求的目标时，这种活动就会在相应动机的维持下继续下去；当行为背离了个体所追求的目标时，进行这一行为的积极性就会降低。然而有的时候，当目标受到挫折、成功的机会很小时，个体也会坚持某种行为，这时往往是其长远信念起着决定性作用。

与需要的分类相类似，动机也有相应的区分。由生理需要引起的、推动个体为恢复机体内部平衡的唤醒状态叫内驱力，或叫驱力，它是生理性的动机，如吃饭、穿衣、休息等动机。而外部环境条件，如名誉、地位等社会因素，也可以成为激发个体行为或者活动的动机。可以说，以人类的社会文化需要为基础而产生的动机属于社会性动机，如交往的需要产生交往动机、成就的需要产生成就动机、权利的需要产生权利动机等。这种能引起个体的定向活动并能满足某种需要的外部条件叫诱因。在诱因的作用下，即使机体内部并没有失去平衡，也会引起个体行为或者活动的动机。

也有学者提出，动机可分为三种：无主动机、他主动机和自主动机。①无主动机，就是没有主张，随波逐流。②他主动机源自奖惩，对应的更多是匮乏需求。③自主动机更多对应成长需求，你越自主，自我就越强大；自我越强大，就越可能做出自主的决定。

短期内奖惩获得的他主动机，确实比发自内心的自主动机更有效。可是这个有效往往只集中在重复性工作，如果是创造性工作，还是自主动机更有效。自主动机对应的是积极心理，他主动机对应的是消极心理。积极情绪能拓展人的认知资源，激发发散性思维，提高创造力，而消极情绪则是让人更聚焦，更加适合那些重复性劳动。

复杂的活动通常不只是由一种动机引起，而是可以由几种动机同时相互作用和影响引起的。一切从事系统工程的活动都是复杂的活动，这种活动一般由几种动机驱使。需要说明的是，情绪也会产生动机的作用。因为积极的情绪会推动人去设法获得某种对象，而消极的情绪则会促使人远离某种对象。

人的活动目的和活动动机既有联系又有区别，目的是人们期望达到的心理结果，动机则是推动人们达到目的的心理过程。目的相同，动机可能不同；动机相同，目的可能不同。动机是行为或者活动背后的原因，但是动机和行为之间的关系又是较为复杂的。如同一行为可以由不同的动机引起，不同的活动也可由相同或相似的动机引起，需注意做好区分。

举例来说，三位女画家并肩站在公园的一角，画出同一片夕阳。一位想为比赛磨炼自己的绘画技巧；一位想在结婚纪念日时把画送给丈夫，因为他们曾在这个公园里进行第一次约会；最后一位想把风景的美保存在她的记忆中。在外人看来，这些画家似乎在做着完全相同的事情，但从内心来看，每个画家都在做完全不同的事情。

并且，个体行为或者活动的动机也是多种多样的，有些动机起着主导的作用，有些动机则处于从属的地位，即动机也有主次之分。就人类而言，需要深入了解行动的内部机制：这个人采取这种行动的动机是什么？当时的情况是怎样的？行动在情感层面上对他有什么影响？了解一个人的内在心理，对于理解他们为什么做这些事，以及这对他们意味着什么，是完全必要的。

一般来说，动机和效果往往是一致的，即良好的动机会产生积极的效果，不良的动机会产生消极的效果。但是，在实际生活中，由于其他因素的作用，动机和效果也会出现不一致的情况。如见义勇为行为有时却被人误认为是肇事行为，坑蒙拐骗行为有时却被人误以为是施惠行为等。

兴趣、爱好等属于人的社会性动机范畴。兴趣是指个体认识某种事物或从事某种活动的心理倾向，它是以认识和探索外在事物的需要为基础的，是推动个体认识事物、探索规律的重要动机。爱好则是指当个体的兴趣不是指向对某种对象的认识而是指向某种活动时，个体的动机便成为个体的爱好。

由个体内在需要引起的动机叫内在动机，在外部环境影响下产生的动机叫外在动机。例如，由于认识到学习的重要意义而努力学习的动机，是内在动机；为获得奖励而学习的动机，则是外在动机。内在动机和外在动机在推动个体行为、活动中都会发挥作用。但是，外在动机只有在不损害内在动机的情况下才是积极的。如果外在动机的作用大于内在动机的作用，个体的行为、活动主要靠外部奖励的推动，那么此后，如果个体对外部奖励的水平不满的话，其行为、活动的积极性就会大大降低，结果毁掉的则是更为关键的个体活动的内在动机。

说到"动机"，也需要再提一下"定势"。个体能意识到自己行为活动的动机，即能意识到自己活动目的的动机叫有意识动机；没有意识到或没有清楚地意识到活动目的的动机叫无意识动机。如定势的作用往往是人们意识不到的，而定势对人的知觉、记忆、思维、行为和态度都会起到重要的作用。

定势，是指人们在从事某种活动前的心理准备状态，会对后面所从事的活动产生影响，这种心理准备就叫定势。已有的知识和经验，或者刚刚发生的经验都会使人产生定势，这种定势会影响到后面所从事的感知觉、思维等心理活动。定势属于心理过程的一种现象,一般包括感知定势、记忆定势、思维定势等。

例如,一大一小,但一样重的两个木制盒子,端起来总觉得小的重、大的轻,这就是定势的作用。因为在人们的生活经验中,木制的东西总是大的重、小的轻,这种经验根深蒂固。因此,当让人去端两个大小不同的木盒时,其会攒比较大的劲去拿大的,而用比较小的劲去拿小的。一样重的木盒,攒大点的劲去拿的时候就觉得轻,攒小点的劲去拿的时候就觉得重,这就是定势的作用。这种作用,人们又往往是意识不到的。这可以说明,已有的知识和经验,或者说已经养成的习惯,会影响后面所进行的活动,这就是思维定势的作用。

先来看看知识和经验。受害者心态通常指个体在并非实际受害的情况下,仍持续自识别为受害者的一种心理状态。这种心态涉及一系列复杂的自我感知和认知失调,其中个体可能会过度强调自己在各种情境中无能为力、遭受压迫或不公正对待。这不仅对其自身的情绪和行为产生影响,而且也可能对其人际关系和社交互动产生负面影响。

受害者心态的五个特征:①外化责任:这些个体倾向于把个人的失败或不满意的状况归咎于外部因素,很少对自身的决策和行动负责。②持续性自我同情:他们倾向于沉溺于自我怜悯之中,频繁地将自己描绘为别人行为的受害者。③抵制劝告:尽管他们可能经常抱怨自己的处境,但如果别人提出建议或解决方案,他们往往会拒绝,坚持认为自己的问题无解。④消极预期:这类人可能会预期总有不愉快的事情将会发生,这种忧虑和悲观情绪可能会吸引他们所担心的负面结果出现。⑤控制问题:他们可能会感到自己的生活和情感状态完全受到外界控制,感受到强烈的无力感。

从我无能、我不行、我只能这样,到这个世界不公、全世界都遗弃了我,在生命的每个层面,在生活的各个方面,受害者的情结都无处不在。然而你看不到,你不愿意承认。而正因为你看不到,你不愿意承认,你将永远是那个受害者,你将永远无能,这个世界将永远不公。受害者情结最可怕之处在于,你永远会应验你对自己作为受害者的预言。

"自证预言"概念是美国社会学家罗伯特·默顿提出的,它说了一个很简单的道理:你只要这样想,它就会这样应验。你只要有这样的情结,相信你在头脑里告诉自己的这些话,你就会自己去应验,自己去证明给自己看。恰如亨利·福特的名言:"无论你认为自己能还是不能做到,你都是对的。"正所谓相因心生,境随心转。因为"相"与"境"既有客观部分也有主观部分,而主观部分是必要条件。

再来说说习惯。习惯是我们生活中不可或缺的一部分,它构成了我们日常生活的框架,影响着我们更复杂的决策过程,还能在较大程度上影响我们的情绪和心理状态。如习惯性消费行为模式可能决定我们如何选择品牌,工作中的习惯性思维方式可能影响我们解决问题的能力,健康的生活习惯也有助于提升我们的整体幸福感和生活满意度。

习惯源于潜意识。潜意识只从现有的前提下判断对错并得出行为指向,它本身并不具备推理证明的能力。潜意识的过程非常短暂,它只是通过自己的直觉进行判断,而不用去证明自己的判断。潜意识可以理解为人体内本能的反应,是经验性的、情绪性的、迅速的、自动的、模糊的、毫不费力的,属于快思维范畴。与潜意识相对的则是意识,可以理解为思考,它是理性的、缓慢的、有逻辑的、由浅及深的,是一种高级认知能力,属于慢思维范畴。我们又均倾向于在心智成本最小化的原则下做出决策。

从心理学角度来看，习惯是一种学习形式，在生活中扮演着核心角色，帮助我们节省认知资源，使得我们可以在不耗费太多精力的情况下完成日常任务。它既影响着日常行为，也影响着决策过程和生活质量。在心理学领域，习惯的形成也被视为一种学习过程，主要涉及条件反射和强化学习的原理。习惯的形成和持续性，基于奖励机制。这也是习惯有时难以改变的原因。

综上所述，人心理活动的共同规律：人的行为是由动机支配的，而动机是由需要决定的。动机即可视为需要与行为之间的桥梁。内在需要与外在压力的结合，决定着一个人的动机及行为。需要是倾向性因素，压力是制约性因素，两者引发动机，动机引发行为。需要与压力的相互作用可被理解为人与外部条件的相互作用，因为没有压力的需要会不断膨胀。

我们说信访出于动机，就是想要说明，信访活动的产生是因为动机，没有动机就不会产生信访。动机又是在需要的基础上产生的，是激发个体朝着一定目标活动，并维持这种活动的一种内在的心理活动或内部动力，它也受压力因素的制约。在信访领域，就是群众有了向公权力机关或者权力者表达诉求的需要，便产生了信访的动机，或者说，以信访为"工具"的动机。对于这个动机，我们还需注意以下几个方面：

（1）动机的本质。动机是引起、推动、维持与调节个体的行为，使之趋向一定目标的心理过程或内在动力。当个体意识到自己的需要时，会去寻找可以满足需要的对象，这时行为的动机就产生了。

（2）动机的特点。动机具有主观性，属于人的主观范畴，因而动机有符合客观条件与否、正确与否之分;动机具有内隐性,它往往会有内隐层、过渡层、表露层等多层次结构,大多不会直观表露所有动机;动机具有实践性,行为与动机是相联系的,人们常常可以根据行为直接或间接地追溯到真正的动机。

(3) 动机的作用。动机在引发活动方面有着激活、指向、调整和维持的作用,涉及行为的发端、方向、强度和持续性。它虽与需要紧密相连,但两者也存在差异,即只有个体在为满足需要进行活动并维持这种活动时,这个需要才会成为活动的动机。

(4) 动机的区分。动机包括生理性动机的驱力,也包括社会性动机的诱因。在诱因的作用下,即使机体内部并未失去平衡,也会引起个体行为或者活动的动机。兴趣、爱好等也属于诱因的范畴。而且情绪也会产生动机的作用,积极的情绪会推动人去设法获得某种对象,消极的情绪会促使人远离某种对象。动机还有内在、外在之分,外在动机只有在不损害内在动机的情况下才是积极的。除了上述有意识动机,还有无意识动机,如定势的作用,以及动机的主次之分等。

(5) 动机的目的。目的与动机既有联系又有区别,目的是期望达到的心理结果,动机则是推动达到目的的心理过程,两者应当一致。而且与动机一样,目的也有符合客观条件与否、正确与否之分。通常,动机不一样,活动的方向和追求的目标就会不一样。但目的相同,动机也可能不同;动机相同,目的也可能不同。特别是,当行为背离方向和目标,或者成功的机率微乎其微时,个体仍坚持某种行为,则大多是其某些信念在起着决定性的作用。

(6) 动机的效果。动机和效果往往是一致的,但是由于其他因素的作用,动机和效果也会出现不一致的情况。如见义勇为行为受到贬损、嘲讽，坑蒙拐骗行为受到褒扬、同情等。

三、见于行为——行为是信访的表象

行为是指人们一切有目的的活动，它是由一系列简单动作构成的、在日常生活中所表现出来的一切动作的统称。影响人类行为的因素是多种多样的，也是较为复杂的。尽管影响人类行为的因素是多样、复杂的，但概括起来可以分为两个方面，即外在因素和内在因素。外在因素主要是指客观存在的社会和自然环境的影响，即外因；内在因素主要是指人的各种心理和生理因素的影响，在这里主要是指各种心理因素，即内因。在归因思维条件下，人的行为简化模式为：结果—归因—后续行为。而人的心理框架、行为决策模式、归因思维模式，也是法律发挥作用的心理基础。

行为的具体表现形式很多，但从本质上来区分，可分为目标导向行为和目标行为两类。目标导向行为是指为了达到目标所表现的过渡性行为；目标行为是指直接达到目标的行为。如口干需解渴，找水、打水、煮水就是目标导向行为，喝水就是目标行为。人们自己最终要对所发生的事情负责，这就是人本主义人格理论的基础。因为在特定的时刻，行为只是每个人自己的选择。不过，决定个体的行为特点的，是其通过所发生的事件总结出的经验教训，而并非经历本身。

美国心理学家布洛克等人还认为，自我控制对于人们的行为有着重大的影响。自我控制由控制和弹性两个维度组成。控制是指个体认知、情绪冲动、行为和动机表达的阈限；弹性是指个体能动的调节控制水平，以适应环境的限制与可能性，或为了取得生存能力并达到长期目标的能力。

而人的理性必然是有限的。人的有限理性的根源在于，人

的认知能力是有限的,这些认知能力包括事实认识能力、义务认识能力和价值认识能力。并且,人的判断能力也是有限的,这些判断能力相应包括事实判断能力、义务判断能力和价值判断能力。也因此,事实认识与事实判断、义务认识与义务判断、价值认识与价值判断,三者必须内在地结合起来,才可能形成真正的认识。

特别需要指出的是,价值是个体评价事物与做出抉择的标准,人的价值观念对人的事实评判、义务评判具有重要的影响作用,亦如人的情绪情感会影响事实认知、义务认知。因为价值观具有动机导向功能,如追求快乐、成就、权力、安全等。而人的价值观又是多元的,且各有取舍,不可能完全统一。并且,价值也具有两面性,如果超过一定的程度,就会走向反面,即量变产生质变。

总之,人类的基本动机或需要是相同的,但用来满足这些动机或需要的方式却因人而异。对人类行为具有直接支配意义的是人的需要和动机,如前文所述,行为受动机的支配,动机则取决于需求及压力。在信访领域,行为也是信访表达的前提,没有行为的信访表达也不存在。信访的表达,首先是信访人所展现出的一定的行为,即信访行为或者信访活动。它们也可视为信访人言语表达的必需载体,不管是书面的还是口头的,否则信访表达无从实现。更进一步说,文字、语言是信息表达的载体,而书信、走访又是文字、语言的载体。这些载体也是工具。

《信访工作条例》明确,信访人可以采用信息网络、书信、电话、传真、走访等形式反映情况,提出建议、意见或者投诉请求。信息网络、书信、电话、传真、走访等,就是信访表达的载体。其中,书信、信息网络、传真一般是书面语言的载体,走访、电话一般是口头言语的载体。而信访人书写信件、使用信息网络、发送传真以及走访面谈、电话诉说等，就是信访人信访表达所展现的具体行为。如果仅有信访表达的需要，仅有信访表达的想法，而没有进一步形成信访表达的动机，没有形成信访表达的行为，也就实现不了所预想的信访表达。

我们说信访见于行为，就是想要指出，信访行为产生于信访心理，是信访心理的外显部分，也是信访目的主导下的一系列动作活动的组合。没有信访行为，信访表达就完成不了，信访目的也不会实现。为此对于这个行为，我们还需要注意以下几个方面：

（1）行为的本质。指一切有目的的活动，是由一系列简单动作构成、在现实中表现出来的一切动作的统称。因此行为是有目的、所表现的一系列简单动作的组合，而且不同于需要与动机，行为是可感知的。

（2）行为的特点。一般受包含社会与自然环境的外在因素和包含心理与生理因素的内在因素的影响。需要说明的是，外因也是通过内因而起作用的，因为外因是条件，内因是根据，因此内因往往是行为的主因。

（3）行为的阶段。人类的任何一种行为，都可以分为两个阶段，一是内在准备阶段，二是外部完成阶段。两者均是在心理的作用下进行的，前者可以视为这一心理的开端，后者可以视为这一心理的终端。

（4）行为的区分。主要分为目标导向行为和目标行为两个部分。对于信访人来说，把自己需要解决的问题反映到有关领导和组织是他的目标。收集证据与查找依据、书写信件和起程上访就是他的目标导向行为。将信发出和到达有关单位口述个人意愿，就是他的目标行为。这也是我们在依法规范信访活动、信访秩序时，具有区分意义的。

（5）行为的差异。行为受动机的支配，动机是行为背后的原因，但动机和行为的关系又是较为复杂的。因而人的行为可以从真实性、正当性、真诚性等角度来衡量与考察。

在此需要补充说明的是，当代科学家认为，"遗传"和"环境"不断地相互作用，进而影响人们的心理和生理特征。一些心理学家则进一步指出，人类的心理反应有4个要素：经验、环境、目标、模式。基于这四大要素，笔者倾向认为，正是侧重不同的要素，国际上也先后形成了各有不同的代表性心理学理论。其中，精神分析理论主要基于"经验"或"历史"，行为主义学说主要基于"环境"或"反馈"，人本主义学派主要基于"目标"或"成长"，认知心理学派主要基于"模式"或"信息"。

因为与信访人的信访活动或行为表现密切相关，在此我们还需要简要了解一下几种不同的心理状态。参考中国心理卫生协会编写的《心理咨询师基础知识》，人们的心理状态首先可以分为"心理正常"与"心理不正常"两大类。"心理正常"是指具备正常功能的心理活动，或者说是不包含有精神障碍症状的心理活动；"心理不正常"或"心理异常"是指有典型精神障碍症状的心理活动。

如果说心理"正常"和"不正常"是标明与讨论"没病"或"有病"等问题的一对范畴，那么心理"健康"和"不健康"则是用来讨论心理"正常"水平高低与程度如何的一对范畴。即心理"健康"和"不健康"这两个概念，均包含在心理"正常"这一概念之中，也均在心理"正常"范围之内。

1. 心理健康与心理不健康

心理健康是指心理形式协调、内容与现实一致和人格相对稳定的状态。有4个标志：①身体、智力、情绪十分协调；②适应环境，人际关系中彼此谦让；③有幸福感；④在工作中充分发挥自己的能力，过着有效率的生活。或者说，心理健康是指心理形式协调、内容与现实一致和人格相对稳定的状态。

美国心理学家马斯洛和米特尔曼也提出了心理健康的10个标准，被称为最经典标准：①充分的安全感；②充分了解自己并对自己的能力作适当的估价；③生活的目标切合实际；④与现实的环境保持接触；⑤能保持人格的完整与和谐；⑥具有从经验中学习的能力；⑦能保持良好的人际关系；⑧适度的情绪表达与控制；⑨不违背社会规范的前提下对个人的基本需要给予恰当的满足；⑩不违背社会规范的前提下能作有限的个性发挥。

总体上看，健康的心理活动是一种处于动态平衡的心理过程，而不健康心理活动是一种处于动态失衡心理过程。心理不健康状态主要分3类：一般心理问题、严重心理问题、神经症性心理问题。

一般心理问题，由现实因素激发、持续时间较短、情绪反应在理智控制之下、不严重破坏社会功能、情绪反应尚未泛化的心理不健康状态。

严重心理问题，由相对强烈的现实因素激发，初始情绪反应强烈、持续时间较长、内容充分泛化的心理不健康状态。其心理冲突是常形的。

神经症性心理问题，内心冲突是变形的，如果还不能确认为神经症，那它已接近神经衰弱或神经症，或是其早期阶段。

2. 心理正常与心理不正常

正常心理活动和异常心理活动形成心理正常的群体和有精神障碍的群体。不过，即使是有精神障碍的人，其心理活动也并不全是异常的，可能仅在某个方面有缺陷或有思维障碍。正常心理活动和异常心理活动之间有互相转化的可能性，正常心理活动和异常心理活动在人群中也许会同时并存。"精神障碍"用于描述心理异常，有"精神病性"症状称为精神病性问题。

正常心理活动主要有3项功能：①保障人顺利地适应环境，健康的生存发展；②保障人正常地进行人际交往，在家庭、社会团体、机构中正常肩负责任，使社会组织正常运行；③保障人正常地反映、认识客观世界的本质及其规律性。而根据心理学对心理活动的定义"心理是脑对客观事物的主观反映"，确定心理正常与异常可依据3条原则：

①主观世界与客观世界的统一性原则。因为心理是客观现实的反映，所以任何正常心理活动或行为，在形式和内容上必须与客观环境一致。如精神科临床，常把有无"自知力"或"现实检验能力"作为判断指标。

②心理活动的内在协调性原则。人的精神活动认知、感情、意志等是一个完整的统一体，各种心理过程之间具有协调一致的关系。如果心理过程失去协调一致性，就是异常状态。

③人格的相对稳定性原则。人格心理特征一旦形成，有相对稳定性，没有重大外界变故，一般是不易改变的。在没有明显外部原因的情况下，其个性相对稳定性出现问题，其心理活动就可能出现了异常。

大体来说，在意识层面出现情绪异常，大多属于心理问题范畴，心理冲突是常形的，即现实原因导致的；在潜意识层面出现异常，大多属于神经症范畴，心理冲突是变形的，即非现实原因导致的，症状持久、意识无法控制；非意识层面出现异常，大多属于精神障碍范畴，即失去意识控制、由潜意识或本能主导。

常见心理异常的症状：①认知障碍。包括：感知障碍，思维障碍，注意、记忆、智能障碍，自知力障碍等。②情绪障碍。包括以程度变化为主的情绪障碍、以性质改变为主的情绪障碍、脑器质性损害的情绪障碍等。③意志行为障碍。包括意志增强、意志缺乏、意志减退、精神运动性兴奋、精神运动性抑制等。

有心理学家提出，眼神特征可以作为早期发现心理问题的线索之一。如抑郁的眼神特征主要有涣散、空洞、冷漠或无神；焦虑的眼神特征主要是眼神充满恐惧、不安或紧张；狂躁的眼神特征主要有不集中、飘忽不定；精神分裂的眼神特征主要是呆滞、迟钝或与周围环境的脱节感；反社会眼神特征主要有冷漠和无情、缺乏同情和情感表达。

有学者指出，我国改革开放以来的社会变迁有两个特点，是整个世界前所未有的，即变迁的广度和变迁的速度。巨大变迁也会失去精神依托，因此作为社会转型的一体两面，"中国经验"（发展成就）和"中国体验"（全民焦虑）并存。或者说，开放、流动、竞争、平和、包容是中国人社会心态变动的积极面向，而焦虑、物欲（拜金）、浮躁、暴戾、炫富就是消极面向，共同赋予了这个独特的时代以完整的历史意义和文化价值。

也有学者认为，这个时代，只剩下"效率"这一个东西了，速度也就顺理成章成为衡量所有生命状态和价值的唯一指标。而在速度成为唯一指标的情况下，所有人就陷入了焦虑。正是孤零零的个体在一个强大的、充满了风险的外部社会中的这一意象，日益强化了作为个体的人的恐惧感，和无时不在的焦虑感。在经济社会不断发展，摆脱物质匮乏后，人们也开始越来越意识到内心问题的重要性。在此情况下，建立社会支持系统，形成持续有效的社会支持，就显得愈加重要，在某些时候甚至比药物治疗和心理咨询更加重要。为此，精神科医生、心理咨询师和社会工作者也需要更好地相互合作和支持。

II 信访是表达的工具

有学者提出观点，一切的工具，本质上都是"时间的折叠"。这个观点，其实可以用来评估所有创新的价值。即折叠进去的时间越多，价值就越大；而让人时间的自由度越大的工具，价值也就越大。因为工具的主要功能，就是提升效率。还有学者提出，人类的一切工具，都是"器官的延伸"，没有例外。表象上，工具是人类器官的延伸；本质上，工具仍是时间的折叠。与方法和工具密切相联系的则是手段。手段往往与目的相对而言，既包含方法，也包含工具；而方法也是无形的工具，工具也是有形的方法。

前文说过，信访既是"联系—表达—信息"的功能统一体，也是"需要—表达—呈现"的过程统一体。其中"需要—表达"主要是信访动机、信访目的，其是需要以信访为"工具"方可实现的。而且，信访制度也可视为"时间"的折叠：对于群众，是"表达效率"的提升；对于干部，则是"领会效率"的提升。

具体到"信访"来说，作为工具，"信访"可以看作是信访人的"想法"的延伸、"言语"的延伸以及"脚步"的延伸等。因为通过"信访"，一方面，可以使信访人的"想法"尽可能地得到表达与回应；另一方面，也可以让这些"想法"更可能地到达其想要表达的对象那里，或者是让更多的人知晓。

"信访"工具是否有用，就看是否能实现这些器官的"延伸"，是否能"延伸"到上级干部，特别是领导干部那里。而信访诉求是否能够得到"解决",则在于其是否合法合规,甚至是否合情合理。因此我们需要强调,器官"延伸"与诉求"解决"本是两个领域的问题,也适用于不同的价值网,两者不能混为一谈。

还需要指出的是,同样作为工具,"访"与"信"之间,也存在替代程度高低的问题。"访"在"想法"延伸方面更为出色,"信"在"脚步"延伸方面更为突出;"访"在"言语"内容延伸方面更为充分,"信"在"言语"时空延伸方面更为便利。

我们前文已经讨论了"信访是表达的产物",从而知道,这个"产物"既可以是表达的过程,也可以是表达的结果,还可以是对表达动机的判断。我们说"信访是表达的工具",这个"工具",与上述"产物",即表达过程的言语、表达结果的信息、表达动机的通道,也是有着重要的对应关系的。为此,这个"工具"大致有三层意思:

其一,作为方式的工具,即表达的方式工具。这主要是从"言语"的角度来看的,即信访是"言语"表达的工具,包括"写"和"说"或者说"信"和"访"的行为。

其二,作为载体的工具,即表达的载体工具。这主要是从"信息"的角度来说的,即信访是"信息"承载的工具,包括"写"和"说"或者说"信"和"访"的内容。

其三,作为渠道的工具,即表达的渠道工具。这主要是从"通道"的角度来讲的,即信访是表达的"通道",包括"写"和"说"或者说"信"和"访",或者说"信""访""网""电"等各个通道。

我们说信访是表达的工具,主要是指这里的信访承担的是工具或者手段、方法的角色,是信访人用以达到目的的事物。

可以认为，信访人利用信访这一方式工具，主要的目的在于表达；利用信访这一载体工具，可以进行方式选择；利用信访这一渠道工具，可能出现反复信访。从而使信访的工具特点鲜明显现。

（Ⅰ）目的在表达

前文说过，表达是表示自己的思想和感情，是将思维所得的成果用语言等方式反映出来的一种行为。信访人产生信访动机，进而实施信访行为，主要源头在于其心理活动，主要目的在于其表达需要，或者说表达诉求，信访仅是其使用的表达工具。信访人表达的内容大致有三类情况，即反映情况、提出建议意见、投诉请求。

现行《信访工作条例》第十七条也规定：公民、法人或者其他组织可以采用信息网络、书信、电话、传真、走访等形式，向各级机关、单位反映情况，提出建议、意见或者投诉请求，有关机关、单位应当依规依法处理。

反映情况，主要是指信访人向相关机构或者领导同志反映自己的所见所闻、所感所知，并且认为这些情况或者信息比较重要，对于国家、社会和集体的建设有价值、有意义，需要相关机构或者领导同志知晓、掌握。这个"情况"也包含信访人自己的主观感情，如敬意、谢意等。

提出建议意见，主要是指信访人对于社会现实及身边事物存在不够满意的地方，并且认为这些现象需要及时加以改进或完善，或者是有了更好的办法或措施，因而向相关机构或者领导同志提出自己的建议与意见。这些建议、意见可以是泛泛而谈的，也可以是很具体、很翔实的。

投诉请求，主要是指信访人对于干部或者机构的态度作风、行为举措不满意、不认可，向相关机构或者领导同志进行投诉、申诉，请求予以纠正、调整。或者，信访人存在依靠自身力量难以解决的实际困难和问题，请求相关机构或者领导同志提供帮助。这个"投诉"也包括对于干部或者机构的举报、揭发、控告等；这个"请求"也包括咨询，如咨询法律、政策或者实务等。

《信访工作条例》也把信访人的信访诉求分为三大类，即建议意见类、检举控告类、申诉求决类。并且，进一步把申诉求决类事项区分为六种情形，要求导入不同的程序处理。对于三大类信访诉求，立足于信访人的心理因素，在此也简要讨论一下。

一、建议意见——侧重表述所思所虑

信访领域的建议意见，主要是信访人对于公共事务，包括政治、经济、社会、文化、生态等方面的具体事项，表达自己的主张和看法，希望得到重视或采纳。建议意见来源于信访人的所思所虑，普遍性建议意见与时代背景所造成的心理感受，也密切相关。例如，建议意见在新中国成立初期较为集中，因为广大人民群众成为国家的主人后，极大地激发起他们的社会主义建设热情。在改革开放后建议意见的数量也比较多，因为改革开放给人民群众的生产生活，尤其是心理感受带来了巨大的影响，因而也有大量的所思所虑需要表达。

我国社会心理学家周晓虹在《社会心理学家是一种生活方式》（引自"群学书院"公众号）一文中介绍，整整半个世纪之前，美国政治学家F.雷格斯在研究泰国和菲律宾的社会变迁时就提出，转型社会都具有异质性、重叠性和形式主义的特征。异质性，指的是转型社会中杂然并存的现象，它更带褒义的说法是"多元"。比如，当今之中国，不但各种经济形态甚至经济制度杂然并存，在分裂的价值观领域更是"五味杂陈"。重叠性，即旧制度与新方案的重叠、旧风俗与新潮流的重叠、传统与现代的重叠。它既为社会和个人生活的变革提供了可能，也使得生活于其间的个人或群体，或"朝秦暮楚"或"无所适从"。最后，形式主义，即在"应然"和"实然"之间发生了脱节。比如说，交通规则本应该是用来维持交通秩序的，红灯是制止汽车和行人穿越的，斑马线是方便行人行走的。但在转型中的中国，复杂的交通制度，甚至包括完善的设备都无法完满承担维持交通秩序的功能，以致交通规则在一部分人眼中，最后都像金耀基所言，"只是一套白纸黑字"。

特别是迈入市场经济后，国人价值观的悄然转变：一方面，与市场经济相匹配的时间观念、效率观念、竞争观念、流动观念、公平观念愈加彰显；另一方面，理想主义精神有所低落，价值观多元，世俗化和功利化倾向明显，个人主义开始大行其道。个人主义的代表性现象，是人们表现出对社会和道德价值的漠视。所谓物质主义、消费主义、享乐主义的价值观，则越来越成为主流或影响力巨大。随之社会选择、社会行为、社会规范等多元化，形成传统与现代、守旧与创新、保守与前卫等各种冲突。

与此同时，专业细分是知识增长的势所必然，有利于提高劳动生产效率。不过，"零件化"的职业状态叠加"原子化"的心理状态——某种个人主义的自恋和自闭，也使人们失去了或部分失去了走出自我的能力，失去了对他人的兴趣和了解，欠缺了作为一个群居生命不可或缺的社会阅历。有学者就据此认为，社会出现了"巨婴"思维及现象。

英国心理学家厄内斯托·斯皮内利说，我们对世界的经验总是独一无二的。即使两个人观察同样的事物，他们的体验也会不相同,因为每个人都在自己的语言、社会文化和个人的世界中吸收这些经验,而这样的世界是由个人的生活史所塑造的。个人的经验不仅是独一无二的,而且永远无法与他人完全分享。美国哲学家、心理学家埃里克·弗洛姆也指出,几个世纪以来,人类的个体化(即个体之间的差异程度)逐渐增加;今天,我们都变得更加个体化,因此也会感到更孤独。

由于社会变革、时代变化所造成的个体、群体心理感受的复杂化,并且价值观念冲突增多,人们的所思所虑也必然增多,表达所思所虑的欲望也就随之增多。但是需要注意的是,建议意见又是极具个人色彩的,人们对自己的意见也有着强烈的情感。只有在证据的证明下,我们的判断才是明智的,因为意义或判断往往是与主体的感受连在一起的。

正如有学者分析中国人幸福感为何缺失时表示,国人幸福感缺失更为重要的原因可能是精神性或心理性的:其一,对变迁的过高期待。社会变迁的速度过快,过快的变迁在改变一切的同时也提升了人们对变迁的期待,由此,即使变化快的人群或阶层对变迁带来的个人生活的变化依旧不满。其二,对变迁的结果攀比。不同的人群或阶层的变迁速率不一致,变迁慢的人群或阶层因变迁带来的个人生活的积极变化,抵御不住同他人比较后产生的相对剥夺及因此而生的消极不满。国人幸福感的缺失,充分说明了幸福感不仅关乎物质生活的改善,同样关乎精神世界的成长,关乎我们的人民群众是否能够从物质的丰裕中获得自己生活上的意义。

二、检举控告——侧重表示所憎所忿

信访领域的检举控告,主要是信访人对行使公权力的部门和组织及其工作人员失职、渎职等违纪、违法行为的检举或控告，要求予以查处。对于干部群体屡见不鲜的违法乱纪、以权谋私，正是人民群众最为憎恨厌恶、最为忿忿不平的地方。

而且，干部群体中的利己主义者也在普遍增多，特别是精致的利己主义者现象凸显。有学者就认为，从根本上说，精致的利己主义者的行为是欺骗性的，这是其行为的根本矛盾所在。精致利己主义者们往往呈现"反社会人格"的特点；行为具有短期性、目的性、表演性、欺骗性；其口头禅是"规矩是死的，人是活的""制度都是人制定的"，内心蔑视规则，行为上践踏规则。

公权力行使者当然需要监督，因为不受监督的权力必然会导致腐败。也正是由于深刻认识到"科层制""官僚制"的内在固有弊端，1945年针对"朝代更替，循环往复""其兴也勃焉，其亡也忽焉"著名的"黄炎培之问"，毛泽东同志回答"只有让人民来监督政府，政府才不敢松懈。只有人人起来负责，才不会人亡政息。"这就是我们党将信访制度作为人民群众监督政府、批评政府，反对官僚、遏制腐败方式的最好注脚。而且，反对官僚主义也是我们党长期的艰巨任务，这个任务必须有广大群众的重视和参与才能完成。

不过，我们也需要注意的是，检举控告是应当有真凭实据的，不能捕风捉影、主观臆断，更不能造谣中伤、诬告陷害。当代著名心理学家、社会认知理论创始人阿尔伯特·班杜拉就指出，"人类的心理是生产性、创造性、前摄性的，而不仅仅是反应性的。"[1]"个体的动机水平、情绪状态和行动更多依赖于他

---

[1] 阿尔伯特·班杜拉：《自我效能》，华东师范大学出版社2022年版，第5页。

们相信什么，而不是客观上什么是正确的。"[1]

对于个体或组织在履职的过程中是否有过错，特别是是否存在责任、应否受到谴责，涉及事故或事情的责任推断等，有学者提出相应的推断模式及谴责过程（如下表所示）。

责任推断模式

事故是否出于个人原因	否	免除责任				
	是	是否出于可控制原因	否	免除责任		
			是	是否有其他免责情况	否	个人承担责任

对行为者是否谴责的过程

消极事件			
有意的		无意的	
不公平的	公平的	可预见的	不可预见的
谴责	不谴责	谴责	不谴责

马克思曾说过："人们自己创造自己的历史，但是他们并不是随心所欲地创造，并不是在他们自己选定的条件下创造，而是在直接碰到的、既定的、从过去承继下来的条件下创造。"[2]因此，在行使权力监督以及对于干部的检举控告时，要知晓一些"责任推断"的逻辑、"谴责与否"的关联，尽可能准确而妥当地做出选择和决策。

还有学者认为，个体所表达出来的语言，可大致分成两种：一种是有认知意义的，一种是没有的。二者可分别叫作描述性

---

[1] 阿尔伯特·班杜拉：《自我效能》，华东师范大学出版社2022年版，第2页。

[2] 马克思：《路易·波拿巴的雾月十八日》，《马克思恩格斯选集》第1卷，人民出版社2012年版，第669页。

的语言、评价性的语言。描述性的语言，有认知的意义，会讲一个事实；而评价性的语言，没有客观可检测标准，没有认知的意义，只有一个结论。在信访活动与信访工作中，描述性的语言也需要更加重视，因为它往往与事实有关；而评价性的语言不必较真，因为它很可能是一面之词，是个体的主观感受。

此外我们也需要认识到，所谓表达力的匮乏，往往与我们思考力的缺失密不可分。我们表达能力的不足、表达不够准确，可能恰恰是我们思考能力不足、思考不够深入导致的。面对群众的所憎所怨、指责怨言，如果并非完全如群众所认为、所想象的，也需要我们本着实事求是的态度，切实从培养思考习惯开始，来提高表达能力、沟通能力。

三、申诉求决——侧重表明所盼所需

信访领域的申诉求决，主要是信访人不服公权力机构的处理决定及相关做法，提出改正要求，或者请求其解决实际困难或问题，以满足自身特定利益需要等。人生在世，不可能没有纠纷或争端，更不可能遇不到困难或问题。有纠纷或争端，有困难或问题，就需要及时解决，否则这些纠纷与争端、困难与问题就会长时间存在，就会困扰我们的心理，干扰我们的工作与生活。

对于这些纠纷、困难，如果自己能够解决的，我们大都会自己想办法解决。而自己不能够解决的，就会向他人或组织求助。这种求助就是表达自己的所盼所需，向干部或机关、单位求助的，便是信访的主要构成。特别是申诉类纠纷或争端，其先前的处理决定是公权力机构作出的，如果需要改正，也必然需要向公权力机构提出，个体自身是肯定无力自己解决的。

展开介绍一下，根据学者的表述，纠纷或争端是社会主体

之间在出现利益冲突时的对抗状态。纠纷来源于利益上的冲突或情感上的对抗。利益即"某种要求或欲望",是"人们希望得到满足的东西";冲突即"各派之间直接的和公开的旨在遏制各自对手并实现自己目的的互动";情感上的对抗则主要是指情绪对立,或者彼此敌视。

人类及心理学家一般将纠纷的过程划分为三个阶段:不满或前冲突阶段、冲突阶段、最后的纠纷阶段。最后的纠纷阶段是事件公开化而导致的冲突升级。"纠纷三阶段"理论具体来说:①"不满"阶段,是单向过程,当事者认为利益受侵而生不满,并可能采取单方面行动,包括忍受、回避、谴责;②"冲突"阶段,是双向过程,双方相互作用,涉及一系列对抗行为,包括交涉、压服;③第三方介入"纠纷"阶段,是三方参与过程,有处理的第三方。

在纠纷发生的不同阶段解决纠纷,也可将纠纷解决的模式分为单方解决机制、双方解决机制、第三者纠纷解决机制。长期以来,当人们受到不公正待遇而产生纠纷或冲突时,在法律和正规的仲裁之外,常常会选择的解决方式有:自我帮助、忍让或回避、协商交涉、第三方处理。信访即是一种寻求第三方处理的行为。

有学者提出,纠纷背后人类形象的共同特征,也是构建所有纠纷有效解决机制最重要的基础:

①需要有效沟通。人在纠纷的过程中会伴随着敌意,这种敌对情绪与人的有限理性、归因错误叠加起来,就使得纠纷中的人更加缺少理性,处于一种更易受情绪和偏见影响的状态,对对方当事人充满了不信任;及时地让纠纷当事人表达意愿,进行有效的沟通,是防止矛盾深化的最优选择。

②需第三方介入。人在纠纷的过程中会存在协商规避的倾

向，也就是难以走到一起协商解决纠纷，无论从现实还是从人的心理角度来看，由第三方来解决是绝大部分纠纷的必由之路。

③需要说理裁判。处于纠纷过程的当事人，都认为公正的裁判能够支持自己的主张，因为它们本来就是正当的；没有说理和沟通的裁判，不但难以得到认可，还可能激化纠纷当事人的情绪。

④需要中立权威。由于上述三个特征，纠纷的裁判者需要具有中立的立场，否则纠纷当事人不会寻求他们的裁判；没有权威的裁判者也难以作出纠纷当事人真正接受的裁判。

⑤需要利益约束。裁判者也有自己的利益，使得一个自发或人为的利益约束机制成为必要，否则裁判者寻求自身利益最大化的过程，就是一个失去公正、无法化解纠纷的过程。

⑥需要公平公正。裁判之后，纠纷当事人最终是否接受裁判，第一要素是社会感情能否被接受，这与纠纷当事人初始追求获得公平分配是不同的；第二要素是利益是否公平分配；第三要素是裁判过程是否公正。

是否受到公正的对待，是人根深蒂固的心理感受，这在裁判过程中尤为重要。在对程序的公正性关注方面，裁判者是否认真调查、详细查明纠纷事实、态度是否认真等，对纠纷当事人对裁判结果的接受也有着重要的影响。研究表明，允许当事人对过程有一定控制的程序，会被他们看成是公正的程序，甚至在面对不利决定时也会有这样的感觉。纠纷当事人充分表达自己想法的心理感受，会对其能否接受裁判结果，产生重要影响。

可以说，一个生硬的、没有真正交流的裁判过程，不利于纠纷的真正解决。美国学者泰勒在其著作《人为什么会遵守法律》中就指出，程序的重要意义在于它影响了人们对于权威合法性的态度,而这一态度决定了人们是否主动服从法律。正义感在很大程度上与人的共同身份感有关,程序正义有助于实现人们在社会地位方面的自我认知和满足。

人的最大痛苦,是认为承受着其不该承受的痛苦,这个痛苦便会被无限放大。实际上,认识事实对于我们的非凡价值,将使痛苦显得微不足道。一个自尊自重的成熟之人,会学着去容忍和接纳某些问题,学着与挫折共处,同时又能欣赏人生美好的一面。成熟之人有能力把困难当成人生的一部分,而且愿意以妥当的方式处理它。某些事是需要处理的,某些事则只能允许它变成生命的一部分。而某些人之所以比较能感觉圆满和快乐,并不是因为问题都解决了,是因为他们能够如实地接受事情的真相。

同时,规矩是人们心灵进化最重要的手段和工具。遵守规矩,人就能承受问题带来的痛苦,并最终解决问题;心灵在承受痛苦和解决问题的过程中,则会不断地成长和成熟。宽容,貌似是让着别人,实际是给自己的心拓宽道路。不计较了,想通了,心里就敞亮了。理性也告诉人类,为了人类的共同生存,每一个个体需要放弃一部分自由。正是以此为基础,人类社会的法律条文就逐渐地形成了,且在社会生活中越来越重要。

因此,一个成熟的人绝不是没有问题的人,成熟之人是能够以成熟的态度处理问题的人。想要根绝问题的这种渴望,其实会加强对问题的执着。认为解决了一个又一个问题,最后一定会带来快乐,但事实并不是如此。人生总是充满着问题,如果你致力于解决问题,这辈子都是处理不完的。如果一个人坚持必须以沉重的心情解决他的问题,那么此人就不可能快乐,更不可能幸福。

在此还需要说明的是,群众的信访表达、信访诉求虽然被分为了三大类，但其彼此之间并非截然区分的。在实际信访表达中，大都是相互交织、彼此叠加的。而且，从反映情况、提出意见到投诉请求，或者从建议意见、检举控告到申诉求决，更多也是呈现的与信访人切身利益关联"由低到高"程度的不同。总体贯穿的，则是人的趋利避害的动机与本能，是人性特征的显露。

并且，在内容上，群众的信访表达往往涵盖政治、经济、社会、文化、生态等所有领域。总体来说，信访人言语表达的目的、需要往往不同，但言语表达的动机却大都相似，即希望与相关机构或者负责同志形成交流互动，达成自己的想法或者愿望，根本的是满足自己的相关需要。

还需要注意的是，一方面，我们所谓清楚地表达，本身总是牵涉某种或某些变形，如感知层面、观念层面、概念层面。其中，概念是对事物本质的抽象和概括，观念则是对概念的主观性理解和分析；两者在人类思维和知识体系中相互依赖、相互作用，共同构建了我们的认知框架。但在涉及清楚表达时，这三个层面均可能产生变形，直接影响到我们最终表达的效果。

另一方面，人的理性是有限的，人们在做决策时，大多并非去计算一个物品的真正价值，而是用某种比较容易评价的线索来判断，即总是会依照一定的准则和经验，而不管其是否合理。这些经验和法则可归为3类：代表性法则（如代表性特征）、可利用性法则（如可回想到的多寡）、定锚和调整法则（先估计后调整）。

而群众的权利意识、自我意识、法治意识日益提升，因而他们也会根据自己的需要在道德话语、法律话语、政治话语之间来回切换，这种话语的多重性已经开始影响社会治理的实践。特别是少数所谓弱势群体，他们通过构建"苦难—救援""蒙冤—

为民做主""腐败—惩戒"等不同情境,来寻求党和国家的组织庇护。

综上所述,信访人产生信访动机、实施信访行为的主要目的是信访表达,表达自己的需要或者诉求,信访则是其表达的工具。借助这一工具,信访人与相关机构或者负责同志实现言语上的交流互动,以期满足自己的需要。而这些"表达"均是基于个体的思想、感情,呈现出从"公共"到"私己"的程度的不同。或者从"三元"的视角,可分别视为或领会为个人领域的"所思所虑""所憎所忿""所盼所需"、社会领域的"建议意见""检举控告""申诉求决"、政治领域的"政治参与""权力监督""权利救济"等。需要强调的是,尽管信访作为工具,有着写、说两大主要方式,但对于信访人来说,选择哪一种,或者两种都选,并不重要,重要的是可以实现言语上的交流互动。也就是说,要有人读、听,要有人领会与回应,才是最重要的。

(Ⅱ)方式可选择

心理学家认为,我们所做的每一个决定,大多会有四个重要因素:价值、动机、行动、策略。当我们在两个选项中做出选择时,比如A和B,首先需要了解哪个选项更有价值;其次,获得某种回报的个人动机会影响选择哪一个选项,或影响是否做出选择;再次,了解需要采取什么行动才能获得A或B也很重要;最后,综合所有这些信息,试图理解哪种策略将使回报最大化。为此,我们会一般参考个人历史和过去经验来指导未来的选择。

我们说信访是表达的工具,不仅表现在信访的目的上,而且表现在信访的方式上。因为信访人可以根据表达的需要、表达的目的以及自身的情况,对信访的具体方式做出不同的选择,以求回报或效果的最大化。这里所说的方式可选择,主要就是指信访人的策略层面,具体可以体现在三个方面,即形式有取舍、对象有偏好、层级有考量。

一、形式有取舍——取决于更实效用

《信访工作条例》第十七条明确的信访形式包括信息网络、书信、电话、传真、走访等形式。其中,信息网络、书信、传真属于书面言语范畴,电话、走访属于口头言语范畴。信息网络则包括手机、电脑等通讯的网络。

总体来说,这几种形式各有利弊:书面言语需要使用文字,对文字表达能力有一定的要求,一般也会反复斟酌文字及标点符号的使用,因此表达质量相对较高。而且文字信息也便于保存保管、反复使用等。此外,文字表达方式大都不会受到接待窗口、通信线路繁忙或占用的限制,及时送达率较高。而口头言语尽管方便,也便于互动交流,还可更多使用表情、动作等,但口语信息不便保存保管,也容易受到窗口、线路繁忙或占用的限制。

《信访工作条例》也要求信访人采用书面形式提出信访事项,如第十九规定,信访人一般应当采用书面形式提出信访事项,并载明其姓名(名称)、住址和请求、事实、理由。而对于采用口头形式提出的信访事项,也要求有关机关、单位应当如实记录。

信访人在具体的信访实践中,会考虑信访形式的便利性问题,以尽可能低代价、低成本达到信访的目的。但信访人在信访形式的选择中,更看重效用的大小,如果感觉网络、书信、

电话等形式未达成自己的目的，大多会转换至走访的形式。他们大多会认为，走访形式的信访效用最高。一方面，信访的真实感最强；另一方面，当面交流沟通的效果及感觉会更好。

加州大学心理学教授阿尔伯特·麦拉宾研究信息传播，发现人们面对面交流时，通过语言有效传递的信息仅为7%，另有38%由语气和音量的高低传递，55%靠面部表情传递。或者换个说法，人与人交往中给对方留下的总体印象，7%取决于交谈的内容，38%取决于说话的语音语调，55%取决于肢体语言。为此，在使用口语进行表达时，不管是信访人还是信访工作者，都需要注意自己的肢体语言、语音语调，以尽量减少信息传播的失误和偏差。

此外还需要注意的是，虽然大多数人都有逻辑思维和辩证推理的能力，但是很明显，人们并不总是能运用这类思维和能力。障碍之一在于对正确的需要：如果你的自尊依赖于赢得争论，你会发现你将很难以开放的心态去倾听竞争性或差异化观点。其他障碍还包括有限的信息和缺乏时间仔细思考。

而且，人类的思维过程也会被许多可预测的系统性偏见和错误所羁绊。心理学家已经研究了几十种，如：夸大不可能之事、避免损失、偏见和心理定势等。人们倾向于夸大不可能事件的可能性，部分是因为情感性启发式和可用性启发式。人们能够轻易地想起一个事件的实例，尤其是带有强烈情感成分的事件，这会让我们相信这个事件特别有可能发生。

情感性启发是指，倾向于参考自己的情绪而不是客观地估计可能性。当判断概率时，人们强烈地受到情感性启发式的影响，倾向于参考他们的情绪情感来判断一个情境的"好"或"坏"，而不是客观地判断概率。情绪通常通过缩小我们的选择范围，或允许我们在不确定或危险的情况下迅速行动，而帮助我们做出决定。但情绪也会误导我们，阻止我们准确评估风险。越是令人担忧的标签，就越会使人情绪化地进行推理，从而高估危险。

为此，情绪不仅可以影响我们对时间的觉知——典型的"情绪影响知觉"的例子，还会影响我们对自己、他人和世界的理解。心理学研究也表明，当我们感觉不好时，它会影响我们对处于痛苦中的他人做出反应的内在能力，会削弱我们的同理心；负面情绪也会抑制我们大脑对他人痛苦的敏感能力，会让我们更不易接受别人的感受。

可用性启发是指，通过考虑实例发生的容易程度来判断某类事件发生概率的倾向。我们对风险的判断也受到可用性启发式的影响，即判断一个事件的概率取决于它的实例出现的容易程度。可用性启发式通常与情感性启发式密切相关。

避免损失，则是人类共有的趋利避害的本能。而"偏见"听起来像是坏事，但它们有时会加速我们对复杂世界的思维处理，或者使我们的社会交往变得更顺畅，从而起到积极作用。也就是说，偏见有其两面性。对于心理定势，前文已有介绍，这里不再赘述。

二、对象有偏好——热衷于更大领导

根据《信访工作条例》的规定，信访人的信访对象可以有一定的选择。既可以选择党委或政府，也可以选择其他机关或单位。如《信访工作条例》第十五条明确规定，各级党委和政府以外的其他机关、单位应当做好各自职责范围内的信访工作，按照规定及时受理办理信访事项，预防和化解政策性、群体性信访问题，加强对下级机关、单位信访工作的指导。这里党委和政府的信访受理机构主要是指信访部门。

第十八条也明确规定，各级机关、单位应当向社会公布网络信访渠道、通信地址、咨询投诉电话、信访接待的时间和地点、查询信访事项处理进展以及结果的方式等相关事项，在其信访接待场所或者网站公布与信访工作有关的党内法规和法律、法规、规章，信访事项的处理程序，以及其他为信访人提供便利的相关事项。这里的各级机关、单位包括各级党委、政府，以及党委和政府以外的其他机关、单位。

第二十三条还明确规定，党委和政府信访部门以外的其他机关、单位收到信访人直接提出的信访事项，应当予以登记；对属于本机关、单位职权范围的，应当告知信访人接收情况以及处理途径和程序；对属于本系统下级机关、单位职权范围的，应当转送、交办有权处理的机关、单位，并告知信访人转送、交办去向；对不属于本机关、单位或者本系统职权范围的，应当告知信访人向有权处理的机关、单位提出。

不仅如此，信访人还可以选择领导干部作为信访对象。如《信访工作条例》第十八条第二款明确，各级机关、单位领导干部应当阅办群众来信和网上信访、定期接待群众来访、定期下访，包案化解群众反映强烈的突出问题。

人人都有依赖的需求和渴望，都希望有更强大、更有力的人关心自己。信访人在具体的信访实践中，会选择将各级党委、政府以及其他机关、单位，特别是有权处理的机关、单位作为信访的对象，但他们更热衷于找主要领导，包括各级党委、政府的主要领导，以及其他机关、单位的主要领导等。因为在他们的意识里面，主要领导的权力最大，因此也最管用。这一特点在书信形式中，尤为明显。而在走访形式中，则会受到很大的限制，因为主要领导们大都更为忙碌。

有学者指出，"信闹不信理，信上不信下，信访不信法"

的逻辑源头在于：虽有法律、政策，但如果认为执法、司法的主事官员不公正，且得不到纠正，基于"权大于法"的现实，加之"民不与官斗"的权衡，百姓只有找上级官员或更大的领导，甚至告"御状"。

而现代社会是一个规则社会。在这样的规则社会里，社会成员的安全和利益不仅有赖于自己遵守规则，还有赖于相关各方也遵守规则。所谓"信赖原则"，就是指在从事带有一定利益性或危险性的工作时，一方可以信赖对方会严格根据规则行事，只要自己遵守规则，就可以避免危险即受到公平对待。信赖保护原则是行政法的重要原则，而行政法上的信赖保护原则源自民法上的诚实信用原则。

正义原则之一，任何人不得从自己的过错行为中获利。因此，"找领导"的正确打开方式，就是推动百姓操心事、烦心事顺利进入"程序"体系和"法治"框架，依法推动问题解决。不过我们也需要明白，法律虽然可以在确立和巩固"信赖原则"方面有相当的作为，却绝不应因此而忽视行为人的内心自律和规则意识之建设。

因此，问题不只是"他们想要什么"，而是"为什么他们想要它"。亦如心理学思维的特点，不仅要听"他们说了什么"，还应分析"他们为什么要这么说"。这是我们的回应最终必须解决的问题。在利益面前，在权力面前，在私心面前，许多人选择了"讲利害"，放弃了"讲是非"。而当这成为一种风气，这个社会便会充斥悲哀。

法国哲学家阿尔贝·加缪就认为：世上最大的罪恶都是由愚昧无知造成的，即便是一个善良之人都是如此。当善良没有见识的时候，也会和罪恶一样带来同样多的损害。德国神学家朋霍费尔也说："愚蠢的人不可能真正善良，因为愚蠢的人是非对错不分,视良知如仇寇。"

三、层级有考量——趋向于更高机构

根据《信访工作条例》的规定,信访人的信访层级也可以做出一定的选择。如《信访工作条例》第二十条明确规定,信访人采用走访形式提出信访事项的,应当到有权处理的本级或者上一级机关、单位设立或者指定的接待场所提出。也就是说,如果信访人走访,可以选择到本级或者上一级机关、单位。

与此同时,《信访工作条例》对于信访人采用信息网络、书信、电话、传真等其他形式,并未有层级方面的限定。这就意味着信访人在采用这些形式时,可以向有权处理的本级及以上的各级相应机关提出。也就是说,除走访这一形式外,信访人可以向各级相应机关提出信访事项。

信访人在具体的信访实践中,认为其他形式的信访未能达成目的,转而采用走访的形式信访后,若仍认为信访的效果不明显,会倾向于走访更高层级的机关、单位,特别是最高层级的信访机构,如国家信访局,以及最高人民法院、最高人民检察院、公安部等设立的信访机构,期望最高层级的领导或工作人员帮助他们解决问题。这一特点在长期信访人,或者说信访老户中,最为明显。

关于选择或决策,立足于心理学知识,在此也稍微展开一下。心理学家发现,人们在做判断力决策时,会因为考虑的角度不同,而做出不同的选择。因而人的决策过程不是一个精准的过程,主要体现为如下特征:①人的决策会受语境依赖等情况的影响;②人在决策过程中会受到许诺心理的影响;③习惯与习俗会使人做出非理性的决策;④人的认知与决策也会受到情绪的影响。

美国经济学家克拉克就认为，人类的大部分行为是习惯性的，而不是以行为最大化原则为基础的；并断言，信息和成本的计算是习惯产生的原因。认为习惯是自然的机器，它总是把由自觉审慎的较高级器官所承担的工作，移交给较低级的大脑和神经中枢去做。英国政治哲学家、经济学家哈耶克在《致命的自负》中也明确指出人类行为受制于习俗，认为"正像本能比习俗和传统更久远一样，习俗和传统也比理性更久远：习俗和传统是处在本能和理性之间。"

习惯与习俗的特征主要有3个：①它不具备一种理性的当下选择，而是一种习惯心理在特定环境刺激下所做出的行为复制；②它没有缜密的逻辑推理和思考，而仅是出于一种稳定的心理定式和人类在长期实践活动中形成的习性及趋向，来判断主体与对象存在的关系；③它不是通过当下合理计算来达到行为最大化原则，而往往不假思索地遵循着某种传统惯例。

有学者举过一个例子：美国前总统罗斯福有一著名的轶事，每当有人侮辱了罗斯福夫人神圣的名字时，他就会愤怒地拔枪，欲与之决斗。那么遇到类似的情景时，你会做出怎样的反应呢？在几秒钟之内，你可能会做出选择：对于对方的挑衅不屑一顾："粗鲁之人，不与他一般见识"；你也可能平静地说一声"你应该向我道歉"；你也许会气愤难平，挥起拳头揍他；当然你也可能忍气吞声地走开。要想预测在这种情况下你的反应究竟如何，可以分析一下每一种选择的行为潜能。

美国心理学家朱利安·罗特是社会学习理论的代表人物之一，他对行为潜能的定义：在某一特定情景中做出某种反应的可能性。比如上面的情况，对于一种侮辱，每一种可能的反应都有不同的行为潜能。如果你因此而怒不可遏，那么这个反应的行为潜能就比其他可能反应的行为潜能大。是什么决定行为潜能的大小？洛特认为这取决于两个变量：期望与强化值。因此，要想预测人在特定情境中的行为，就必须考虑知觉、期望、价值观这样的认知或社会变量。

为此我们也需要注意，基于选择，群众的信访活动也会各有偏重和强调，涉及期望与强化值的问题。参考艺术理论，群众的信访心理及活动也有着类似的分类："模仿论"重视陈述事实，力求如实反映情况；"表现论"重视传达情绪，即信访人自身的心理感受；"修辞论"重视打动对象，力求感染到信访相对人；"客体论"重视方式选择，即信访的具体行为。总体上，从侧重事实到侧重情绪，从侧重自身到侧重对象，从侧重内容到侧重形式，不一而足。

也就是说，信访心理及活动包含着反映实情、表达情绪、装饰情形、选择方式等不同情况，信访活动中也存在着"表现主义""表演主义"等。也因此，有学者就指出，信访活动中与法律或道德相关的因素，主要来自两个方面：一是信访人表达诉求的真实目的；二是信访人实现这一目的所用的手段。即信访人的目的和手段是否符合法律或者道德，或者说是否正当，这很重要。马克思主义就反对"只问目的，不择手段"的做法，并且指出，如果手段是不正当的，目的也就不是正当的；手段的卑鄙恰好证明了目的的卑鄙。

并且我们知道，连续强化会引发最快速的学习。然而，间歇性（部分）强化会使反应不易消退。从行为学的角度看，人们经常犯的一个错误，就是间歇性地奖励他们想消除的极端反应。例如，对待信访老户的态度上，基层工作人员常会出现间歇性（部分）强化等现象，如间歇性给予一些好处、甜头等，一定意义上也助长了信访老户的形成。

弘一法师曾经说过这么一段话，"人生最不幸处，就是偶一失言，而祸不及；偶一失谋，而事幸成；偶一恣行，而获小利。后乃视为故常，而恬不为意。则莫大之患，由此生矣。"意思是说了错的话，但是好像也没啥后果；没有预想筹划，但是事居然还办成了；偶尔胡作非为，居然还拿到了一点小利益。要是觉得本该如此的话，那就要倒大霉了。

什么样的环境对一个人最友好？过去我们总以为宽容的环境最友好。其实还要加上一个条件，那就是反馈及时。反馈及时，同时处在宽容的环境，才是最友好的。"破窗理论"的启示就是：任何一种不良现象的存在，都在传递着一种信息，这种信息会导致不良现象的蔓延和扩展，即产生不良现象的连锁反应，引发一系列的不良行为。所以要高度警惕那些看起来是偶然的、个别的、轻微的"过错"，否则会纵容更多的人。

所以对违法的行为应当"零容忍"，在第一时间就应当纠正和惩戒。特别是对于违法信访行为，教育工作是长期性的；而在短期内，只有法律惩戒才会有足够的震慑作用，可以有效遏制蓄意违法的势头。《资治通鉴》中有云："君子畏德不畏威，小人畏威不畏德。"而且辩证来看，不严惩触碰红线的行为，也就是对那些遵规守法群众的惩罚。

为此，对于"只问目的，不择手段"等丑恶现象、违法现象，我们需要知晓心理学上的一个重要法则——"热炉法则"。在此，笔者也分享一下有关涉访行为与热炉法则的思考。

据媒体报道，2016 年 6 月 29 日，山东省高青县唐坊镇东王家村村民王某军因"担保贷款"要求未能满足，用刀 9 次捅向对他一直照顾有加的镇干部李某，致使李某生命垂危。并且，数年来王某军"要挟式"上访不断，经常利用重大节日或活动等进京非访，反复向镇政府等索要钱物。此后 3 个月不到的 9 月 13 日，湖南省汝城县从拆迁"钉子户"到专业"上访户"、屡次违法犯罪的曹某发，因违规安排宅基地要求未能得到及时满足，涉嫌故意驾车撞人致3死5伤，信访老户现象再次在全国形成了舆论旋涡。对此有专家认为，是信访体制的特殊性，造成了现在的局面；迫切需要引起各级党委政府的反思，以防此类悲剧不断上演。

  从总体上看，一个时期以来，类似"要挟式"上访还有很多。为保障信访人的信访权利及维护正常的信访秩序，国务院原《信访条例》也做出了一些明确而具体的规定。如：第十六条规定，信访人采用走访形式提出信访事项，应当向依法有权处理的本级或者上一级机关提出。第十八条规定，信访人采用走访形式提出信访事项的，应当到有关机关设立或者指定的接待场所提出；多人采用走访形式提出共同的信访事项的，应当推选代表，代表人数不得超过5人。第二十条规定，信访人在信访过程中应当遵守法律、法规，不得损害国家、社会、集体的利益和其他公民的合法权利，自觉维护社会公共秩序和信访秩序，不得有六类禁止性行为。条例的第四十七条特别强调，违反本条例第十八条、第二十条规定的，有关国家机关工作人员应当对信访人进行劝阻、批评或者教育。经劝阻、批评和教育无效的，由公安机关予以警告、训诫或者制止；违反集会游行示威的法律、行政法规，或者构成违反治安管理行为的，由公安机关依法采取必要的现场处置措施、给予治安管理处罚；构成犯罪的，依法追究刑事责任。第四十八条也强调，信访人捏造歪曲事实、诬告陷害他人，构成犯罪的，依法追究刑事责任；尚不构成犯罪的，由公安机关依法给予治安管理处罚。2022年中共中央、国务院颁布施行的《信访工作条例》也有类似规定。由此可见，条例对涉访行为的约束，不可谓不明，也不可谓不细。

  针对涉访行为方面出现的较多问题，国家信访局还于2014

年先后出台了《关于进一步规范信访事项受理办理程序引导来访人依法逐级走访的办法》《关于进一步加强初信初访办理工作的办法》《信访事项办理群众满意度评价工作办法》等规定，也出台了《信访事项简易办理办法》（2022年）、开通"手机信访"平台等举措，深入推进条例的贯彻和落实。由此我们也可知，中央对规范涉访行为的用意，不可谓不深，也不可谓不实。

然而我们也要看到，现行信访工作机制以及受社会大环境影响，容易使信访群众形成"信上不信下""信访不信法""信闹不信理"等观念和思维，也会更多地选择越级访、进京访和集体访、非正常访等无序、违法方式反映诉求，甚至使信访渠道恶变成少数人的"谋利"工具、"施压"手段、"发泄"途径，严重影响了国家机器的公信力，干扰了正常社会秩序，也对广大群众造成了不公平。为此，党的十八届四中全会通过的《中共中央关于全面推进依法治国若干重大问题的决定》要求，把信访纳入法治化轨道，保障合理合法诉求依照法律规定和程序就能得到合理合法的结果。

如何贯彻落实法治信访的要求，依法规范群众的信访行为，切实扭转涉访违法行为、越级进京非正常访频发等现象，笔者认为，各级信访部门和政法机关在实际工作中要重视与运用好"热炉法则"，切实解决好在规范涉访行为方面，认识不统一、观念不一致等问题。

"热炉法则"是心理学的一个重要效应，也是管理学的一个重要法则。简单来说，是指组织中任何人触犯规章制度，都要受到处罚；它是由于触摸热炉与实行惩罚之间有许多相似之处而得名。古语云："官法如火。"法规制度就像火炉，如果火炉烧得通红，大家都知道会烫伤人，必然心存畏惧、不敢触碰。具体讲，"热炉法则"主要有四条核心原则：

一是警示性原则。热炉火红，人们不用手去摸也会知道，这时炉子是烫的，摸了自己会被烫伤。也就是说，如果执意摸碰，预知自己必会招致惩罚。结合到信访工作，各级国家机关在开展信访工作过程中，对走访群众都必须加强《信访工作条例》《关于进一步规范信访事项受理办理程序引导来访人依法逐级走访的办法》等法规制度的宣传教育，并做好工作记载。重点是对禁止性行为，要反复给予提醒、警示，让他们知道条例的相应规定，特别是违反规定的法律后果，力求取得事先警告的效果。

二是即时性原则。每当人们碰到热炉，立即就会被烫伤。如果违规与惩罚之间的时间间隔延长，则会减弱惩罚的效果。结合到信访工作，对涉访违法行为，经劝阻、批评和教育无效的，应由公安机关当即予以警告、训诫或者制止；行为反复或严重的，给予治安管理处罚或依法追究其刑事责任等，决不能拖泥带水。执法机关及信访部门也要注意做好涉访违法行为的证据固定工作，为依法惩处奠定基础。同时，对违反条例及办法越级走访的，不管是否缠访闹访，要当场坚定表明态度，坚决不予受理。对捏造歪曲事实、诬告陷害他人，构成犯罪的，依法追究刑事责任；尚不构成犯罪的，也应由公安机关依法及时给予治安管理处罚。这个原则提醒我们，执行法规制度一定要坚决果断。在行为人违规之后，越迅速地进行惩戒，其越容易将惩戒与自己的错误联系在一起，而不是将惩戒与执法者联系在一起。因此，一旦发现违规涉访行为，应尽可能迅速地开展惩戒工作。如果执法者不及时惩戒，行为人的违规行为将会接二连三地出现。这也等于告诉其他人，不管违规程度如何，执法者都不会在乎。当然，如果主管执法者都满不在乎，普通执法者也会跟着不在乎。其结果是一错再错、变本加厉，受到损失的仍然是整个组织。

三是验证性原则。用手触摸热炉，毫无疑问会被烫伤。因为火炉是不讲情面的，谁碰它，就烫谁，一视同仁。它对谁都一样，跟谁都没有私交，对谁都不讲私情，所以它能真正做到对事不对人。结合到信访工作，信访人若明知有相关规定，却敢于以身试法、触犯相应法规制度，就一定要依法对其进行惩处，绝对"说到做到"，以明规定，以儆效尤，不只是吓唬人。特别是对于信访老户，甚至是少数已经受到过依法惩处的重点人员，如果他们反复以身试法，更要即时、反复依法惩处，不应有任何顾虑和迟疑，否则会影响到依法惩处、警示惩戒的效果。如果执法者在执行时优柔寡断、瞻前顾后，就会使法规制度成为摆设，失去其应有的作用。特别是作为管理者，要做到公正，就必须做到根据法规制度，而不是根据个人感情、个人意识和人情关系，来行使手中的执法权。

四是公平性原则。在热炉面前人人平等，不管谁碰到热炉，都会被烫伤。结合到信访工作，需要注意的是处罚应与特定的过错相联系，而不应与违法者的人格特征联系在一起，也就是所处罚的是违反法规制度的行为，而不是个体特征。成功的惩戒应该针对具体的行为，而不是针对个人；更应该是具体的，而不是泛泛的。因此，不管信访人反映的问题是否有道理，这个人是否值得同情，对于其涉访违法行为，也都应一视同仁地及时依法惩处，让其吸取教训。惩处结束后，如果其诉求是合理的，仍应依法按政策解决。在这一点上，执法机关往往容易出现认识混淆，较多出现看人办事等现象。

"世不患无法，而患无必行之法。"制度之要，在于务实管用；制度之威，在于执行落实。如果不按制度办事，比没有好的制度更加有害。因此，各级国家机关要坚决维护法规制度的严肃性、权威性，坚决纠正有令不行、有禁不止的行为，真正使法规制度成为硬约束。只有强化法规制度的刚性约束，用更加严明的制度、更加严格的执行、更加严密的监督来纠治，才能取得管理的成效并形成管理的长效。

（Ⅲ）行为会重复

为尽可能地实现目的、满足需要，信访人的信访表达，或者说言语行为会出现重复。也可以说，其信访动机在一段时间内会持续存在，即反复导致其表达的发端、方向、强度和持续性。这些重复表达行为主要有三类：重复书面言语、重复口头言语、书面口头交替言语。在信访工作领域，信访行为的重复现象较为突出，往往也是各级信访工作的关注点。为此，我们从重复情形、成因分析、根源探讨三个方面，来梳理一下信访作为表达工具的典型现象。

一、重复的情形——造成秩序困扰

尽管已有信访回复或者处理结果，但信访人未能满意，或者说未达目的，既有持续通过写信或者信息网络，用文字反映同一诉求事项的；也有持续通过走访或者电话，用口语反映同一诉求事项的；还有持续以文字、口语交替等方式，反映同一诉求事项的。

少数信访人每年重复反映数次或者数十次，个别信访人甚至每年重复反映成百上千次。有的是反复向同一个机构反映，有的是反复向各级主管机构反映，有的则是反复向相关的多个机构或者领导干部反映。这种重复反映的情形，时间较短的会持续数年，时间较长的会持续十多年、数十年。极个别的，甚至生命不止信访不息。

对于此类重复行为,《信访工作条例》第十九条第三款明确规定,信访事项已经受理或者正在办理的,信访人在规定期限内向受理、办理机关、单位的上级机关、单位又提出同一信访事项的,上级机关、单位不予受理。

《信访工作条例》第二十三条还明确规定,党委和政府信访部门以外的其他机关、单位收到信访人直接提出的信访事项,应当予以登记;对属于本机关、单位职权范围的,应当告知信访人接收情况以及处理途径和程序;对属于本系统下级机关、单位职权范围的,应当转送、交办有权处理的机关、单位,并告知信访人转送、交办去向;对不属于本机关、单位或者本系统职权范围的,应当告知信访人向有权处理的机关、单位提出。同时特别说明,政法部门处理涉及诉讼权利救济事项、纪检监察机关处理检举控告事项的告知按照有关规定执行。

对于信访事项的办理,《信访工作条例》的要求也是明确的,如第三十二条规定,信访处理意见书应当载明信访人投诉请求、事实和理由、处理意见及其法律法规依据:①请求事实清楚,符合法律、法规、规章或者其他有关规定的,予以支持;②请求事由合理但缺乏法律依据的,应当作出解释说明;③请求缺乏事实根据或者不符合法律、法规、规章或者其他有关规定的,不予支持。

并且《信访工作条例》第三十五条、第三十六条还明确规定,信访人对信访处理意见不服的,可以自收到书面答复之日起30日内请求原办理机关、单位的上一级机关、单位复查。收到复查请求的机关、单位应当自收到复查请求之日起30日内提出复查意见,并予以书面答复。信访人对复查意见不服的,可以自收到书面答复之日起30日内向复查机关、单位的上一级机关、单位请求复核。收到复核请求的机关、单位应当自收到复核请求之日起30日内提出复核意见。信访人对复核意见不服，仍然以同一事实和理由提出投诉请求的，各级党委和政府信访部门和其他机关、单位不再受理。

不仅如此，《信访工作条例》第四十七条则明确规定，信访人违反本条例第二十条、第二十六条规定的，有关机关、单位工作人员应当对其进行劝阻、批评或者教育。信访人滋事扰序、缠访闹访情节严重，构成违反治安管理行为的，或者违反集会游行示威相关法律法规的，由公安机关依法采取必要的现场处置措施、给予治安管理处罚；构成犯罪的，依法追究刑事责任。信访人捏造歪曲事实、诬告陷害他人，构成违反治安管理行为的，依法给予治安管理处罚；构成犯罪的，依法追究刑事责任。

由上述可知，《信访工作条例》对于信访人的言语行为和事项处理是有明确规定的，信访人出现重复信访行为，就充分体现出信访是表达的工具，因为工具就是指用以达到目的的事物。正是由于信访人的目的、需要未能得到满足，动机未能消除，其才反复通过信访这个工具，提出诉求。或者更本质地说，言语行为并非其目的，满足需要才是其目的。

为实现信访目的，信访人可能的策略有：依法表达（理性维权）、诉苦夸张（感性展示）、闹大事情（政治策略）、持续抗争（行为反击）。与艺术理论的不同分类，即"模仿论""修辞论""表现论""客体论"也有相似之处。

而信访人毫不讲理或蛮不讲理的类型主要是诉诸个人，即以对特定干部的品质评价，来论证其人某种言论的错误；诉诸权威，或是乱引权威，包括引用权威人士的无关言论或只言片语乃至错误的言论，来代替对观点的论证，或以权威人士从未说过如此来反对某种观点；诉诸情感，即用激起众人感情的办法来代替对某个观点的论证；诉诸无知，断定某事如此的理由是没有人说过它不是如此；诉诸无关，即理由表述与结论不相干。

而当前群众工作的特点也呈现出五个"越来越"：①群众的民主、平等和权利意识不断增强，群众工作的内容越来越丰富；②群众的现实利益思想增强、利益纠纷增多，群众工作的对象越来越宽泛；③群众的维权意识增强，维权方式日益激烈，群众工作的要求越来越高端；④群众的诉求表达渠道多元，矛盾激化风险增大，群众工作的环境越来越复杂；⑤群众的利益诉求趋同趋众，聚合效应明显，群众工作的难度越来越增大。

智慧，是对道德和知识的认同，是对公共和个人利益的认同，是与冲动的斗争，是最适度的欲望，是有组织的经验，是适应活动、奔向目标、协调自我的表达和行为。但在这个极致追求效率、金钱、名利的时代，法律、道德、脸面似乎都不重要了。

"圣雄甘地"说："大自然所提供的一切，足以满足人类的需要，却满足不了人类的贪婪。"你要求的越少，你的人生就越完满，而你要求的越多，你的人生就越难完满。法国存在主义哲学家丹尼·狄德罗也认为："我们是我们选择的结果。"即我们的人格和生活轨迹是由我们的选择塑造的，这些选择反映了我们的价值观和决策。

人的想法从来不一样，但这一点当今世界尤其突出，没有共识的人如何在一起生存这个问题尤其突出。法治就是答案的一个重要组成部分。法律要建立的是我们在没有共识的情况下怎样共处的方式。即使我们没有共识，我们都要遵守法律。这正是现代法治社会的一个重要方面。

达成一致也只是讨论的目的之一，另一个更重要的目的，是表达一种对待他人的态度，进而形成和维持一种平等的、相互尊重的社会关系、政治关系。只有在某些情况下，比如立法的时候，才非要达成一致，而这种一致往往是通过投票之类的技术性做法，而不是纯粹的说理达成的。

从人情角度而言，弱者应得到社会体恤，包括弱者在违反规则接受处罚时，执法机关可在自由裁量权限范围内，选择适度从轻。但在法律和规则面前，对是非的判断上，"弱者可突破规则限制""弱者即正义"等观念应摒弃。这些错误观点看似充满人文情怀，实则会模糊本来明确的是非，误导人们的行为，使人失去对是非的准确判断，也会对法治造成损害，衍生出一系列弱者为维权而采取极端、暴力手段等恶性事件，影响和谐社会的发展。

任何法律和道德都不会自动解决问题，对动机、行为的选择，最终还是要依赖于当事人对具体情况的具体分析，依赖其理性、明辨、智慧和良知，即总体依赖其认知。有哲人还指出，在人生的旅途上，人们往往背着两个包袱，一个包袱上写着他人的过失，另一个包袱上写着自己的过失。然而走人生之路的时候，人们却往往把写着他人过失的包袱放到胸前，而把写着自己过失的包袱放在了背后。

为此有学者认为，一个人之所以能够诚实守信，基础是自尊，他仿佛如此说：这是我的真实想法，我愿意对它负责。一个人之所以能够信任他人，基础是尊重他人，他仿佛如此说：我要知道你的真实想法，并相信你会对它负责。可见诚信是以双方共有的人的尊严之意识为基础的。凡自尊者必定尊重他人，不尊重他人的人必定没有自尊，因为他根本不知人的尊严为何物。

二、成因的分析——多种因素导致

对于信访人的异常重复信访现象，我们在这里需要展开探讨一下，因为这类现象可能涉及多种因素，并非只是单一因素导致的。从心理学角度讲，如前文所述，外界环境刺激是通过人格中介才起作用的，包括个体的自我概念、认知框架等。因此异常重复信访现象主要是内因导致的，即个体的心理因素，如道德因素、信念因素、疾病因素等，并大致体现出"由低到高"严重程度的不同。

情绪 ABC 理论是由美国心理学家埃利斯创建的，认为激发事件 A（activating event 的第一个英文字母）只是引发情绪和行为后果 C（consequence 的第一个英文字母）的间接原因，而引起 C 的直接原因则是个体对激发事件 A 的认知和评价而产生的信念 B（belief 的第一个英文字母），即人的消极情绪和行为障碍结果（C），不是由于某一激发事件（A）直接引发的，而是由于经受这一事件的个体对它不正确的认知和评价所产生的错误信念（B）所直接引起。

态度的 ABC 模型也认为，态度由 3 种成分构成：①认知成分，个体对态度对象的所有认知，包括事实、知识、评价等；②情感成分，个体对态度对象产生的情感体验或情感反应；③行为倾向成分，个体对态度对象的预备反应或行动倾向。上述 3 种成分的英文首个字母分别是 C（认知）、A（情感）、B（行为倾向），因而称之为态度的 ABC 模型。一般来说，态度的 3 种成分是协调一致的，如果不协调时，情感成分往往占主导地位，决定态度的取向。

由上述心理学理论可知，个体的认知能力和水平决定着其对于具体事物的感受与评价，进而决定着个体对于具体事物的情绪与态度。这与马克思主义哲学原理也是一致的，即事物的发展都是内因和外因共同起作用的结果；内因是事物变化发展的根据，外因是条件，外因通过内因起作用。结合信访工作实践，试从心理及认知因素的角度，具体探讨分析一下异常重复信访现象的道德因素、信念因素、疾病因素等。

（一）道德认知

美国心理学家柯尔伯格根据人们认知结构的特点，将人的道德发展划分出3个水平、6个阶段。

水平一：前习俗水平。由外在标准控制，通过行为后果来判断行为，如受奖励为好行为，受惩罚为坏行为。该水平又可分为两个阶段。阶段1：惩罚和服从取向。以服从权威和避免受惩罚作为判断行为好坏的标准。阶段2：功利取向。以是否能满足个人需要作为判断行为正确与否的标准，即出于个人利益考虑。

水平二：习俗水平。以遵从社会规范、社会规章制度为准则。该水平又可分为两个阶段。阶段3："好孩子"取向。以取悦并得到他人的认同，以他人的意图进行判断。阶段4："好公民"取向。也称维护社会秩序取向，作为社会成员，应该遵守社会规章制度，维护社会秩序，这是公民的义务，不能违反法律法规。

水平三：后习俗水平。道德标准内化于己，成为自己的道德标准。该水平又可分为两个阶段。阶段5：社会契约取向。认识到各种法规都是为公众的权利和利益服务的，符合公众需要的便应遵守，如不适宜则可按多数人的意愿修改。阶段6：普遍道德原则取向。这是理性良心取向，个体的道德认识超越社会法律法规，普适于尊重每个人的尊严、生命价值和全人类的正义。

还有心理学家提出，人类的认知大致可分为3类情形：①生物层次的欲念（类似前习俗水平），为了自身生存安全，主要是功利取向、畏惧权威，存在程度不同，认知水平较低；②社会层次的认知（类似习俗水平），内在外在有着联系互动，认知由外而内构建，由内而外评判，受外界影响较大，观念转变频繁，易于随波逐流，持续程度、认知质量存在不同；③精神层次的信念

（类似后习俗水平），认知上形成较为稳定的自我心理框架与评判体系，较少受到外在影响和干扰，也存在程度的不同。有行为经济学家进一步认为，个体的道德行为涉及道德认知的高低以及道德成本的权衡，还有自我意识的增强以及自我形象的维护等。

从对利益的索求角度看，有少数信访人的道德层次陷于"功利取向"，其眼中仅有利益的考量，缺少了良知和规则的概念，不再在乎他人的议论与评价，不再在意违法的代价与后果。或者，由于利益的诱惑，其道德层次重新被拉回到"功利取向"。加之我国当前正从熟人社会（关系社会）向契约社会（陌生人社会）转型，而"信用"这一契约社会的核心要素，尚未有全面、有效的生成与制约机制。如果对其"唯利是图"的想法和行为再缺乏限制与惩戒，甚至还可能让其屡尝甜头，便会进一步放大其"功利取向"的选择和"利益博弈"的心理。

说到道德认知，就涉及人的社会化问题。如前文所述，我们每个人必须经过社会化，才能使外在于自己的社会行为规范、准则内化为自己的行为标准，这是开展社会交往的基础。社会化的范围包括法律社会化、道德社会化等。而个人的社会质量是衡量其社会化水平的唯一尺度，那么道德认知水平不高的人，其社会质量小，主要是由于社会化程度低，因而需要继续社会化或者再社会化。

此外，我们还需要知道，道德不是由理性而是由感性主导的；道德不仅非理性，还存在"个人口味"。心理学研究发现，一方面，个人收入而非受教育水平，能够更好预测社会阶层和不道德行为之间的关联；另一方面，在面临道德困境或有机会做坏事时，人的道德观会退到幕后，取而代之的是自私和享乐主义的考虑（即什么对我最好），即人的"有限道德性"。特别是道德存在着"中和"技巧，如"道德推脱""道德许可""正当报复"现象，以及调换受害者和施害者的身份等。个体越是使用中和技巧及道德推脱技巧，就越有可能行为不端甚至犯罪。因为归根结底，道德是有关"良善与否"的感知，是由感性主导的，是存在个人偏好的。因而道德主要用于律己，而非律人。

（二）主观信念

美国心理学家默兹比提出了区分人们合理信念与不合理信念的5个标准，简单来讲：

①合理的信念大都是基于一些已知的客观事实，而不合理信念则包含更多的主观臆测成分；

②合理的信念能使人们保护自己，努力使自己愉快地生活，不合理的信念则会产生情绪困扰；

③合理的信念能使人更快地达到自己的目标，不合理信念则使人因难以达到现实的目标而苦恼不已；

④合理的信念可使人不介入他人的麻烦，不合理的信念则难以做到这一点；

⑤合理的信念使人阻止或很快消除情绪冲突，不合理信念则会使情绪困扰长时间持续而造成不适当的反应。

对照上述区分标准便不难发现，有一部分信访人或多或少存在着不合理信念（属心理不健康范畴），特别是部分信访人对于自己信访诉求及处理意见的主观臆断、疑心推测成分最为明显，并且他们也常因现实中难以达到目标而苦恼或愤怒，进而陷入不断信访的恶性循环。此类现象，在涉法涉诉、刻意"维权"信访人中相对常见。

在主观信念方面，信访老户中也会有一种有趣的"路径依赖"现象。心理学的研究表明，人们习惯于依据过去发生的事情评估未来的走势，并依据过去预期与过去实际间的差距，修正未来的预期。因而人们一旦做出了某种选择，就有可能选择了一条"不归路"。无论选择的好坏,都会有一种惯性的力量,不断地进行自我强化或固化,从而使人深陷其中,无法自拔。信访人如果曾经通过信访渠道获取过一些满足,不管是利益方面的,还是精神方面的,均会给其一些选择上的强化(也包括合法合理诉求依法按政策得到解决的),从而产生信访的"路径依赖"。简言之,信念需要践行,非践行无以成信念;但是践行信念,亦是个体更成特定信念之人的过程。

(三)心理异常

这里所说的心理异常,并非着眼于认知、情绪、意志等各种心理障碍,而主要是信访老户群体中较为常见的观念方面、人格方面的心理异常。

1. 超价观念

超价观念又称恒定观念、优势观念等,是一种在意识中占主导地位的观念。超价观念并非等于错误观念,只是某个或某些观念带有明显的错误与荒谬的色彩,经不起事实或逻辑的检验,属于思维内容障碍之一(属精神疾病范畴),多见于人格障碍和心因性精神障碍患者。错误的超价观念的产生,虽然常有一定的事实基础,但是患者的这种观念是片面的,与实际情况有出入。同时,由于患者的这种观念常带有强烈的感情色彩,或者与患者的关系非同寻常,具有特殊的价值或意义,因而才坚持这种观念不能自拔,并且明显地影响到具体行为。

无论错误或正确的超价观念,其主要特征就在于执着,或者原则性过强、过于顽固等,别人不能说服。也正因为超价观念常有一定的事实基础,因此更容易迷惑人,本人或他人均不能轻易识别。这类现象在信访行为异常者中较常见,往往就某一个或某一类具体问题,只认为自己是对的,其他人说的再是事实、再有道理,其一概不听、拒绝接受。

2. 人格障碍

人格障碍（属精神疾病范畴）是指个体成长发育过程中，因遗传、先天以及后天不良环境因素，造成心理与行为的持久性固定行为模式。这种行为模式偏离社会文化背景，并给个体自身带来痛苦或贻害周围。人格障碍也被认为是介于精神病和神经症之间比较严重的心理障碍，在人群中的比例约为15%。尤为重要的是，希望通过"好好沟通"，动之以情、晓之以理，以便说服人格障碍者改变自己，这一招几乎从不奏效。因为他们欠缺足够的自我感知，无法形成良好的自我概念，因而也会严重缺乏以自我为基础的"自律"，缺失以"自律"为主要特征的道德认知、道德观念等。"越界"就成了他们的典型标志，为求自利他们甚至会公然撒谎。

人格障碍的主要表现：①情感消极，如猜疑、仇视、偏激等；②相处困难，常以偏执怀疑、消极攻击、自我爱恋等行为处理问题；③对己失察，对自己的弱点无所察觉，而倾力把外界对自己的不利视作不应该；④心理脆弱，易于受刺激，而缺乏有效恢复能力；⑤智力较高，会表现出高于平均水平的智力、创造力和快乐程度等。在信访行为异常者中，偏执型人格障碍最为常见，自恋型人格障碍近些年来也时有发现。

（1）偏执型人格。又叫妄想型人格，主要特征是猜疑和固执己见。行为特点常表现为：思想和行为固执死板，敏感多疑；心胸狭隘，过分警觉，好嫉妒，好争斗，自我评价高，感到自己很重要；倾向推诿客观，拒绝接受批评，对挫折和失败过分敏感，如果受到质疑则会出现争论诡辩，甚至冲动、攻击；常有某些超价观念和不安全、不愉快感，缺乏幽默；生理和心理经常处于戒备和紧张状态之中，寻找怀疑和偏见的证据；歪曲他人中性或善意的动作而采取敌意和藐视，对事态的前后关系缺乏正确的评价。此种人格，会有在家不能和睦亲属，在外不能与朋友、同事融洽相处等现象，别人只好对其敬而远之。

简言之，偏执型人格在认知上是固执、多疑、好胜的，在情绪上是防备、敌意、暴躁的，在意念上是主观、自大、推诿的。他们自己的人生大都是折腾的，身边的人则大都是痛苦的。美国一位著名心理咨询师曾在书中写道：偏执型人格的人，无论身处何种关系中，都将是有毒的关系对象。他们就像一只好斗的公鸡，敌对、愤怒、恶意伤害。跟这样的人在一起，往往有理无处说、有苦无处诉，你的坏心情大都是由他们造成的。我国的一位心理咨询师也说过这样一段话：一个人做事偏执、极端，生活中无论谁和这种人相处都是倒了大霉。与其相处所带来的种种挑战不仅让人感到疲惫不堪，而且浪费时间与精力。

不过，此类人一般是自我和谐、自我融洽的，不会主动或被动寻求医生帮助。偏执型人格的人也很少有自知之明，或对自己的偏执行为持否认态度，内向型和外向型性格的人均有。偏执者也多有强烈的选择性记忆，他们会遗忘对自己不利的言行；或者进行记忆错构，什么对自己有利，他们就会朝这个方向重新修改记忆。在选择性注意的作用下，此类人把注意力都集中在某个特定范围或者目标上，就会对这个范围之外的世界熟视无睹，就会自发屏蔽与目标信息不相干的信息。

而一般的人都能知道，"准确"总是相对的，世界上也没有绝对"公平"的事情。人们在努力争取、努力做到公平的同时，也要学会接受"不公平"，并适可而止，否则就有处理不完的矛盾纠纷，就会有不断地信访、告状、纠缠纠结、没完没了。但如前文所述，内疚、羞耻等感情，也是需要一些复杂的认知能力的，偏执型人格障碍患者可能永远也不会感到内疚或羞耻。心理学界还有一种公认的说法："神经症患者让自己活得痛苦，人格失调症患者让别人活得痛苦。"神经症患者往往把责任揽给自己，弄得自己疲惫不堪，而人格失调症患者却擅长嫁祸于别人，让别人心力交瘁。

（2）自恋型人格。自恋型人格障碍的基本特征，是对自我价值感的夸大和缺乏对他人公正平等的感受。对自恋型人格障碍的诊断，目前尚无完全一致的标准。一般认为其主要特征为：过分自高自大，对自己的才能夸大其词，希望受人关注；渴望持久的关注与赞美，缺乏同情心；喜欢指使他人，要他人为自己服务；对批评的反应是愤怒或觉得被羞辱（尽管不一定当即表露出来）；有很强的嫉妒心，亲密关系困难（如婚姻关系，亲子关系等）。

而且，自恋型人格障碍患者的记忆具有高度的选择性，只关注于他们想要的"真实"。尤其是对于大多数患有自恋型人格障碍的人来说，真实或真相并不重要。当自恋者的情绪被触发时，他们只会关注自己当下的感受。表演天性也是其一个显著的特征，即自恋型人格障碍倾向于通过夸大自己的能力和成就，来吸引他人的注意和赞赏。

特别是，自恋型人格还过于关注自己的需求和欲望，通常对他人的感受和需求视而不见，只关心自己。他们希望别人按照他们的意愿行事，并可能会剥夺他人的自由和独立，使他人感到困扰和无助。自恋和操纵也密不可分，自恋型人格喜欢操纵别人，以满足自己的欲望或需求。他们会认为自己天生高别人一等，当他们使用操纵、威胁、欺骗等手段来控制他人时，也不会有丝毫的愧疚和不安。

因为相对于偏执型人格来说，自恋型人格往往更有隐蔽性，更不易觉察，但在信访老户群体中也不容忽视。加之我们每个人均或多或少有点自恋情结，易受蒙蔽、愚弄，因此笔者有必要在此多说几句，帮助大家加深些印象，以助于工作中及时有效加以识别。

有心理学家还提出，自恋型人格障碍与反社会型、边缘型、表演型存在着共通之处，在DSM（美国精神医学学会编撰的《精神障碍诊断与统计手册》的简称）诊断体系里属于同一个大类，是一条谱系，是自恋状态（自体障碍）的不同表现形式，反社会是自恋状态最严重的一极。也就是说，从反社会型到自恋型、表演型，实质反映的是个体自恋状态从重到轻程度的不同。这个谱系的共性是无法形成对自我（作为一个稳定独立的客体）的感知，只能从人际关系的刺激中反复确认自己的存在。类似于信访老户群体中常有的，"刷存在感"现象。

而完整客体关系是指以一种稳定、综合、现实的方式来看待人的能力，这种能力既能看到人喜欢的特质，也能看到人不喜欢的特质。如果不具备这种能力，就会把自己和其他人看成要么是好的，要么是坏的。自恋型人格障碍作为一种病，更多体现在心理功能上的缺失，即病人只能固着于自我中心的视角，无法感同身受别人的处境、立场、意志。说得严重一点，病人看不见自身以外的世界。为此有学者还提出，面对自恋型人格障碍患者，保持理性和客观的观察是非常重要的，保持自己的边界和自尊也是非常重要的。很多时候，恰恰是助人的心愿捆绑了我们自己的手脚，也强化了他／她病态的操控模式。

具有讽刺意味的是，"没有情感能力"这一缺陷反而会成为自恋型人格障碍者的武器。因为他们无法感知别人的痛苦，也不存在道德或者羞耻心的困扰，所以他们在伤害别人时非常冷静、果断，甚至有些享受。自恋型人格个体由于其行为和态度可能会对他人产生负面影响，使他人感到困扰、压力、恐惧和无助，甚至可能对他人的心理健康产生严重威胁。为此，当我们面对自恋者的表演时，应该保持冷静和理性，可以通过观察他们的行为是否与他们的言辞相符，以及他们是否真正关心他人的反应来判断他们的真实动机。同时让他／她看到我们的边界：无论他／她想与不想，我们都可以离开。这一事实本身，比任何道理更有助于促使他们改变。

另外，信访老户中还常有所谓"外控型人格"现象。外控型人格常指个体认为个人生活中的决定性力量是外在的，自己是无法掌握自己的心情和处境的。这是相对于"内控型人格"而言的。属于外控倾向的个体，比较容易感到焦虑，并且在面对挫折时较倾向于非建设性的行为，多关心失败后的恐惧而少关心成功后的成就。这与心理学上的"习得性无助"心态相关联，在"觉得无助→表现出无助→加深无助的观念→表现出更严重的无助"的恶性循环中，人往往会把一切结果归结于环境和外因。

在现实生活中，人们做任何事情，问题想得太多，太在乎事情所带来的后果，却忽略了事情本身，其无助感会越来越强烈，行为也越来越偏离预定的轨道。此类信访人，也往往会把外在的一件很小或无关紧要的事情，无限放大，怨天尤人，进而激起持久的愤恨以及信访的信念。正如美国经济学家索维尔所言，从政治上看，很少有哪种观念比这种更有"威力"：你所有的问题都是由别人和别人对你的不公造成的。

我们需要警惕，责备与愤怒和仇恨一样，都会给人带来痛快的感觉。发泄愤怒能让人一吐为快，责备他人能让人舒服，仇恨则让人过瘾。它们就像其他使人快乐的活动一样，容易让人上瘾。人是非理性的，或者说，我们自以为理性，其实只是为了一种合理化解释而已。人类的绝大多数是"认知吝啬鬼"，不愿进行耗费成本的分析推理，偏爱一种快速得出结论的心理捷径。

我们还需要明白，信访诉求主要原因在于委屈（不公）或猜疑（不信），而委屈或猜疑均是主观感觉，所以信访人既需要公正，也需要关爱。也因此，总体来说信访老户的成因应有两大方面：①内因，主要是人格因素，如上述的偏执、自恋人格和超价观念，以及外部归因、偏于依赖等心态；②外因，主要是诉求处理上的不系统、不统一、不一贯。信访老户的反映则是持续、一贯的，且只讲对其有利、不讲对其不利的理由，也多有虚构、夸大情形。而有权机构处理上的不系统主要表现：不全面明晰诉求，不及时查清实情，不深入找准依据；不统一主要表现：认知不统一，态度不统一，处理不统一；不一贯主要表现：不能一以贯之，不能守住底线，不能依法惩戒。为此，从一定意义上说，这些外因也滋长、助力了信访老户的产生。

三、根源的探讨——核心在于人性

信访人所展现的行为特点，更为深入的根源在于人性，即人性才是真正的核心。人类是生物属性、社会属性、精神属性的统一体，生物性、社会性、精神性也是人性的主要成分，所谓"贪性""惰性""惯性"则是人性的主要特点，且呈两面性。我们可以从人类的认知、情绪、人性等方面试作深入探讨。这也是从更高或更深层面尝试对人的心理世界稍作解析。

（一）关于认知

认知，是最基本的心理过程，是感情和意志产生的基础，也是整个心理活动的契机，即人类心理世界的首要性、关键性、决定性因素。而且，认知与个体心理特征也存在着密切的关联。前文"始于过程"中已有过初步介绍。不过，我们仍有必要从认知入手，继续深入认识人的心理世界。

1. 认知的理论

如果要问，20世纪最伟大的心理学发现是什么？那肯定离不开"认知"这个概念。据学者崔丽娟所著《心理学是什么》一书介绍,起始于1950年代的认知心理学,是当前心理学界占据主导地位的思潮和范式。广义地说,心理学中凡侧重研究人的认识过程的学派,都可以叫作认知心理学派。狭义认知心理学,或叫作信息加工心理学,就是用信息加工的观点和术语,说明人的认知过程的科学。因此概括来讲,认知心理学就是用信息加工的观点来说明人的认知过程的科学。

认知心理学是心理学历史上,首次把高级心理过程或者说顶端心理过程,作为自己的主要研究对象,开创了心理学研究的又一个新领域。随着认知心理学的兴起,知觉也被看成是一种主动和有选择的构造过程。因为认知心理学认为,人并不是消极地等待着环境刺激而产生反应的被动个体,而是一个主动的信息探求者。即人们都是有选择地接受信息并将其统合成一个有意义的整体的。个体内部已有的知识、经验及结构都会对其心理活动以及外部行为产生决定性的影响,个体的行为、动作的产生也都会受到内部心理活动的调节和控制。信念和认知的差异也有助于解释,为什么两个经历过同一事件的人,可能会从中得到完全不同的教训。

(1)有关认知的过程。认知心理学主要强调注意的选择作用,将注意看作一种内部机制,借以实现对刺激选择的控制,并调节行为。亦即主体会舍弃一部分信息,以便有效地加工重要的信息。简单来讲,感觉是对刺激的觉察,知觉则要将感觉信息组织成为有意义的东西;知觉过程就是我们在已储存的知觉经验参与下,把握刺激的意义。比如,当你"看到"一位女士满眼含泪、嘴唇颤抖、说不出话来,你会认为她是过度兴奋,还是极度悲伤?那肯定需要取决于当时的情境。因为你需要综合各种感觉传入信息,在自己经验的参与下,对它们进行加工,得出有关她"喜"或"悲"的原因的猜测。

心理学家指出,"自下而上"和"自上而下"是两种方向不同的加工,二者结合形成统一的知觉过程。如果没有刺激作用,光靠自上而下的加工过程,则只能产生幻觉;如果没有自上而下的加工,自下而上加工的负担就会太重,甚至无法承担,遇上不确定的信息也难以应付。因而通常在我们知觉过程中,既运用自下而上的加工,也运用自上而下的加工。例如,当你努力想听清某个人说话,你既运用了自下而上的加工——努力辨别每个词语,也运用了自上而下的加工——努力把你听到的内容与你了解的某个话题、某个经验进行匹配。

人类的生理及感官构造也有点像收音机,可以接触与收集到波段不一的各种信息,进而产生和播出个体自己的声音,即观念和思想等;有些更灵敏的收音机,还可收到其他所收不到的波段信息。正如古人讲,药农进山见草药,猎人进山见禽兽。因而从这一角度看,"事物"固然是由环境提供的,但也是由我们自己提供的。因为我们可以选择对我们有意义的事物,借以决定我们所要感知的事物。

心理学研究也证实,人们更倾向于接受与自己理念相符的信息,而对相悖的观点则持怀疑态度;人们也大都是有选择地接受信息,并将其统合成一个有意义的整体的。人们的认知习惯和思维方式,在一定程度上决定了对外部信息的接受程度。人们也习惯性地依据自己既有的信念和经验判断事物,而对与之相悖的信息,人们可能会产生拒绝的情感反应。这是一种自我保护机制,但也是信息理解的障碍。因此期望、情绪和动机、过去的经验、价值观、信念等,都在不知不觉地影响着人们理解和看待事物。心理学上的确认偏差,即指人们倾向于以他们已经相信的方式,来解释和忽视信息。

我们感觉通道接收到的很多信息，它们只是无意义的、无逻辑的"刺激信号"，当这些信息进入大脑时，它们与我们过去的经验结合，才开始变得有意义。我们通过各种感觉器官收集外部信息，然后经由大脑进行过滤、整合、解码，最终形成我们所认知的世界，这样的心理过程就是"知觉"。也就是说，知觉就是我们的大脑整合了感觉信息和过去的经验，"主观构建"而成的对事物的理解模式。

由此我们需要知道，知觉的理解性、选择性应当是个体间在知觉方面差异较为明显的部分。或者说，知觉的不同理解、不同选择，是个体间知觉差异产生的主要原因。具体来说，知觉包括信息向上和向下两个加工过程：

①自下而上的加工系统从信息输入开始，从较低水平向较高水平进行加工，直到最终的解释。整个过程中，每个环节都建立在前一个环节加工的基础上，只能加以补充，不能逆向调整前一个环节。可以认为，自下而上的加工过程以刺激为输入信息，单向逐级传递，相对而言不受知觉者的经验和期望的影响。

②自上而下的加工系统从有关知觉对象的一般知识开始，将知觉者的期望融入对感觉信息的解释中，形成假设。这些观念和期望会制约加工的所有水平，影响哪些刺激会被注意，如何将刺激组织起来，大脑又将如何解释它们。可以认为，大脑中的印象或观念能对刺激的解释起引导作用。

为此我们应当知道，人的认识是一个能动的反映过程，认识的选择性则是能动反映的一个重要环节和标志。在感性认识过程中，主体并不是无条件地接收外界客体的一切信息，而是选择那些同主体需要相联系，与主体认知图式和认识能力相适应，并被纳入在其理性所指明的认识发展方向范围内的对象作为反映客体。主体确立认识客体的过程渗透着选择性因素，并且选择性也渗透在认识的整个过程之中。或者说，主体认识客体的过程，就是主体接收客体信息，运用思维对信息进行筛选、加工、整理的过程。笔者揣测，这也许就是哲学家们成百上千年来，对于"唯心主义"与"唯物主义"争论不休的根源所在。也可解释有哲人提出的，唯物主义者的原点：一切事物皆基于客观存在；而唯心主义者的原点：一切事物的本质皆基于主观理念。

前文说到，人类的心理过程大致是一个由"不涉自身"，到"涉及自需"，再到"取决自意"的过程，或者说呈现出从"非自"到"自需"，再到"自意"的程度的不同。从"三元"视角进一步来看，人的心理过程中的认知、感情、意志，也相应呈现着从"自下而上"到"自上而下"的程度的不同，认知范畴是"自下而上"的比重更大，意志范畴则是"自上而下"的比重更大。

而且，由于大脑的选择性过滤系统是以激活／抑制（即互相排斥、非此即彼）的模式工作的，当大脑被某种信念诱导去寻找某样东西时，它会关闭相互"竞争"的神经网络，因此你实际上很难看到与已经存在信念相反的证据。正因为如此，美国亨利·福特就说过："无论你认为你能还是不能，你都是对的。"

总体来说，人们对外在世界的感受，会受到自己内在世界的制约。马克思也说过："对于没有音乐感的耳朵说来，最美的音乐也毫无意义，不是对象。因为我的对象只能是我的一种本质力量的确证，也就是说，它只能像我的本质力量作为一种主体能力自为地存在着那样对我存在，因为任何一个对象对我的意义，都以我的感觉所及的程度为限。"[1] 也就是说，任何一个事物对于个体的意义，都以个体感觉所及的程度为限。对

---

[1] 中共中央马克思恩格斯列宁斯大林著作编译局：《马克思恩格斯全集》，人民出版社2006年版，第42卷，第59页。

此康德也认为,"事物本身"和"我眼中的事物"是不一样的。我们永远无法确知事物"本来"的面貌,我们所知道的只是我们眼中"看到"的事物。

任何知识的获取也均是如此:那些我们已知的知识充当了"路标",为我们指明了新知识的具体位置。模式识别就是把当前进入信息加工系统的信息与先前掌握的信息进行匹配。在认知心理学上,这些旧知识所构成的路标和网络,就叫作"图式"。面对一个新知识,如果你的脑海中不存在与之相关的图式,是不可能理解它的。因为"理解"一个事物,本身就意味着用相关的图式去把它拆解。即认知是知认的产物,也是知认的工具。认知(个体的认知也易被称为个体的文化)包含图式、模式,个体的经历和由此产生的认知,一定程度上也可以说是由个体的"文化"所塑造的。

美学家朱光潜曾以古松为例,做过这样的论述:"木商看到的,是它作为木材的商用价值;植物学家想到的,是它的科目和属性;画家想到的,是它的形态和构造。"由此可见,人的性格喜好、生活阅历、文化修养往往决定着其看待事物的角度。每个人的选择,都基于当前的认知;而每一份认知,也都在默默指引着个体人生的走向。

为此,正如一些哲学家、心理学家提出的,"信念即感觉"。你是你的体验的建筑师。你对外部世界的大多数体验其实源于你的大脑。你感觉到的一切,都是基于对你的知识和过去体验的预测。凭借你的大脑从周围物质环境中选择的感觉输入,其中,有的输入被当作信息接收了,有的被当作噪声忽略了,你构建了你的环境、你的现实。你体验到的是你自己构建的一个世界。为此,戴尔·卡耐基所著《人性的弱点》也有一段经典语:"我们通常会以自己赋予现实的意义作为标准来感受现实,所以我们感受到的是现实被我们赋予的意义，而不是现实本身，或者说我们感受到的是自己对现实的理解。"

因此在认知过程中，人人存在"成见"，区别在于范围宽窄、程度深浅。因为每个人的认知都会受到经验、情感和环境的干扰，无法做到绝对客观。由于我们的理解不是被动接受的，而是受情绪和心理的影响，所以它们很少能准确地反映现实。事实上，有时它们甚至会歪曲现实。心理学上也有个著名的"疤痕实验"：心理学家邀请几位志愿者参加实验，实验过程就是在志愿者脸上画上逼真的疤痕后，要求他们去观察别人的反应。即便实验人员早已经擦去志愿者脸上的疤痕，可他们还是认为自己被特别对待。这说明真正导致他们"自卑"的，并非客观条件，而是他们的主观认知。

不过，在人的行为成分中，也有很多因素是无法用意识层面的理性和逻辑来解释清楚的。于是，心理学家的注意力又开始转向了人的无意识层面，并明确提出了"内隐社会认知"的概念。心理学家认为，在社会认知的过程中，个体自身可能无法报告或内省到某些过去的经验，但这些经验却潜在地对个体的判断或行为产生着影响。

内隐社会认知是认知主体不需努力、无意识的操作过程，对内隐社会认知的研究也使我们逐渐揭开无意识神秘的面纱，对我们进一步了解自身有深刻而丰富的意义。内隐活动过程的重要特征：内隐活动过程不受个体意识性监控作用；内隐活动过程一旦被引发，就不会因为意识性监控而终止；内隐活动过程快且迅速，只需要极少的认知资源。内隐过程形成于刺激和反应之间的一致性和经常性的联结，反映了个体生活的常规性。内隐社会认知研究的体系化，源于心理学家对个体行为的无意识的或者内隐的作用机制的承认，承认个体行为的无意识作用机制。

内隐心理加工机制具有积极和消极的作用效果，即"凡事皆有利弊"。一方面，内隐心理加工机制具有社会适应性价值，有助于个体利用有限的认知资源，去面对新奇和复杂的社会情境；另一方面，内隐心理活动过程具有消极作用，个体无法意识到其行为背后的动机，意味着个体难以控制个体的行为。在许多情境中，人们没有发现他们的知觉、判断和行为受到歪曲，对其他人造成伤害，如刻板印象的自动提取过程。尽管有利于个体迅速地加工多方面的信息，但刻板印象自动提取的后果，则可能干扰个体的正常社会活动。

内隐自我则是与内隐认知密切相关的一个概念。它是个体在过往经历中种种经验、信念、反馈、知识加在一起构成的一个庞大的自我系统。信念就是我们内心深处那些长期形成的、默认为"真"的假设，构成我们对这个世界的认知和理解，是我们思考问题的框架。由此也导致人们的敏感度和过敏反应各自不同，某人眼中无法接受的行为，可能在另一人眼中则是完全允许的，甚至是欣喜的。

（2）有关认知的偏差。个体大都会存在认知偏差的问题。瑞典学者汉斯·罗斯林研究发现，人们对于世界的认知总是会出现偏差，原因主要有三个：①习惯于"非此即彼"二元对立的思维定式，而忽视事物普遍的关联；②习惯基于原有经验做出论断，而忽视外部环境的变化；③习惯于对问题原因找到一个简单的解释，浅尝辄止，而忽视现实问题的复杂性。

在此基础上，笔者认为，个体认知偏差的产生，既有外在因素，也有内在因素。外在因素主要是囿于客观条件，就如苏东坡《题西林壁》所云：横看成岭侧成峰，远近高低各不同；不识庐山真面目，只缘身在此山中。还有文化方面的，所谓"贫穷限制了想象"，如"皇上是用金扁担的"，等等。内在因素则更加丰富，包括习惯简单、习惯经验、习惯利己、习惯二元等，呈现由"感性"到"理性"的片面程度的不同。

①习惯简单，如盲人摸象的故事：有6个盲人想知道大象长什么样，可他们看不见，只好用手摸。第1个人摸到了鼻子，他说：大象像一根弯弯的管子。第2个人摸到了象牙，他说：大象像一把长长的矛。第3个人摸到了耳朵，他说：大象像一把扇子。第4个人摸到了腿，他说：大象像一棵大树。第5个人摸到了身体，他说：大象像一堵墙。第6个人摸到了尾巴，他说：大象像一根细细的绳子。均是对大象局部特征的描述。

②习惯经验，如盲人打灯笼的故事：一个盲人外出做客，天黑后，主人好心为他点了个灯笼，说："天晚了，路黑，你打个灯笼回家吧！"盲人一听即火冒三丈地说："你明明知道我是盲人，还给我打个灯笼照路，不是嘲笑我吗？"主人说："你被局限了。你在路上走，其他人也在路上走，你打着灯笼，别人可以看到你，就不会把你撞了。"盲人一想，也对呀！局限思考是从自己的角度思考，整体思考是把自己放到整个环境中去考虑。整体及系统地思考问题，你就会发现，你的行为会与别人产生互动。

③习惯利己，如评价过程的事例：假设你正坐在公园的长椅上休息，身旁放着一幅自己非常喜爱的画。突然来了一个人，把这幅画坐坏了，你会有什么样的反应？其一，肯定是要气炸了，那人难道看不见椅子上放了东西吗！他肯定是有意的。其二，如果你发现，坐坏画的是个盲人，那你可能会说，算了吧，他看不见，肯定不是有意的。其三，如果你发现，画的旁边还有很大空座，盲人可能是有意坐在画上的，你可能还是会生气。其四，如果你发现，这个盲人不仅看不见，而且腿脚也不好，那么你可能又不忍心生气了。但是，从开头到结尾，你却没有

反省自己在公园长椅上放画是否妥当。同一件事情，同一个结果，数种的反应；并非画坏了本身，而在于自己对事件的看法。

④习惯二元，如非此即彼、非对即错、非善即恶、非真即假。从认知陷阱角度，这主要应源于人类生存的目的与语言的手段。生存目的需要迅捷作出利弊选择、趋利避害，语言手段需要简明传递信息，"生存目的+语言手段"，即"利弊选择+简明信息"，导致人类语言中二元现象、价值观二元现象的普遍存在，也导致大脑的"中间无感"。这也是基于生物、生理、心理的本能。但实际上，事物主要应是程度的不同，即"三元"本质。笔者在《透视》一书中对此已有相关阐释。

此外，内在因素中除了大脑反应的不同模式，还有知识经验的不同层次，如日常光线的"白+黑"，是直接经验，但实际上是"白+黑+灰"；而白光又可分解为7色，即赤橙黄绿青蓝紫，以及光有三原色"红+绿+蓝"、色有三原色"红+绿+黄"等。说明知识经验框架以及体验感悟系统，亦对认知有很大影响。

（3）有关认知的调整。作家周岭在其著作《认知觉醒》一书中提出，成长就是认知的升级。认知的觉醒是成长的开始。心理学家指出人的情绪影响因素主要有四个：情境、注意、评价、反应，在此以"空船效应"的典故为例：一个人在乘船渡河的时候，前面有一条船正要撞过来。这个人喊了好几声，但是前面的船没有回应。这个人十分生气，开始破口大骂前方船上的人。后来他发现撞上来的竟然是一条空船，于是刚刚怒气冲冲的人怒火一下就消失得无影无踪了。这个故事来自庄子的《山木》。

从这个故事中也可反映，如美国社会心理学家费斯汀格提出的"费斯汀格法则"，生活中的10%是由发生在你身上的事情组成，而另外的90%则是由你对所发生事情如何反应所决定。

或者说，日常生活中发生在你身上的事情，你的情绪10%取决于这件事情，而90%取决于你的心态。又或者，生活中有10%的事情是我们无法掌控的，而另外的90%却是我们能掌控的。

查理·芒格在《穷查理宝典》中也指出，知识和认知不一样，知识只是一堆信息，认知是对信息的加工和关联。例如有学者介绍的有关"资本主义"概念的偏误：

其一，是负面的，即资本主义表现的是剥削与不平等。它诞生于工业革命之后，是封建制度之后的一种全新的社会形态；它是资本家、企业家剥削工人的制度；它带来了经济的大发展，但它也是人类不平等的根源，因此，资本主义必将消亡。

其二，是客观的，即资本主义承载的是交易与协作。它不是历史发展到某个阶段、人为设计的结果，而是自有人类社会始，就以交易、协作的方式长期存在。

其三，是正面的，即资本主义体现的是开放与进步。它的本质，是私有产权、契约精神、自由市场，以及强化市场型政府，共同组成的一种开放秩序，推动着人类文明的进步，但期间，也伴随着冲突、暴力，甚至战争。

基于此，笔者则认为，从社会需要的催生，到特点鲜明的制度，再到垄断资本的压迫，这些表述或认知表现出了资本作用发挥程度的不同。只有观念才能战胜观念，为此心理学家提出了高级条件作用，即在经典条件作用下，一个中性刺激通过与已经形成的条件刺激建立联系而成为一个新条件刺激的过程。高级条件作用可以用来解释为什么有一些词可以激发人们的情绪反应，为什么它们可以使我们发怒、感到温暖，又或是伤感。换言之，高级条件作用可能也是产生人们偏见的部分原因。

因此，我们需要认知的重新框定，或者说认知转换。重新框定是指将人们赖以理解或经验某种情境的概念与情绪的假设或观点,改变成另一组同样也能"符合事实"甚至"更好"的设定,经过这一转换,该情境对人们的意义已全然改变。重新框定强调将一个客体(事物)的种类成员改变成另一相等有效的种类成员;或者说,将这一新的种类成员引进我们的概念中,并使我们能用这一种新的观点去理解事物。

重新框定所涉及的人类经验:①我们对世界的经验是建立在我们将所知道客体(事物)分成不同的种类之上的。这些种类是人们在心理上建构出来的,所以人们建构出来了一整套现实的秩序,而这些秩序并非客体(事物)本身所具有的。种类的形成不只是基于客体(事物)的物理属性,而且决定于这些客体(事物)对我们的意义及价值的程度。②一旦某一客体(事物)被人们概念化成为一既定种类的一个成员,人们便很难把它视为同时属于另一种类的成员。这一客体(事物)的种类成员就被称为"实体"。③是什么使得重新框定成为达成改变的有效工具呢?一旦我们觉知到另一种类成分后,便无法轻易回到原来的格局或是先前对"实体"的设定之中。

总之,对问题的重新思考,包括情境重评,汲取经验以及和他人对比,可以给人们提供一些新见解和不同于以往的心态。为此我们也必须记住,我们每个人,是唯一可以转变自己概念系统、让事情好转的人。不过还需要提醒的是,根据"能力圈法则"可知,人的能力是无法跳跃发展的,只能在现有基础上一点一点向外扩展。认知也是一种能力,同样遵循这一法则,即"在认知边缘扩展更有效"。因为你必须动用已有的知识去解释新学的知识,你才可能理解;当你也能够把新学的知识解释清楚时,就意味着已把它纳入了自己的知识体系。

2. *认知的效用*

说到这里,我们就需要深入到认知模式层面了。英国心理学家厄内斯托·斯皮内利说，我们对世界的经验总是独一无二的。即使两个人观察同样的事物，他们的体验也会不相同；因为每个人都在自己的语言、社会文化和个人的世界中吸收这些经验，而这样的世界是由个人的生活史所塑造的。个人的经验不仅是独一无二的，而且永远无法与他人完全分享。例如，托尔斯泰曾说："幸福的家庭都是相似的，不幸的家庭各有各的不幸。"而美国硅谷传奇人物彼得·蒂尔则说，"不幸的人都一样，而幸福的人各有各的幸福。"两者的观点就明显不同。

（1）有关认知的模式。其实，人们不只是观点不同，而是这些观点的背后有着一套截然不同的认知模式或思维模式。认知模式就像一个人戴上了一副有色眼镜，它决定了你看到什么样的问题，重视什么样的事实，得到什么样的结论，采取什么样的策略。也有哲人为此提出，一切苦难并非来自噩运、社会不公或神祇的任性，而是出于每个人自己心中的思维模式。

具体来说，表面上看，似乎大家看问题都很客观，都是从发现问题，到搜集事实，到逻辑推理，再得出结论，进而决定相应的策略。但实际上，每个人背后都有一个庞大的知识网络，这个庞大的知识网络决定了每个人实际的认知模式或思维模式，而这决定了每个人认识重大问题上的一系列假定或预设。这又进一步决定每个人关注什么样的问题和关注什么样的事实。即，关键的分歧不在于推理的逻辑过程，而在于推理之前的一系列假定或预设。这就是由我们不同的认知模式或思维模式决定的。

例如，认知模式决定了我们对事实的选择性。你看到的只是你想看到的。我们并不会对所有事实"平均分配"自己的兴趣，而通常更关注一部分事实，并认为它们比另一部分事实更重要。正是我们的预设决定了我们所看到的"事实"。有哲人就提出，如果你不明白人的敌人是自己，你就会把所有的时间和精力用在改变别人上，最后一无所获。也就是说，你相信什么，才能看见什么；你所相信的，就是你的命运。

日本导演北野武曾讲过一个关于"悲欢离合"的小故事。在某座山的山脚下，有祖孙二人在那里养小斑鸠；在那座山的另一边，有另外一对祖孙在养雏鹰。后来小斑鸠和雏鹰都长大了，都学会了飞翔。有一天，它们都被放飞到空中。之后，那只鹰把斑鸠吃掉了。在大山的这一边，祖孙俩因为辛辛苦苦养的斑鸠被吃掉而痛哭流涕；而在大山另一边的祖孙俩却欢天喜地，因为那只鹰第一次学会了捕猎。说起来不可思议，但人生的悲欢离合说到底就是这么回事。把喜悦或悲哀的色彩添加上去，这只是人的行为。

又如，认知模式决定了我们对问题的选择性。我们通常只对那些自己能看到的、能识别的、认为重要的问题感兴趣。即看起来面对同样的问题，但人们重视的从来都是那一部分自己重视的问题。这与框架效应类似，人们的选择受到这个选择的呈现方式或框架影响，会根据选择的呈现方式而做出不同的决定。如一个著名小幽默，有教徒问牧师，祈祷时可否抽烟，答曰不可；再问，抽烟时可否祈祷，答曰可以。

认知模式还有一个重要特点，是它具有半自觉性，即在下意识状态下的信息处理过程远比意识状态下的计算更有效率。"大丈夫能屈能伸，大丈夫宁死不屈""瘦死的骆驼比马大，脱毛的凤凰不如鸡""一个好汉三个帮，靠人不如靠己"……网上有人搜集出几十条"古人云"，成双成对放在一起，让人感受到许多名言、格言其实都是话术。这些话展开去写，就变成一篇篇心灵鸡汤。彼此观点对立，单独看却都很有道理。

因此，个人的选择很大程度上也是在无意识之中完成的。许多时候，我们读到了一句话，茅塞顿开；看过一篇鸡汤文，豁然开朗。其实，并非这些文字影响了我们，是我们为自己内心的想法找到了一颗"定心丸"而已。遇事怎么去做，内心其实早有主意或准备，只不过需要寻找一些外在力量加持。不是别人的话"高明"或"有毒"，而是"正理"或"歪理"早已在你的内心潜伏着，只是在等待确认、肯定的机会。

总之，人们认识事物的基本方法和视角是不一样的。哥伦比亚大学研究人员发表在《自然通讯》的一项新研究也表明，大脑回放并优先考虑高回报事件以供以后检索，并过滤掉中性、无关紧要的事件，只保留对未来决策有用的记忆。该研究为记忆和决策机制提供了新的见解。即事物归入"与我无关""并不重要"时，它就会离开你的情感空间，减少你的身体预算。或者说，你接纳什么，什么就消失；你反对什么，什么就存在。这也应是人类生理、心理上的一种本能机制。

我们总以为自己的感知系统是一个镜像系统，以为看到的就是真相，其实不是，而是一个过滤系统；我们永远戴着一副有色眼镜，通过信念系统或潜意识在过滤，所以我们的感知感受会受到自身内心投射的影响。有哲人就说，人身体之外的一切，对人只有间接的价值，唯有人自己的心智，直接决定着人的一切价值。成长，就是不断用新的认知，打破旧的认知，重建自己的思考方式。而为什么说心智世界是成长的本质呢？因为，一切外部信息的流入，都必须经过心智世界的解读；同样，一切我们对外的行为，也都必须经由心智世界向外传播。

有心理学家指出，人类有一个天生的倾向，会更容易注意到"对自己有利"的证据，也更容易相信它。这种现象，叫作"证实偏见"。这是心理学及行为经济学的一个基本原理，也是人们最常见的一个"认知框架"。人类为什么会有"认知框架"，原因很简单，因为我们每天遇到的信息浩如烟海，而大脑的处理能力有限，怎么办？大脑就会预设一些条件，用来帮助人类对信息进行处理和认知。这些预设的条件，就是"认知框架"。常见的心理效应，如态度效应、刻板效应、首因效应、光环效应等，均与"认知框架"有着密切关联。

本质上，人类的一切思维活动，都在"认知框架"中进行。人类所有的认知、理解、想法，都会受到"认知框架"的束缚和规范。很多时候，这些"认知框架"能够帮助人类节省大量的时间和精力，提高思考的效率。但也有很多时候，这些"固化"的"认知框架"模式，也特别容易使人类陷入"盲区"，做出错误的决策。社会上常见的"认知框架"表现为"圈子效应"，也就是"抱团互援"。因为人生来孤独，却又害怕孤独。

"认知框架"能够帮助我们节省大量时间精力，提高思考效率，但也容易"固化"，陷入"盲区"。一切看似费解的事，其实都有它发生和存在的缘由。觉得它费解，只是因为你暂时还未能理解它。一个饱受质疑却又根深蒂固的信念：只存在一个现实，即我所看到的这个世界，与我观点不同的人肯定都缺乏理性，或对我抱有敌意。我们看待事物的方式，而不是事物本身如何，决定着一切。马克斯·韦伯在《新教伦理与资本主义精神》中就说："人是悬挂在自己编织的意义之网上的动物。"

弗洛伊德认为，文明与本能的冲突是不可避免的，因为个人的目标和需要常常会与其他人的目标和需要相抵触。有学者还指出，认知疾病常见的有四种：比较病、应该病、受害病、嫌弃病。即不顾客观差异，反复与他人比较得失；站在个人角度，认为应该如此，或者不应该如此；遇到不顺心的事，就产生被迫害、受委屈心理；对看不上的人或事物，就嫌弃这个、讨厌那个等。正如丰子恺所说："心小了，所有的小事就大了；心大了，所有的大事就都小了；看淡世事沧桑，内心安然无恙。"

正因为认知框架的存在，人们的认知能力与水平必然是存在差异的。例如，这世上最令人困惑的现象之一是：明明你把事情讲得很清楚，对方却死活不肯相信。这看似荒谬的现象并非偶然，而是源自人们固守在自己脑袋里的那点认知中。我们在成长过程中积累的观念、道德标准，以及过去的亲身经历，构成了我们对事物的固有看法。当外部信息与这些看法相悖时，我们总是更愿意坚持自己的立场，而非接受新的观点。我们也倾向于与拥有相似观点的人群为伍，形成共同的观念圈子。而群体认同感，又会使我们更难接受与群体不一致的信息。

也就是说，我们每个人都会有自己的认知局限性。我们的观点是基于我们个体的经验和理解，而这种个体性的认知差异，决定了每个人对信息的过滤方式。即便解释得再明白，也可能因为个体认知的局限而无法被完全接受。或者说，一个人的任何理解与选择，归根结底都不会超出他的可认知范围。而且，由于人的认知资源有限，人在观察他人的过程中会启动"认知的自动向导"，将信息的加工分为"无心加工"和"有心加工"两个部分，在此基础上判断，可分为快速判断和系统判断，前者是指判断者根据少量的信息和预先的设想而对他人作出判断；后者是指在特定的情境对他人进行观察，并将被观察者与其他人在类似情境中的行为进行比较，从而对被观察者得出判断。

（2）有关认知的能力。而人有限理性的根源，就在于人的认知能力是有限的。原因主要在于三个方面：①由于人自身神经、生理、语言等方面的限制，人的认知能力是有限的；②人的记忆能力并不是精准且稳定的，这也是人的认知能力有限的重要原因；③人们没有能力同时考虑所有的选择，即无法总在决策中实现效率最大化。有心理学家还认为，认知能力是判断一个人意思能力和责任能力的重要依据，包括事实认识能力和价值认识能力。两者必须共同发挥其作用，即事实认识、事实判断和价值认识、价值判断必须内在地结合起来，才能形成真正的认识。笔者还认为，信访工作中对于权利义务的评判，除事实认识与价值认识之外，还应有义务认识。包括事实认识和事实判断、义务认识和义务判断、价值认识和价值判断的结合，才可能形成真正的认识。即呈现出从"事实"到"价值"的程度的不同。

需要提醒的是，价值是个体评价事物与抉择的标准，是关于什么是值得、正确的看法。价值判断就是依据一般的有效规范，对一种事实行为所作的应当是这样或不应当是这样的判断。而人的价值观念对人的事实认知也具有重要的影响作用：当人们所推崇或认可的价值观念发生改变时，人们的很多事实认知都发生改变，包括友谊、亲情、社会、政治以及法律制度（义务认知）的正当性和可接受性等，都会发生显著的变化。

人的价值认知能力还具有如下一些特征：①人类在认识事物时，具有一种将事物分类的倾向，因为分类及识别更有利于人类的记忆、归纳及判断；②人对事物的价值评价，常常是受功利影响的；③对于自己的价值认知，社会心理学家发现，人类行为最有力的决定因素之一，是维护一个稳定、正面的自我形象的需要；④人对他人进行价值评价的过程具有高度主观性。

具体来说，当人体会到好处、利益，甚至是一种愉悦的感觉时，会自然产生正向的价值评价；反之，则产生负向的价值评价。人对事物的评价，也常常会受偏见的影响。如人们会受到"公平偏见"的强烈影响，往往会因为"公平偏见"而放弃经济利益，这种偏见也似乎有着进化的根源。人们还经常高估自己做出准确预测的能力（类似"后见之明偏见"），并主要关注那些能够证实他们信念的证据（类似"确认偏见"）。而理性推理的另一个障碍是，人们倾向于形成心理定势，看到一些根本不存在的模式。即"三偏见一定势"（公平偏见、后见之明偏见、确认偏见、心理定势）会影响我们的理性。而且，人是有着丰富感情的，而这种感情影响着人的认知能力，也会常常影响着人的决策和行为。

英国心理学家麦基在其所著《可怕的错觉》中也指出：你看到的只是你想看到的。当一个人内心充满某种情绪时，心里就会带上强烈的个人偏好暗示，继而会导致主体从客体中去佐证。即"喜欢某个人或事物的时候，我们的心灵会让自己在现实中搜寻印证，然后再用这些似是而非的印证，来佐证自己的心理预期，最终形成一种'真是如此'心理定势。若是愤怒、仇恨或是怀疑时，我们又会不断寻找材料来强化自己的臆想，在偏执于愤怒、仇恨的情绪里，让暂时压抑的情绪感得以宣泄。"

为此有学者认为，如果一个人不愿看反对自己的观点，其实他已经"瞎"了，因为长期选择性看见符合自己认知的观点，只会让自己的偏见愈加偏见，这样他就已经走进了以偏概全的牢笼之中，而且判的是"终身监禁"。而人们对现实的监狱总是心存畏惧，但是对思想的监狱总是毫无防备。英国作家乔纳森·斯威夫特在给友人的一封信中就说：把人定义为理性的动物是错误的，他是能够使用理性的动物。

个人偏见严重影响着我们理解新信息的方式。人们会使用自己的内在规则来理解那些可通过多种方式解释的信息。决定自我的往往也不是"经验本身"，而是个体"赋予经验的意义"。因此你相信什么，才能看见什么；也并不是因为发生了什么事，就一定会有怎样的结果。问题也不在你"经历过什么事"，而是你"如何解释它"。

人类充满了态度、信念和期望，这些都会影响他们获取信息、做出决策与推理以及解决问题的方式。如今,这种观点已经变得非常有影响力。避免损失的愿望和框架效应——选择是如何被呈现的——左右了我们的选择。同样的信息,以积极或消极的方式呈现,其评价会大不相同。心理学家墨菲就说过:我们人人都是自己命运的预言家。也可以说,一个人相信什么,未来往往就会发生什么。

总之,认知能力是人们行为决策的基础,也就是意思能力、行为能力、责任能力的前提。四者之间的关系是,认知能力等同于意思能力,意思能力是行为能力的前提,认知能力也是责任能力的前提。即人的认知能力决定了人的意思能力和责任能力,认知能力随年龄、教育和社会环境的变化而变化。

(3)有关认知的水平。与认知能力相接近的概念是认知水平,前者是基础性、潜在性、主观性的,后者是结果性、表现性、客观性的。一个人的认知水平越低,其想法就会越单一,越缺乏判断力,人就会表现得越固执。并且,认知较低、视野狭隘的人,看人看事也会相对局限,喜欢指责评判别人,很少反思改变自己。而认知较高、眼界宽广的人,看待问题角度较多,也能够看清事情本质,懂得内省提升自己。可见,认知水平越高,越懂反思兼容;认知水平越低,越固执己见。也正因为如此,《资治通鉴》云:小人畏威不畏德,君子畏德不畏威!越是认知水平低的人,越是畏威不畏德。所以也不是所有的人都值得被同样尊重的。

一般来说,人人皆是如此,很难理解超出认知以外的事情。庄子也说过,"井蛙不可以语于海者,拘于虚也;夏虫不可以语于冰者,笃于时也。"我们在生活中存在一些常见的弱点,比如无法理解自己没有经历过的事情、不愿意承认自己是错的等,正是其具体的体现。同一个世界,认知深浅不同,看到的风景也就会不同。我们的认知水平决定了我们的人生状态。认知的深度、广度及长度，决定了我们看待世界和解决问题的视角与能力。也就是说，人们对外在世界的感受，会受到自己内在世界的制约；如果我们自己内在的世界十分贫乏，那么我们眼中的外在世界也就必定十分枯燥。

有学者提出，不同阶层的人，最为明显的差别，其实在于思维和认知的差别，在于信息和资源的差异。基于"词汇量"很好地反映了个体语言发展的一般状况，耶鲁大学认知心理学教授罗伯特·斯滕伯格也认为，"词汇量可能是衡量一个人整体智力水平的最佳单一指标"。美国著名文化批评家保罗·富塞尔还认为，人的等级并非只由财富决定，风范、品味和认知水平也是划分人的重要标准。因为从来没有一个毫无理智的人，是能够接受理智的。我们的决策取决于认知水平，受到认知水平的限制。

我们需要知道，要看清楚任何外界信息，我们必须要有参照物，必须放在模型里面，才能达成有效的判断。而你的认知模型越多，你看到的世界就越多。如果没有模型，你就看不到；即使有但调动不出来，同样也看不到。在此意义上，人与人之间并非对与错，而是人与人之间的不同。越是有智慧的人，接纳力就越强，格局越大。为此，你心中有什么，就会看到什么。或者说，世界就是自己眼中的世界，有什么样的眼光，就能看到什么样的世界。因此改变眼光，实际上就改变了世界。

3. 认知的心理

与其他一切有机体一样，人类对于这个世界的认识，同样会受到人类自身认知系统能力的限制。古希腊哲学家普罗泰戈拉提出著名论断：人是万物的尺度。古希腊哲学家爱比克泰德的名言：人不是被事情本身所困扰，而是被其对事情的看法所困扰。西方文学巨擘莎士比亚也曾说过一句名言：世事本无好坏，皆因思想使然。许多问题，并非源于问题本身，而是来自你对它们的看待角度和认知方式。我们所能发挥的能力，所遇到的障碍和问题，大多数时候其实都源于自己对自己的态度和认知。有什么样的内心世界，就会有什么样的外界眼光。

（1）有关心理与现实。在心理学中，"现实"的概念也并非指一个事物的本身，例如，它的基本属性（如果真有什么物质属性的话）。对心理学而言，这些可被观察到的现象都是一个事物的表象；"现实"是指爱比克泰德所谓的"看法"，或者是所谓的人们赋予现象的意义及价值，即"思想使然"。也就是说，任何一件事，只有当它符合对现实的定义时，它才是真实的，而这些定义正是人们所设定的。个体心理学之父、奥地利著名心理学家阿德勒就提出：没有一个人是住在客观的世界里，我们都居住在一个各自赋予其意义的主观的世界。瑞士著名心理学家卡尔·荣格也认为：是我们看待事物的方式而不是事物本身如何，决定着一切。

当我们遇到不同的现象时，均试图把它们分门别类，给它们下非此即彼的定义。这种在大家共同同意之下而被具体化定义形成的"现实"，对不同的人也有程度上的差别。而当我们一旦赋予某一事物特定的价值或意义后，便很难用另一种属性（意义或价值）去看待它。例如，大多数的人厌恶吃马肉，但是有些人却喜欢吃马肉。对于两种人而言，马肉具有完全不同的感觉、意义及价值。

每个人理解的世界都是独一无二的。需要知道，"我们对事物的知觉和理解，是大脑主观建构而来的，并不一定符合客观现实"。当我们对某种事物产生特定的预期或期望时，我们更可能倾向于认为它的确具有符合期望的特征。由暗示带来的"知觉期望"不仅会影响主观评价，同时也会"欺骗"大脑。在医学和心理学研究中也有类似的现象——安慰剂效应。我们的个人信念或信仰,也会影响我们看待事物的方式,如有些人热衷于星座、血型、算命等伪科学。

决定自我的不是"经验本身",而是"赋予经验的意义";问题不在于"经历过什么事",而是"如何解释它";也并非因为发生了什么事,就一定会有什么样的结果。或者说,决定我们自身的不是过去的经历,而是我们自己赋予经历的意义。人们对风险的认知也受制于框架效应,即根据选择的呈现方式做出不同决定的倾向。无论过去发生了什么样的事情,现在的状态均取决于你赋予既有事情的意义。

人类也并不是在他们真的处于拥挤状态时体会到压力,而是在他们感觉到拥挤时才体会到压力。在问题解决过程中,人还受其认知环境、认知风格、自信心、评价策略、动机、情感情绪等因素的影响。为此,我们是什么样的人,很大程度上取决于我们如何看待自己,我们相信什么。你认为自己是什么样的人,就会按照这样的模式去生活,从而真的成为这样的人。

(2)有关心理与语言。而我们是如何认识世界的本质的?英国哲学家维特根斯坦也曾给出答案:"世界上所有问题的本质,都是语言问题,因为只有当一个问题能够被语言描述,才能被人类理解,它才能成为一个真问题。语言的边界,就是人类认知的边界。"他还指出,"如果我们说不同的语言,我们将感知到有点不同的世界。"他的这些观点,强调了语言对我们感知世界的塑造作用,也就是说,不同的语言是可以呈现不同的现实的。

亚里士多德说:语言是思想的符号,文字是语言的符号。瑞士语言学家索绪尔于20世纪初提出"语言是一种表达观念的符号系统"的精辟论述,也成为语言的经典定义。"萨丕尔—沃尔夫假说"(又称"语言相对论",是关于语言、文化和思维三者关系的重要理论）还指出："人们只有通过语言才能产生对世界的概念，于是语言引导我们观看世界的方向；语言模塑人们的心灵，也限定人们对世事的想法；同时语言也受文化的影响，导引人们对某些现象的重视及对其不同的解说。"

不过，英国作家乔治·奥威尔则强调："如果说，思想可以败坏语言，语言也可以败坏思想。""败坏思想的捷径是败坏语言。"而且有外国学者指出，在当下这个时代，语言已被三大问题包围：词汇"污染"、语言"腐败"和文字"通胀"。碎片化表达越来越多，流行语越来越多，泛滥的情绪也越来越多。恰如"罗生门"一语（出自日语），事件当事人各执一词，分别按照对自己有利的方式进行表述证明或编织谎言，最终会使得事实真相扑朔迷离，难以水落石出。

因为"现实"，因为"语言"，我们需要知道，定义并非"本义"，本质亦非"本原"。独一无二的基因和与众不同的经历，构成了我们每个人的独特性。但在认知与判断上，大多数人又是从众的。为此我们每一个人都需要注意，粗糙的语言、暴力的语言必然会导致粗糙的思维、暴力的思维。亦如英国作家、社会评论家奥威尔所说，思维的浅陋让我们的语言变得粗俗而有失准确，而语言的随意的零乱又使我们更容易产生浅薄的思想。

（3）有关心理与差异。认知复杂性即是指人们理解世界复杂性的程度，也是认知外在世界的基础和映射。涉及分化（细分）和整合（统合）两个认知过程。分化，是指对特定主题所能想起的不同概念的数量；整合，则是指在不同概念之间建立联系。我们可以从分化水平和整合水平的程度，来评估一个人的认知复杂性。

分化是整合的基础，整合是分化的升华。高分化，意味着人们能够从多个角度思考问题，能够认识并接受问题的不同方面；低分化，是一种非黑即白的二元思考方式，仅依赖于问题的某一特征来解释事件。高整合，意味着人们可以进一步比较不同观点，并在多样的信息中建立联系；低整合，则意味着停滞于单一、片面的观点、观念，不能很好地促成信息之间的关联。

认知复杂性水平高的人能够感知到人或情境中细微的差异，并且能够更好地应对这种差异；认知复杂性也有助于个体获得多元化的视角，帮助个体减少偏见和过度自我关注；认知复杂性高的人还善于综合各方面的信息，系统做出思考。而低认知复杂性的人更容易随大流，这是因为低认知复杂性的人看问题的角度比较单一，对问题的思考和分析难以深入，缺乏主见，从而更依赖他人的建议。

不过，心理学家也指出，认知过分简单和过分复杂，都可能导致做出道德上有瑕疵的决策。过分简单的认知，会本能性地容许"利于自己而损害群体"的反应占上风，这是因为简单地考虑问题，导致忽略了行为的道德后果；过分复杂的认知，也将会为道德合理化而铺平道路。换言之，认知复杂性处于中等程度的人，更可能做出道德行为。

综上所述，人并不是仅对环境刺激作出反应的被动个体，而是一个主动的信息探求者。人们对外在世界的感受会受到自己内在世界的制约，即个体内部已有的知识、经验及结构都会对其心理活动以及外部行为产生决定性的影响，由此也造成我们每个人的独一无二。所以"事物"既是由环境提供的，也是由我们自己提供的，我们都是有选择地接受信息并将其统合成一个有意义的整体的，即我们看待事物的方式，而不是事物本身如何，决定着一切。并且，人与人之间也并非简单的"对与错"，而是彼此之间的不同；我们是什么样的人，很大程度上取决于我们如何看待自己，我们相信什么。也因此，我们每个人是唯一可以转变自己概念系统让事情好转的人。

在此还需要指出的是，我们知觉过程的"自下而上"和"自上而下"两种方向的加工，与信访工作也十分相似，因为信访工作的过程也有"自下而上"和"自上而下"两个过程，即"自下而上"的信息采集与呈送、"自上而下"的信息研判与处置。正是这些"自下而上"和"自上而下"过程中的不同"理解"与"选择"，也让我们形成了对于信访活动、信访工作、信访信息、信访制度的诸多不同"认识"与"态度"。如信访领域可能产生的政治参与、权力监督、权利救济作用的区分，信访诉求可能涉及的事实、义务、价值方面的不同认识与判断等。

（二）关于情绪

对于情绪情感，前文"始于过程"中已有过一些介绍。"情绪即意义"，因此情绪的重要性不言而喻。知名心理学家和神经科学家莉莎·费德曼·巴瑞特在《情绪》一书中提出了"情绪建构论"，较为新颖独特，而且与前述认知心理学理论也是相通相合的，因此也有必要专门介绍一下。

"情绪建构论"和"传统情绪观"代表了两种迥然相异的体验世界的方法。总体来说，"传统情绪观"推崇直觉，认为是外界的活动激发了我们内在的情绪反应；情绪是天生的，是与生俱来的，是我们内心独有的、可辨别的。"情绪建构论"则打破了我们对常识的认知，认为是你的大脑构建了你体验到的每件事，包括情绪。而且情绪构建是整个大脑同时作用的结果。简单来说，传统情绪观强调"遗传"，而构建主义强调"环境"。

1. 情绪的生成

情绪建构论认为，情绪变成社会现实需要两种人类能力，它们是形成社会现实的先决条件：一是共识，即需要一群人认可一个概念的存在，这个共识叫作集体意向性；二是语言，即概念的表达。而概念的形成，是我们根据察觉到的线索、过往的经验累积而成的一个产物。

信念即感觉,你是你的体验的建筑师。你利用概念,通过分类,创造了你对物体、行为和事件的体验。而你对外部世界的大多数体验其实源于你的大脑,你感觉到的一切,都是基于你的知识和过去体验。凭借你的大脑从周围物质环境中选择的感觉输入,你构建了你的环境、你的现实。也就是说,你体验到的是你自己构建的一个世界。

情绪即意义,你以前的体验塑造了瞬间感觉的意义,而这个神奇的过程也创造了情绪。也就是说,情绪并不是事实,情绪其实是内心的一种投射。情绪的产生也不是必然的,如果我们的信念发生改变,那么产生的情绪也会随之改变。虽然感觉输入随时随地都在进行,但是感知必然是因为感知者而存在的。因而情绪不是你对世界的反应,情绪是你构建的世界。

我们每个人都是自己体验的建筑师。例如,压力并非源于外部世界,压力实际上是由自己构建的。因此,不管是生物学还是文化,都无法单独起作用;不管是生物决定论,还是文化决定论,都是错的或片面的。如果你改变了今日的体验,你就能改变明日的自己。你知道的概念越多,你能构建的实例越多,你就能更有效地重新分类,来管理你的情绪和调节你的行为。

2. 大脑的合成

从生物性与生理性上看,人类大脑只为唯一的目标服务,"为了生存实力的强大"。或者说,大脑最重要的工作是让个体生存。而人类大部分的思想与行为都需要大脑左、右半球的协同工作。有研究表明,在视觉感知中,左半球通常"看到"细节,而右半球"看到"这些细节如何组合在一起。在言语感知中,左半球"听到"组成句子的单个声音;右半球则"听取"语调(情绪),告诉我们说话者是高兴的、开心的还是讽刺的。

总体来看，人类大脑有五大功能，即运动控制、情绪情感、认知、记忆、思维。人类脑功能组织模式有两个基本准则：分离、整合。人类大脑的各种高级功能，如情绪、记忆、认知等便依赖于功能分离与功能整合之间的动态平衡，其失衡也会导致各种精神障碍的出现。大脑也并非静态的，它可以发生改变，被生活不断地塑造，即经验会塑造大脑。外界刺激使得大脑内某些脑细胞之间的连接更加紧密，而不经常受到刺激的神经通路则逐渐失去连接，由此大脑各个脑细胞之间就形成了这种特定的连接。即形成不同的脑回路，人脑某些功能的退化即是不同刺激的结果。

由此可知，脑回路不是固定不变的，而是随着信息、挑战及环境的变化而变化，这一现象被称为大脑的可塑性。这种可塑性，即脑为了应对新经历而做出变化的能力，虽然在婴儿期和儿童期最为明显，但会贯穿一生。这项研究也告诉我们，脑是一个动态的器官，它的回路不断被修改以应对各种变化。仅仅通过拥有其他新经验，也就可以改变我们大脑的运转方式。

作为人类，我们拥有许多共同的早期经历，例如学习走路、说话、与学校及家庭成员打交道等，因此我们的脑在基本组织上也是相似的。然而，我们也有不同的经历，原因在于成长环境或富有或贫穷、性别是男性或女性、被精心养育或被忽视等，这些经历产生于特定的条件或氛围，塑造着我们的价值观、技能及机会选择。这些差异也可以塑造大脑的神经连接及运作方式。

而且，人脑的结构与功能在整个生命过程中都受到环境的影响。环境的很大一部分是文化——一种由共同的规则、价值观、符号、交流系统和惯例组成的程序——控制着社会、区域成员的行为。因而文化对其成员的符号、态度及生活方式有着深远的影响。还有，体育锻炼是另一种可以促进大脑认知的方法。因而简言之，经历、文化、运动均会塑造我们的大脑。

不过，人类大脑是无法独自创造人类思维的，它需要多个大脑的共同合作。创造一个概念，教给其他人，传递给彼此，将彼此的大脑与社会现实连接起来，这就是社会现实的核心。协同分类是交流和社会影响的基础，词汇则给我们提供了心灵感应的特殊形式；概念也是大脑的主要工具，没有概念，就会出现体验盲区。

大脑的活动模式，也影响着每个人的情绪特质。主管人类情绪的脑组织已经有了上亿年的进化史，而主管人类理智的脑组织只有不足1000万年的发展史，但这并不能证明，人类的理性比情绪更重要。通过科学和严谨的研究证明，情绪对大脑功能及精神生活，都处于中心地位。有心理学家研究，一个人每天要做1万多个决定，95%的决定是由感性作出，5%的才由理性决定，否则大脑会承受不了。也可以说，人类有95%的行动是在无意识中进行的，而大部分的无意识行动都是通过习惯产生的。而即使如此，大脑也每天消耗身体约1/4的能量。

为此，直觉思维也是我们最常用的思考方式，它走的是一种捷径，因为如果我们所有事情都要经过缜密的逻辑思维，不仅大脑处理信息的速度跟不上，可能最终还将因不堪重负而"死机"。行为主义经济学家和进化心理学家也已证明，大多数人类决策基于情绪反应和思维捷径，而非理性分析。奥地利著名动物学家、诺贝尔奖获得者康拉德·洛伦茨所著《人性的退化》为此指出：从脑生理学的解读是，如果间脑（感性）说话，新皮质（理性）就沉默。

我们说，人类大脑的唯一目的就是服务生存，而人类的感性、理性也均产生于这一目的。从进化角度说，情绪对生存安全有重大贡献，如恐惧、不安。为此情绪相当于大脑的一个报警器，可以说"情绪即生存"，因而情绪势力强大；情绪对大脑功能及精神生活也都处于中心地位,并且情绪强化态度,情绪应该有不亚于思想的重要性。

同样从进化角度来说,思维根本上也是为生存服务的,因而理性服务于感性。或者说,理性是对感性的完善,但理性也可调节感性。对主流情绪神经科学的研究则证明,改变大脑活动模式的关键,正是那些支配高级推理活动的区域。因为情绪并非事实,情绪其实是内心的一种投射,情绪的产生也并非必然,因此如果我们的信念发生改变,那么产生的情绪也会随之改变。

可以说,人们心理上的差异,甚至比生理上的差异更大。大脑喜欢根据情绪,而不是根据认知去判断,这个事实是没有争议的。因为大脑边缘系统(感性)的反应速度比皮质层(理性)快得多,这对我们做决策非常重要。就行为而言,大脑总体上有两种模式:①信号→杏仁核→行动;②信号→皮质→杏仁核→皮质→行动。前者是感性模式,后者则是理性模式。皮质层是演化后期才出现的器官,它的处理速度本来就慢。

3. *理论的构成*

情绪建构论指出,内在的脑部运动,从我们出生开始,会一直持续到我们死去。这种活动与外界刺激形成的反应完全不同,它更像是呼吸。并且,在生命中的每一刻,你身体的内部运动和内感受运动一刻都不会停止,它是一个连续的过程。也有科学证据表明,所有的外部感官系统,如视觉、听觉等,都是通过预测来运行的;内感受网络也是通过预测来运行的。也就是说,我们所有的感官系统,均依预测运行,而概念是信息输入、输出的桥梁。你会觉得外界事物导致了你对世界的感知,但实际上,感知扎根于你的预测,然后预测会对那些进入感觉输入的事物进行检测。通过预测和修正,你的大脑不断地创造和修正你对世界的思维模式。

具体来说，情绪由内在模拟、外在表达、生理变化三个要素组成。内在模拟是根本，也最为重要。模拟是人类所有心理活动的默认模式，模拟也是揭露大脑如何创造情绪之谜的关键。感觉上，你的体验似乎是由大脑之外的世界触发的，实际上，你的体验是由连续的预测和校正构成的。词语是你概念的种子，概念推动你的预测，预测调节你的身体预算，而你的身体预算决定了你的感觉如何。

总之，情绪是由我们的大脑构建出来的。当有事件发生时，大脑便会预测出身体会做出何种反应。当身体感觉和外界事件产生共鸣时，情绪就发生了。如果预测不同，那么身体反应也会不同。预测则是对感觉和运动的模拟，将这些模拟结果和外界的真实感觉输入进行对比，如果它们一致，预测就是正确的，这个模拟就变成了你的体验；如果它们不一致，你的大脑也会解决其中的误差。

对于这里的模拟与预测，笔者的理解，因为大脑模拟的连续与不间断，而有持续的"预测"；预测是模拟的产物，也是模拟的工具，建构则是模拟与预测之间的桥梁。概念也是信息输入与感受产生、理解领会的桥梁，词语则是概念的种子。也就是说，感官连续接收信息，内在感受持续产生，大脑模拟及预测不断进行，反应则是"视情而定"。

情绪建构论还认为，建构理论的应用非常广泛，包括应用于记忆、感知、精神疾病，也包括情绪。建构理论既模糊了生理和心理的界限，物理世界和社会环境的界限，还模糊了生物和文化的界限、生物和文化，都是无法单独起作用的。因而建构理论承认，你确实是你自己命运的代理人，但要受周围环境的限制；你的大脑联结，部分取决于你的文化，会影响你以后的选择。

情绪建构论不仅是对情绪如何炼成的这一问题的现代诠释，

同时也代表了一种关于人性的完全不同看法。这种观点和神经系统科学的最新研究一致。可以认为，建构理论融合了达尔文自然选择和总体逻辑思维最新的科学发现成果，其理论的核心则是群体思维。群体思维的基础是变异，而本质论的基础是同一。本质论认为，每个物种都有一个理想模式，每个理想模式都有自己的典型属性（本质是常态），可以把自己和其他物种（每个物种都有自己的本质）区分开来；偏离理想模式被认为是误差或者非主要特性。而群体思维正是与其迥然相反的，既没有什么稳定不变的本质可言，也没有什么固定不变的界限存在。

综上所述，情绪对大脑功能及精神生活都处于中心地位，但情绪是由我们的大脑构建出来的。信念即感觉，你是你的体验的建筑师；情绪即意义，你以前的体验塑造了瞬间感觉的意义并创造出情绪。如果我们的信念发生改变，那么产生的体验与情绪也会随之改变。因而我们就是我们自己命运的代理人，不过也会受到周围环境条件的限制。

还需要指出的是，情绪在信访活动和信访工作中常常占据着主导性地位，但我们需要知道，这些情绪大都是信访人及信访工作人员各自建构出来的。是我们的信念导致了我们的感觉，并形成了我们的不同体验；是我们的体验引发了事物对我们的意义，并创造出我们的不同情绪，而非事物本身如何。因此在信访工作中，我们既需要用心用情履行好自己的职责，也要注意不被情绪所干扰甚至困扰，坚持追本溯源，力求还原真相。

（三）关于人性

人性即人的特性，是人之所以为人、区别一切动物而为人所特有的，也是一切人所普遍具有的各种属性的总和。也可以说，人性是指人本论意义上的人的自然属性、社会属性、精神属性（包括理性和非理性）相统一的人的总体的和一般的性质。

1. 人性的源头

哲学家周国平表示，由于人有肉体和精神两个部分，哲学家们围绕人性发生了无数的争论：一派说，精神是人的本质，所以人是天使；另一派说，人是受肉体支配的，所以人是禽兽。法国哲学家帕斯卡则认为，前者骄傲，后者怠惰，而这两者是人间一切邪恶的根源。也正是由于人是肉体和精神的结合，人就成为与天使和禽兽都不同的一种存在，简言之，人就是人。

还有哲人深刻洞察："没有人性，后果很糟；没有兽性，一切全完。"尽管兽性一直受到谴责，但它却是人类在漫长进化过程中应对各种灾难和风险的经验总结，历经百万年甚至亿万年的时间检验，最终沉淀在人类有机体的基因之中并代代相传，成为指导人类决策和行动的基本算法。人性的奇妙就在于肉体和精神的结合，而这个结合导致的结果却是人性的平凡。

哲学家、思想家李泽厚在《美的历程》一书中也认为[1]，人性是个体中有社会、感性中有理性、知觉情感中有想象和理解，它是积淀了理性的感性，积淀了想象、理解的感情和知觉。在此基础上，依据人类大脑进化理论，笔者甚至还认为，总体来看，人类的意识分化于无意识（包含潜意识），是对无意识的"辅正"；理性分化于感性（或非理性），是对感性的"辅正"；社会分化于个体，是对个体的"辅正"；客观分化于主观，是对主观的"辅正"。或者说，在一定意义上，意识是无意识的产物，也是无意识的工具；理性是感性的产物，也是感性的工具；社会是个体的产物，也是个体的工具；客观是主观的产物（因为是主观区分出了主客观），也是主观的工具。

总之，人性所谓的优缺点，只是同一事物的不同标签；优

---

[1] 李泽厚：《美的历程》，人民文学出版社2021年版，第248页。

点无可置疑、无需多言，而缺点也只是因为不合时宜、不及或过度。这与理性明显不同，即人性是可善可恶的。与此同时，在生物层面，动物的神经系统可视为其生理特征；在环境层面，哺乳动物的中枢神经系统可视为其心理范畴；在人际层面，人类的大脑神经系统则可视为其心智领域。

2. 人性的组成

学者李睿秋在其著作《打开心智》一书中提出大脑的四种基本原理：节能（大脑运作的最基本原理）、稳定（大脑的定位系统）、预测（大脑的导航系统）、反馈（大脑的动力系统）。在此参考其部分观点，笔者概括人类大脑的主要特点是"三原理一机制"，即耗能、节能、稳定三原理及反馈机制。

耗能原理是大脑运行的首要原理，基于万物"生存第一"原则，主要体现为大脑持续不断的模拟与预测。研究也表明，大脑将60%到80%的能量用于模拟与预测。大脑的预测加工理论可以分成两个部分：第一部分是信息输入（自下而上），第二部分是进行预测（自上而下）。大脑每时每刻都在完善自己，我们的一切信息输入和行动输出，都是对它的一种训练，把它往对应的方向一步步推动。我们以为自己看到的世界，实际上并不是真实的世界，而是大脑持续不断预测和修正出来的结果。而资源的"更多占有"也是"生存第一"原则的重要组成部分，与安全并列。主要因为"基因自私"和"生存与繁衍"这一首要目标，因而可以说它是生物"贪性"的体现。

节能原理是基于万物进化第一原则：最小作用量原则。主要表现为"双路径模型"，即大脑对一切决策及行为的处理模式可以分为两种，分别是自动化加工和控制加工。大脑总会倾向于走捷径、抄近道，用最简单的方式去行动，以节省更多的能量和资源，确保我们能更好地趋利避害。大脑的一个基本功能，就是努力地把控制加工转变为自动化加工，以最大程度地节省资源。这是大脑最舒服、最省力的状态，也是大脑最自然的状态。因此会有所谓"直觉主义"以及"理性有限"，这也是生物"惰性"的体现。

稳定原理是大脑的定位系统。大脑总会倾向于维持现状，希望一切是确定的、已知的、可控的，这样才能获得足够的安全感。大脑保持稳定的三条主要原则：①确定性：大脑希望未来是可以根据过往的经验进行预测的，尽量减少模糊和不确定。②一致性：大脑希望接收的信息与内在的心理模型是一致的，尽量减少矛盾和冲突。③适应性：大脑希望我们的生活模式是稳定不变的，一旦发生变化，它就想尽量恢复原状。产生这三条原则最根本的原因也是节能。对大脑来说，生活轨迹保持在基线附近是最好的状态，这也是生物"惯性"的体现。

其中的一致性，还包括预设立场、证实偏见、合理化。预设立场是指我们的行为和认知往往会为我们预设下一个个立场，让我们带着立场去获取信息；证实偏见是指在预设立场的基础上，我们会更容易接受跟立场一致的信息，忽略不一致的信息，从而强化我们的立场；合理化是指一旦我们接触到不一致的信息，我们也会倾向于把它往一致的方向解释，尽可能强化我们的立场。一旦你持有某个立场，带着立场去看待问题，很可能就再也没办法从中走出来了，因为你的一切行为，都在把你推向这个立场的更深处。这就是认知一致性的陷阱，因为对大脑来说，承认"我错了"是一件非常痛苦的事情。

反馈机制是大脑的动力来源。大脑会有两种最底层的天性，即趋利、避害。大脑以完成任务、获得奖励的方式来不断强化我们的行动，为我们提供动力，让我们知道什么事情是可以做、应当做的。也可以把大脑的奖励细分成两部分：一部分是快感，也就是快乐、开心和愉悦感；另一部分是动机，也就是让我们"更加想要做某件事"的冲动。因此，快感、动机是大脑反馈的主要内容。

对于人类大脑的"三原理一机制"特点，总体来看，"稳定"是"耗能"与"节能"之间的平衡点，也是两者之间的桥梁与纽带，"耗能"与"节能"均经"反馈"而至"稳定"，因此习惯的作用举足轻重、相对稳固。习惯的本质就是一整套自动化加工的结果，习惯之所以难以改变，就是因为它是自我巩固的，越用越强，越强越用。大脑的这些特点是百万年来人类生存、进化的必然选择，但这些特点也具有两面性，导致了人性的三大弱点，即与"耗能"相关联的"贪性"、与"节能"相关联的"惰性"、与"稳定"相关联的"惯性"。

需要说明的是，事物总是辩证的。所谓贪性的坏与好，面对争夺时是坏的，面向发展时则成好的。同样，惯性在面对变化时是坏的，而面向规则时是好的；惰性在面对进取时是坏的，而面向节能时是好的。特别是数千年来，社会努力抑制个人欲望，以使欲望达到某种平衡，让社会和谐，贪婪被认为是件"坏事"；而现代社会在努力激发个人的欲望，让人们追求更多，助力增长，使贪婪反而成了一件"好事"。当下人们对于利益的"斤斤计较"，也就变得更加"顺理成章"了。

3. 人性的配方

马克思说过："人们自己创造自己的历史，但是他们并不是随心所欲地创造，并不是在他们自己选定的条件下创造，而是在直接碰到的、既定的、从过去承继下来的条件下创造。"[1] 哲学家康德也认为："人类特性是这样一种特性：他们（作为一个人类整体）被集体地看待，是那些个人相互继承与共存的

---

[1] 马克思：《路易·波拿巴的雾月十八日》，《马克思恩格斯选集》第1卷，人民出版社2012年版，第669页。

一个群体，这些个人不能脱离共同的和平共处，但同时却不可避免地处在经常的相互对抗之中。"苏轼在《观过斯知仁》中也有描述：人之难知也，江海不足以喻其深，山谷不足以配其险，浮云不足以比其变。所以心理学大师阿德勒有名言："真正的成熟，不是看懂事情，而是看透人性。"

综上所述，世上最难抵抗的力量是普遍的人性。人性的普遍特征是：能够通过某种方式为自己逃避不利事实时，总是会逃避；能够通过某种方式为自己赢得有利状态时，也不会错过。即人人都想着趋利避害。而归根结底，人性的根本所在则是需要及其满足。因而我们可以说，核心在人性。

那么，人性有"配方"吗？有哲人认为，人性与生俱来的三个要素：表达需求、维护权益、争取自由。它们主要体现为个体角度的欲望、占有、自由。或者说是：我要……，我的……，我不……。不过这还不完整，还必须要加上社会要求其成员的三个要素，那就是：保持耐心、需要分享、遵守秩序。它们主要体现为群体角度的忍耐、分享、秩序。或者说是：可能……，合作……，规则……。这才构成完整的人性配方。其中所体现的"人性与秩序"，也正是社会学的核心命题。

心理学大师西格蒙德·弗洛伊德认为：没有一个没有理智的人，能够接受理智。并且，有什么样的理性，便会确认什么样的合理性；有什么样的合理性，也会要求有什么样的理性与之相适应。哲学史家陈来在其所著的《中华文明的核心价值》中提出，中华文明有四大价值偏好：责任先于自由、义务先于权利、社群高于个人、和谐高于冲突。为此，在面对信访矛盾与纠纷时，我们需要关注人性的特征、人性的能量，通过政治的、法律的、政策的以及传统价值理念的及时有效反馈，坚持和守护好完整的人性配方。

下篇 / 信访工作是领会的产物 也是领会的工具

前文说过,信访是"需要—表达—呈现"的过程统一体,那么,信访工作则是"需要—领会—呈现"的过程统一体。其中"领会—呈现"主要涵盖信访工作、信访事项,可视为信访工作"产物"的范畴;而"需要—领会"主要是信访工作的宗旨和目的,亦是以信访工作为"工具"的。为此我们也可以说,信访工作既是领会的产物,也是领会的工具。而领会是指领悟、理解,即领略事物而有所体会,那么领会的过程也就必然离不开心理因素。

Ⅰ 信访工作是领会的产物

想要说清楚"信访工作是领会的产物",就需要分别从信访工作的"演变""领会"和"属性"着手。为此本篇章也由三个部分组成:信访工作的演变、信访工作的领会、信访工作的属性。

(Ⅰ)信访工作的演变

在《透视》一书中,笔者曾尝试结合"自我心理学之父"美国艾里克森提出的人格社会心理发展理论,参考专家学者的有关论述,对我国信访工作及其制度的百年发展,做出人格化视角的梳理与分析。在此简要做个概述。

信访工作之婴儿前期,对应于我们党的信访工作的初期萌芽,时间大致从建党伊始到新中国成立前。因为群众路线的指引、领导人的亲力亲为,我们党的信访工作在此阶段取得了建立信任、消除疑虑的良好成效,也让人民群众对我们党满怀希望和期待。

信访工作之婴儿后期,对应于我们党的信访制度的创建期,时间大致从新中国成立伊始到信访制度正式建立。由于党和政府专职信访工作机构的出现,和作为国家政权建设组成部分的信访制度的创立,信访工作更多地承担了动员群众、纠正偏差、化解矛盾及解决诉求等角色,信访工作的"自主感"明显增强,并形成了自己的"联系群众""监督政府"等"意志"品质。

信访工作之幼儿期,对应于我们国家信访制度的探索期,时间大致从"五一决定"到"五七指示"。因为信访制度被正式确立为国家制度,县级以上机关普遍建立信访工作机构并配备人员,也制定了各级党委和政府机关信访工作办法,还对一些"信访乱象"进行了规范,信访工作的"主动感"得到极大增强,领导干部、工作机构、主管部门也形成了"高度重视""归口交办""妥善处理"等"目标"品质。

信访工作之儿童期,对应于我们国家信访制度的发展期,时间大致从"五七指示"到"文革"之前。因为信访形势和任务有了重大变化,党中央和国务院开始强调处理信访即解决信访问题,是各级国家机关的一项经常性政治任务,并将其列入本机关领导的议事日程,使信访工作的"勤奋感"得到凸显,也促使信访工作解决问题的"能力"品质有效形成。

信访工作之青少年期,对应于我们国家信访制度的重建期,时间大致从"文革"开始到改革开放初期。"文革"期间信访制度遭到严重破坏,在此阶段后期信访工作则被作为一种非常规方式,平反了大量冤假错案;信访工作及其制度的政治性质也开始出现变化,被主要用来表达个人问题或利益诉求,需要重新建立信访制度的"角色认同感"。

信访工作之成年早期,对应于我们国家信访工作及其制度的"跨越期",时间大致从中办和国办信访局合并到党的十八大召开。随着改革的深化和利益格局的调整,社会矛盾大幅增加,维护安定团结成为信访工作的核心主题;信访工作也由"秘书型"向"职能型"转变,从"问题发现机制"僭越为"问题解决机制",需要找回信访工作及其制度的"亲密感"。

信访工作之成年中期,对应于我们国家信访制度的改革期,时间大致从党的十八大开始并将持续较长一段时间。初观这一阶段的信访工作及其制度，已显示出建立"关心"的品质、"不惑"的特点等，以克服信访制度的"停滞感"。

由上述可知，对于我们党来说，群众"信访"从建党伊始就有了。不过当时我们党并未设立专门的"信访工作"或者机构，大都是由领导同志亲力亲为，亲自接待处理群众来信来访。而对于我们国家来讲，群众"信访"当然是新中国成立后才有的。又因为新中国成立后群众的"信访"量大了，中央领导同志自己处理不过来，才开始逐步设立专门的"信访工作"机构。还需要说明的是，即使设立了"信访工作"的专门机构，但当时也不是叫"信访工作"，而是群众来信、来访的处理工作。

根据2019年国家信访局舒晓琴主编《中国信访制度研究》的表述："信访"一词，是新中国成立后在处理人民来信来访工作的长期实践中逐步形成的。1963年12月，国务院秘书厅发布《信访档案分类办法》，在中央国家机关内部文件较早使用"信访"一词。1971年，《红旗》杂志刊登《必须重视人民来信来访》一文，首次公开把人民来信来访称为"信访"、处理人民来信来访工作称为"信访工作"。为此，讨论我国信访工作的演变，可以从新中国成立初期开始。大致分成三个阶段，即新中国成立初期、实行改革开放后、党的十八大以来。而从这些演变，我们即可看出当时各级、各方面，对于信访工作不同"领会"的端倪。

一、新中国成立初期

1949年新中国成立伊始，广大人民群众怀着对新生政权的极大信任和热情，通过写信和来访的方式反映各种问题，积极参与到国家的管理和建设中，信访数量因而迅速增多。而且较为明显的特点是，参政议政性质的建议类来信比重较高，占到总数的30%左右。与此同时，由于战争刚结束，一大批在战争中有功劳的人或烈属，需要解决生活困难，或者要求达到相应规格的待遇等，即求决类诉求在来访中的比重也很高。可以说，在新中国成立后，广大人民群众的心理需要由此发生了一些重大变化，导致信访数量迅速增多，而且诉求事项也有着明显的时代特点。

党中央从西柏坡迁至北京后，因为信访数量增大，中央书记处开始设专人办理人民来信来访；后又设立政治秘书室，主要任务也是处理人民来信来访。这是我们党最早的"信访工作"专职机构。1950年初，中央书记处政治秘书室撤销，另设中央办公厅秘书室，处理人民来信仍是其主要任务之一。到了1951年3月，政务院（1954年9月改称国务院）秘书厅也成立了人民信件组，专门办理人民来信。这也可视为我国行政机关最早的"信访工作"专职机构。可以说，党中央、政务院是根据信访形势发展变化的客观需要，开始设立"信访工作"专职机构并配备相应工作人员。

1951年5月16日毛泽东同志就信访工作作出了重要的"5月批示"，即"必须重视人民的通信，要给人民来信以恰当的处理，满足群众的正当要求，要把这件事看成是共产党和人民政府加强和人民联系的一种方法，不要采取掉以轻心、置之不理的官僚主义的态度。如果人民来信很多，本人处理困难，应设立适当人数的专门机关或专门的人处理这些信件。如果来信不多，本人或秘书能够处理，则不要另设专人"。正因为新中国成立后有的领导同志不够重视人民信访，或者是忽视了处理信访的重要意义，或者是因为信访太多、处理不过来，毛泽东同志才作出了"5月批示"，强调处理信访是领导同志的一项工作。

1951年6月7日政务院颁布《关于处理人民来信和接见人民工作的决定》，即"五一决定"，成为新中国信访制度正式创立的标志。也因为群众"个性化"信访比重明显上升，需要基层逐一调查核实、具体办理落实，在"五一决定"的推动下，1952年以后县级机关普遍建立信访工作机构，并配备专、兼职信访干部，信访工作的重心开始逐渐下移。

1956年前后，由于政治运动等因素，全国所有地区、所有部门的信访都出现大幅度增长，并且来访的增幅大于来信。而群众信访反映的问题有很多是国家一时解决不了的，许多信访人由此便滞留北京，并采取了一些过激行为。很多人因写信无法解决问题，就上访；一次上访不解决，就多次上访、反复上访甚至滞留上访，从而形成恶性循环，导致信访大量增多。

1957年5月，中共中央办公厅和国务院秘书厅联合召开处理人民来信来访工作会议（即后来所称"第一次全国信访工作会议"），会议通过了《中国共产党各级党委机关处理人民来信、接待群众来访工作暂行办法》以及国务院《关于加强处理人民来信和接待人民来访工作的指示（草案）》两个文件。文件中第一次把信访看作是群众的民主权利，信访工作也被正式纳入到法规制度体系之中。

此次会议也探讨了信访工作中的两个重要问题：领导问题与认识问题。会议认为：①信访问题就是领导问题，因此领导的重视非常重要，确定各级信访工作机构都由一把手直接领导；并且从事信访工作的同志也很容易得出一个共识，领导的重视是信访工作的关键，领导重视的一个具体表现也被固化为后来的"领导接见群众来访日"。②认识问题即对信访问题的重视程度的认识，认识不到位，本质上就属于不作为；提高认识就是要积极认识信访工作的重要地位,加强信访工作,克服和消除官僚主义的影响。

此次会议结束不久,国务院于1957年11月发布了《关于加强处理人民来信和接待人民来访工作的指示》,即"五七指示",标志着信访制度作为一项国家制度的政治地位正式确立。"五七指示"强调了组织上"领导高度重视"的政治原则,推动了信访工作机构和工作人员的专职化,并且肯定了"归口交办"的工作原则。

1963年9月,《中共中央、国务院关于加强人民来信来访工作的通知》,进一步明确了信访的功能,强调处理信访是各级国家机关一项经常性的政治任务。国务院秘书厅整理并于1963年颁布各地试行的《国家机关处理人民来信和接待人民来访工作条例(草稿)》,也对开展信访工作的指导思想、组织制度和业务流程等作了详细论述和规定。

由此,一方面,因为信访形势和任务有了重大变化,党中央和国务院开始强调处理信访即解决信访问题,是各级国家机关的一项经常性政治任务;另一方面,强调地方上级"多办少转"、县级"只办不转",因而信访工作的办理责任更多地落到地方的县级以及相关职能机关,改变了以往信访工作主要走"高层路线"的格局。特别是1957年前后、后来被理论界称为我国首个"信访洪峰"的出现,个体进行权利救济的作用日益突出,因此把解决信访问题更多地纳入了信访工作的范畴。

"文革"时期,党的各级组织普遍受到冲击、近于瘫痪,也直接影响了信访工作的开展。为了解决日益严重的信访问题,1978年9月召开了第二次全国信访工作会议,拨乱反正,恢复正确的信访工作方针和组织制度设置。由此在1979年至1981年,出现了新中国成立30年来从未有过的来信数量最多、上访人数最多等现象，创下了来信数量、来访数量、处理信访问题工作人员数量的"三量之最"。

总体来说，在新中国成立初期的近30年，即在1978年以前，国家关于信访工作的基本取向，是将其建设成一种激发民众参与国家主导的政治斗争、政治运动的社会动员机制。这样一种信访工作取向，使信访制度的发展与政治运动之间的联系十分密切。有学者就指出，与政治运动的紧密关联，对信访制度的发展具有正反两个方面的作用。从积极的方面来说，正是借助于政治运动的强大势能，信访制度才得以迅速从无到有、从上到下、从点到面地建立起来，短短几年之间就确立为国家制度的政治地位；从消极的方面来说，与政治运动的紧密联系，也使信访制度建设受到政治运动的严重干扰，并导致信访工作中社会动员取向片面发展，造成国家的社会动员需要与群众利益诉求需要之间的矛盾。

二、实行改革开放后

改革开放后，国家的政治生活逐步民主和健康，中央提出社会综合治理等宏观政策，信访工作被纳入综合治理系统，安定团结成为信访工作的核心主题，信访功能定位也转到为经济建设和改革开放服务中来。

1982年2月，第三次全国信访工作会议召开，再次提出信访工作的政治性质和"信访是民主权利"等观点。同年4月，中央办公厅、国务院办公厅印发《党政机关信访工作暂行条例（草案）》，明确了"分级负责、归口办理""依法办信访""件件有着落、有结果"的原则，规定了县级以上各级党政机关都必须设置信访工作机构，使信访工作具有了约束力和强制力。

随着我国的工业化、信息化、城镇化、市场化、国际化等加快推进，经济体制、社会结构、利益格局、思想观念等巨大转变，社会矛盾大幅增加，热点、难点、焦点问题增多，信访工作也遇到了许多新情况、新矛盾、新问题。

1985年2月，中央修订并颁发《中央各部门归口分工接待群众来访办法》，以正式文件明确划分责任主体和分流系统，对推动信访事项的快速有效解决起到重要作用。也由此，信访工作的政治性质开始出现变化，信访被群众主要用来表达个人问题或者利益诉求。信访工作也由设立初期的"秘书型"向"职能型"转变，即着力推动信访问题快速处理。如果进一步细分，信访工作先后经历了从"秘书型"到"专职型"、从"高层型"到"各级型"、从"信息型"到"解决型"、从"解决型"到"职能型"等不同转变，也逐渐远离了其原先的领导工作的组成部分。

1995年10月，新中国成立后的第一部严格意义的信访行政法规《信访条例》发布。制定的目的是"为保持各级人民政府同人民群众的密切联系，保护信访人的合法权益，维护信访秩序"。国务院《信访条例》的颁布实施是信访工作及制度法制化、规范化和程序化的重要进展，也结束了信访活动无法可依的状况。2005年1月，该条例进行了修订。

2006年10月，党的十六届六中全会对信访工作提出了"统筹协调各方面利益关系，妥善处理社会矛盾"等新的更高要求，并确立了信访工作在构建和谐社会中的基础性地位。

2007年3月，《中共中央、国务院关于进一步加强新时期信访工作的意见》出台，强调信访工作要以切实维护群众合法权益、及时反映社情民意、着力促进社会和谐为目标，构建信访工作新格局新秩序，推进信访工作制度化、规范化和法制化，促进信访工作重心下移、关口前移。

2008年6月，监察部、人力资源和社会保障部、国家信访局联合下发《关于违反信访工作纪律处分暂行规定》。同年7月，中央纪委下发《关于违反信访工作纪律适用〈中国共产党纪律处分条例〉若干问题的解释》，从制度层面强化了信访工作责任。

此时，信访工作及其制度的主要作用已非"政治参与、权力监督"，或者"纠正工作偏差、促进工作改善"，或者作为领导的"参谋助手"，而是直接参与到社会治理。但片面强调信访工作的作用，并依靠领导策略解决问题，也给群众以错误引导，使群众寄希望于领导效应，动摇了司法权威和法律尊严，也使信访工作逐渐超越群众工作属性，僭越"职权法定"原则并不堪重负。

三、党的十八大以来

进入新时代，党的十八大确立了"全面推进依法治国"法治新思维。党的十八届三中全会要求"改革信访工作制度"；党的十八届四中全会进一步要求"把信访纳入法治化轨道，保障合理合法诉求依照法律规定和程序就能得到合理合法的结果"。从2013年开始，信访工作及制度着手进行了一系列重大改革，如2016年10月中共中央办公厅、国务院办公厅印发《信访工作责任制实施办法》、2017年9月中共中央办公厅、国务院办公厅出台《关于进一步加强信访法治化建设的意见》等。

作为新时代信访工作及制度改革的标志性成果，全面规范信访工作的首部党内法规《信访工作条例》（同时也是行政法规）于2022年颁布施行，对进一步规范和加强新时代的信访工作具有里程碑意义。《条例》明确了信访工作的五条主要原则，即坚持党的全面领导、坚持以人民为中心、坚持落实信访工作责任、坚持依法按政策解决问题、坚持源头治理化解矛盾。强调构建党委统一领导、政府组织落实、信访工作联席会议协调、信访部门推动、各方齐抓共管的信访工作新格局,实现了信访工作的全覆盖。对于群众的信访诉求,《条例》要求区分建议意见、检举控告、申诉求决等不同类别分类处理,并按照相关法律法规将申诉求决类信访事项分别导入不同途径处理,即"法定程序""仲裁程序""党内程序""行政程序""履职程序""信访程序"等六种途径。

对于转型期的中国而言,社会矛盾不断涌现,衍生出一系列社会问题,比如贫富差距加大、人际关系淡薄、容易以自我为中心、唯利是图等。而内心的自律、公认的伦理、自我的约束、社会的道德等,都是极为重要的品质,但随着现代化及高度理性社会的扩张,这些基本的素养也正在慢慢消失。

有学者就指出,新中国成立以后,我国社会努力追求平等,强调集体主义,但是活力不足;改革开放后,社会进入个体化过程,激发个体活力,关注主体利益,价值理念多元;市场化改革后,社会普遍崇尚效率,追求高速高效,竞争意味凸显,鼓励个体消费,社会分层分化。特别是我国社会主义从计划经济向市场经济的迈进,使国人的价值观悄然发生了转变:一方面,与市场经济同时生长起来的时间观念、效率观念、流动意识、竞争意识、公平观念甚至全球意识愈加彰显,同时竞争的持续与加剧也导致了弱势心态的产生;另一方面,在理想主义精神消失、价值观变得越来越多元的同时,生活世界的世俗化和功利化倾向日益明显。而自利也导致了个体的原子化倾向,个人主义开始大行其道。

群众的信访活动也先后出现明显变化,如信访主体,即谁在信访,由底层群体扩展到中层阶层;表达方式,即如何信访,由自下而上扩展到自内而外,如媒体、上网等;诉求主张,即为何信访,由经济利益扩展到社会权利,从温饱到环保,从生活到生态。而关注利益、崇尚效率、分层分化，个体性、群体性利益诉求、矛盾冲突必然大幅增多，法律与法治也必然成为需要坚守的底线。

综上所述，从时间角度看，我国的信访工作由无到有，由全到分，由分到统，即从党中央为主到各类职能系统分管负责，再到各级各职能部门各负其责，再到强化党对信访工作的全面与统一领导。从空间角度看，信访工作由大到小，由远到近，由粗到细，即从政治问题为主到社会矛盾纠纷，再到个体日常诉求，再到依法分类处理；从长远性的政治发展为主，到阶段性的社会矛盾冲突，再到即时性的个体诉求问题等。

（Ⅱ）信访工作的领会

如果说表达是信访活动的关键，那么领会则是信访工作的关键，领会而来的信息及其处置也是信访工作的主要任务。并且，"领会"可视为"表达"与"回应"之间的桥梁，而"倾听"可视为"表达"与"领会"之间的桥梁。

对于信访，理论界、实务界有着诸多不同领会。如视角层面，表面看，信访是一种现象或者行为，带有负向性，矛盾纠纷是其核心；深层看，信访是矛盾冲突的一种反映，利益主张的一种博弈；立体看，信访是一个领域、是一面镜子、是一种服务等。

如认知层面，信访是一种需要，具有趋利性和求助性；信访是一种权利，具有法定性和政治性；信访是一种现象，具有时代性和社会性；信访是一种交流，具有排斥性和互补性；信访是一种矛盾，具有对立性和同一性等。

如选择层面，信访是政府与群众的双边代理角色，是对公与对私的正向、负向的不同激励，是代表公民权利、公共权力的复合监督，有政治、行政、社会、法律、文化等不同色彩，以及有政治、法律，或者政治参与、权力监督、权利救济，或者互动制衡、信息传输、权益救济、社会管理、社会监督、社会控制的不同作用等。

对应于信访的不同领会，由于视角的不同、选择的不同、认知的不同，也会形成对于信访工作的不同领会。

一、领会的视角因素

我们领会信访工作，可有三种不同视角，即功能视角、主体视角、客体视角。

（一）功能视角

基于信访的本质是干群之间通过言语的交流互动，信访的功能主要是联系、表达和信息，因此从功能的角度，信访工作大致可有三类领会：

其一，信访工作可领会为干群关系的紧密。信访工作被誉为"党和政府联系群众的桥梁"。作为处理群众来信来访的信访工作，其首要的功能就是加强党群、干群之间的联系。正如毛泽东同志的"5月批示"所强调的，"要把这件事看成是共产党和人民政府加强和人民联系的一种方法"。而且，也只有加强党群、干群之间的联系，才可能实现党群、干群关系的紧密，干部群体也才可能得到群众更多的信任。因此信访工作可领会为紧密干群关系的一种重要方法、一种重要途径。这也应是毛泽东同志"5月批示"所体现的重要领会。

其二，信访工作可领会为群众表达的倾听。信访工作也被誉为"倾听群众呼声的窗口"。信访领域的言语包括"写、说、读、听"，其中群众的信访活动主要是"写、说"，对应的信访工作则主要是"读、听"，即对群众信访表达的倾听，以了解群众的思想与感情。

其三，信访工作可领会为群众信息的获取。信访工作还被誉为"体察群众疾苦的重要途径"。群众通过信访活动，把自身所遇到的或者认为的"疾苦"事项反映出来。干部通过信访工作来知晓、掌握群众的"急难愁盼"信息，并通过相应的或者全覆盖、全过程的职能工作，及时向群众提供必需的、可行的帮助。

（二）主体视角

信访工作的基本定性是群众工作，是党和政府群众工作的重要组成部分。而群众工作的主要特点是循环往复、无休无止。因此从主体的角度，信访工作也大致可有三类领会：

其一，信访工作可领会为领导性工作。群众路线是我们党最根本的领导方法和工作方法，也是我们党的生命线和最根本的工作路线。作为群众路线重要体现的信访工作，当然可视为领导工作的组成部分，或者说是领导的方法、领导的工作方法。而且"从群众中来，到群众中去"是我们党在政治实践中贯彻和坚持实事求是思想路线的最重要、最典型体现，必须始终贯彻与坚持。

其二，信访工作可领会为基层性工作。绝大多数群众工作在基层，基层工作主要就是与群众打交道的，群众工作也是基层工作的主体。作为群众工作重要组成的信访工作，当然也可视为基层工作的重要部分，因为基层工作大都是需要直面群众的，也是基层工作所回避不了的。基层工作是领导工作必需的坚实基础。

其三，信访工作可领会为职能性工作。群众工作离不开满足群众合法合理的要求，因为做好群众工作的前提是切实解决好群众对于切身利益的关切。而解决好群众的切身利益问题，离不开各职能机构切实履行好自身的工作职能，包括立法、执法、司法、监察等所有领域。因此,作为群众维护自身利益重要窗口的信访工作,当然也可视为职能性工作的一个必然构成,特别是所有行政机关的依法行政、依法履职。

(三)客体视角

信访工作的主要定位是服务群众,是群众信赖、依赖党和政府的具体体现。而服务群众的主要内容便是"想群众之所想,急群众之所急,帮群众之所需"。因此从客体角度,信访工作可领会为群众诉求的解决。

其一,信访工作可领会为解决群众的合法诉求。法律面前人人平等,无疑法律也应当平等保护每一个体的合法权益。因此,作为党和政府信访工作的组成部分,不管是执法机构,还是司法机构,均应当或者必须及时妥当解决好、处理好群众信访反映的合法诉求。

其二,信访工作可领会为解决群众的合理诉求。黑格尔说过,存在即合理。恩格斯也说过,合理的也应当成为现实的。不过这个"理"有大道理与小道理之分。毛泽东同志就曾强调:事情有大道理,有小道理,一切小道理都归大道理管着。此外,道理还有整体道理与局部道理之异,长远道理与眼前道理之别,本质道理与表面道理之争。也常会有虽合理但不合法等现象,为此在信访工作中需要谨慎权衡考量。

其三,信访工作可领会为解决群众的合情诉求。每一个体都会有情绪,情绪是个体常有的生理反应,情绪也是需要关系的反映。领导机关和立法机关、执法机关、司法机关、监察机关在行使权力的过程中无疑应当考虑广大群众的情绪、情感,因为民心是最大的政治,民心向背是最重要的政治考量,法律的权威也是来自老百姓共同的情感期待。

但是,没有两个人的情绪影响因子会完全一样,也没有两个人的情绪结果呈现会完全相同。甚至同一个体面对相同的事物，在不同的时间，或者不同的空间，也会产生不同的情绪。而信访工作的具体实践也一再提醒我们，不要单纯"感情用事""意气用事"，而是要共同努力维护好整个社会的公平正义，维护好整个社会的稳定有序。

二、领会的选择因素

从宏观层面回看信访工作实践的大致历程，在不同的历史时期，在不同的现实条件，在不同的工作层面，往往也会有不同的领会与选择。

（一）新中国成立初期

新中国成立伊始，因为广大人民群众对新生政权的极大信任和热情，积极参与到国家的管理和建设中，信访数量迅速增多。参政议政性质的建议类来信比重较高，而求决类诉求在来访中的比重也很高。为此，党中央和政务院的"信访工作"专职机构先后设立。

1950年11月，中共中央办公厅秘书室就处理群众来信的情况给毛泽东同志写了一份报告。报告建议加强对群众来信处理工作的组织领导，并建立规范的制度。毛泽东同志对此高度重视，次日即以中央名义将此报告批转各中央局、分局，并转所属各大市委、省委、区党委，"我们同意报告中所提意见，请你们对群众来信认真负责，加以处理，满足群众的要求。对此问题采取忽视态度的机关和个人，应改正此种不正确态度。望加检讨，并盼电复。"[1] 这个批示就体现出毛泽东同志对于

---

[1] 刁杰成：《人民信访史略》，北京经济学院出版社1996年版，第31-32页。

群众信访意义的深刻领会和态度要求。

刘少奇同志1951年2月在北京市第三届人民代表会议上的讲话中也要求，"各级人民政府和协商委员会要建立专门的有能力的机关来适当处理人民向政府所提出的每个要求，答复人民的来信，并用方便的办法接见人民。这样，使各级人民政府密切地联系人民，切实地为人民服务，而广大的人民也就可以经过各级人民代表会议和人民政府来管理自己的事务和国家的事务。"[1]这段讲话也体现出刘少奇同志对于群众信访功能、作用的领会。

1951年5月，针对信访形势和任务的发展变化，毛泽东同志就信访工作作出了重要的"5月批示"，即"必须重视人民的通信，要给人民来信以恰当的处理，满足群众的正当要求，要把这件事看成是共产党和人民政府加强和人民联系的一种方法，不要采取掉以轻心、置之不理的官僚主义的态度。如果人民来信很多，本人处理困难，应设立适当人数的专门机关或专门的人处理这些信件。如果来信不多，本人或秘书能够处理，则不要另设专人。"[2]这个批示更加全面地体现出，毛泽东同志就群众信访对于领导工作的重要性、功能性的深刻领会。

1956年前后，因为政治运动的深入开展，全国所有地区、所有部门的信访都出现大幅度增长，并且来访的增幅大于来信。而群众信访反映的问题有很多是国家一时解决不了的，许多信访人由此便滞留北京，并采取了一些过激行为，如到中南海区域纠缠，拦阻首长、外宾的汽车等。很多人因写信无法解决问题，就上访；一次上访不解决，就多次上访、反复上访甚至滞留上访，

---

[1] 刁杰成：《人民信访史略》，北京经济学院出版社1996年版，第32页。
[2] 刁杰成：《人民信访史略》，北京经济学院出版社1996年版，第32页。

从而形成恶性循环，导致信访大量增多。这里所体现的，是少数信访群众对于信访工作的领会。他们认为信访工作就是应该为他们解决问题的，如果不解决，他们就采取过激行为、施加压力。

1957年5月，中共中央办公厅和国务院秘书厅联合召开处理人民来信来访工作会议，会议通过了《中国共产党各级党委机关处理人民来信、接待群众来访工作暂行办法》以及国务院《关于加强处理人民来信和接待人民来访工作的指示（草案）》两个文件，第一次把信访看作是群众的民主权利，信访工作也被正式纳入法规制度体系之中。这里所体现的领会，"信访"是群众的民主权利，"信访工作"也需要纳入法规制度体系、需要维护正常秩序。

并且，此次会议也探讨了信访工作中的两个重要问题：领导问题与认识问题。会议认为，信访问题就是领导问题，因此领导的重视非常重要，领导的重视也是信访工作的关键；认识问题即对信访问题重视程度的认识，认识不到位本质上就属于不作为，提高认识就是要积极认识信访工作的重要地位，加强信访工作，克服和消除官僚主义的影响。这里所体现的领会主要是，领导重视是信访工作的关键，加强信访工作可以防止官僚主义。

此次会议结束不久，国务院于1957年11月发布了《关于加强处理人民来信和接待人民来访工作的指示》，即"五七指示"。一方面，正式确立了信访制度及其工作的政治地位，并强调了"领导高度重视"的政治原则；另一方面，推动了信访工作机构和工作人员的专职化，并肯定了"归口交办"的工作原则。这里所体现的领会是，信访工作有着重要的政治特质，信访工作也需要专职化及归口交办。

1957年以后，全国信访形势又发生新的重大变化：一是前期打击报复现象日益严重,导致群众信访大幅下降;二是后期经过整顿纠正,有关个人问题的申诉急剧增多。主要原因在于1957年的"反右"斗争扩大化,以及随后的"大跃进"等政治运动,造成干群关系、党群关系急剧紧张。为了缓和紧张关系,加强信访工作又被提上党和国家的政治日程。这里所体现的领会是,因为涉及地方的政治表现及官僚主义问题,群众的信访活动可能会受到基层干部的粗暴压制及打击报复,而做好信访工作能够有效缓和、及时改进党群、干群关系。

1963年9月,中共中央和国务院形成《关于加强人民来信来访工作的通知》,进一步明确了信访的功能,强调处理信访是各级国家机关一项经常性的政治任务。国务院秘书厅整理并于1963年颁布各地试行的《国家机关处理人民来信和接待来访工作条例(草稿)》,也对开展信访工作的指导思想、组织制度和业务流程等作了详细论述和规定。这里所体现的领会,信访工作是各级国家机关的经常性政治任务,并且需要制定明确的工作规范。

由此,一方面,因为信访形势和任务有了重大变化,党中央和国务院开始强调处理信访即解决信访问题,是各级国家机关的一项经常性政治任务;另一方面,强调地方上级"多办少转"、县级"只办不转",因而信访工作的办理责任更多地落到地方的县级以及相关职能机关,改变了以往信访工作主要走"高层路线"的格局。这里所体现的领会主要是,信访工作需要解决信访问题,使得信访工作的范畴明显扩大,并且信访工作的办理责任也更多地落到县级。一方面,因为县级才可能更深入更具体地对群众的每个诉求进行调查核实;另一方面,也因为"向下推"是更容易更便利的选择。

"文革"时期,党的各级组织普遍受到冲击近于瘫痪,也直接影响了信访工作的开展。总体来说,在 1978 年以前,国家关于信访工作的基本取向,是将其建设成一种激发民众参与国家主导的政治斗争的社会动员机制。这里所体现的总体领会是,信访工作与政治环境、政治运动联系密切。

(二)改革开放后

改革开放以后,国家的政治生活逐步民主和健康,中央提出社会综合治理等宏观政策,信访工作被纳入综合治理系统,安定团结成为信访工作的核心主题,信访的功能定位也转到为经济建设和改革开放服务中来。

1982 年 2 月,第三次全国信访工作会议召开,再次提出信访工作的政治性质和"信访是民主权利"等观点。同年 4 月中共中央办公厅、国务院办公厅印发《党政机关信访工作暂行条例(草案)》,明确了"分工负责、归口办理""依法办信访""件件有着落、有结果"等原则,规定了县级以上各级党政机关都必须设置信访工作机构,使信访工作具有了约束力和强制力。这里所体现的领会主要是,信访是民主权利,信访工作有政治属性,信访工作需要依法、分级、归口,以及每件都应有着落与结果;而且,信访工作需有约束力和强制力,县级以上各级党政机关也均须设置信访工作机构。

1985 年 2 月,中央修订并颁发《中央各部门归口分工接待群众来访办法》,以正式文件明确划分责任主体和分流系统,对推动信访事项的快速有效解决起到重要作用。信访工作则由设立初期的"秘书型"向"职能型"转变,即着力推动信访问题快速处理。这里所体现的领会主要是,信访工作由领导干部的"秘书型"转向"职能型",即分流和推动信访问题的处理。

1995 年 10 月,新中国成立后第一部严格意义的信访行政法规《信访条例》发布。制定的目的是"为了保持各级人民政府同人民群众的密切联系,保护信访人的合法权益,维护信访秩序"。该条例的颁布实施是信访工作法制化、规范化和程序化的重要进展,也结束了信访活动无法可依的状况。这里所体现的领会,信访工作的任务是保持政府与群众的联系、保护信访人的合法权益,信访工作也需要法制化、规范化、程序化。

2006年10月,党的十六届六中全会对信访工作提出了"统筹协调各方面利益关系,妥善处理社会矛盾"的新要求,并确立了信访工作在构建和谐社会中的基础性地位。这里所体现的领会,信访工作的任务是统筹协调各方面利益关系、妥善处理社会矛盾,信访工作的定位则是构建和谐社会的基础性工作。

2007年6月,中共中央、国务院印发《关于进一步加强新时期信访工作的意见》,强调信访工作要以切实维护群众合法权益、及时反映社情民意、着力促进社会和谐为目标,构建信访工作新格局新秩序,推进信访工作制度化、规范化和法制化,促进信访工作重心下移、关口前移。这里所体现的领会是,信访工作的主要目标是维护群众合法权益、及时反映社情民意、着力促进社会和谐,信访工作需要制度化、规范化、法制化,并且需要重心下移、关口前移。

2008年7月,中央纪委下发《关于违反信访工作纪律适用〈中国共产党纪律处分条例〉若干问题的解释》,监察部、人力资源和社会保障部、国家信访局联合下发《关于违反信访工作纪律处分暂行规定》,从制度层面强化了信访工作责任。这里所体现的主要领会是,信访工作需要高度重视,需要强化责任,需要追责问责。

(三)十八大以来

进入新时代,党的十八大确立了"全面推进依法治国"法治新思维。党的十八届三中全会要求"改革信访工作制度";

党的十八届四中全会进一步要求"把信访纳入法治化轨道,保障合理合法诉求依照法律规定和程序就能得到合理合法的结果"。从 2013 年开始,信访工作着手进行了一系列重大改革,如 2016 年 10 月中共中央办公厅、国务院办公厅发布《信访工作责任制实施办法》、2017 年 9 月中办国办出台《关于进一步加强信访法治化建设的意见》等。这里所体现的主要领会是,信访工作需要改革,信访工作需要强化责任,信访工作需要法治化。

作为新时代信访工作改革的标志性成果,全面规范信访工作的首部党内法规《信访工作条例》(同时也是行政法规)于 2022 年颁布施行,对进一步规范和加强新时代的信访工作具有里程碑意义。《条例》明确了信访工作的主要原则,强调构建党委统一领导的信访工作格局,实现了信访工作的全覆盖。对于群众的信访诉求,《条例》要求分类处理;对申诉求决类诉求分别导入不同途径处理等。这里所体现的主要领会是,信访工作需要加强党的领导,需要坚持人民至上,需要全覆盖,并且需要构建新的工作格局,落实各方工作责任,坚持依法按政策,坚持依法分类处理。

三、领会的认知因素

领会的意思是领略事物而有所体会,而领略与体会均离不开认知。因为认知是整个心理活动的首要性、关键性、决定性因素,也是连接主体与客体、连接主体内部与外部的最早心理过程。认知的不同,对同一事物的领会也就会有所不同。

中共中央、国务院《信访工作条例》第三条明确,信访工作是党的群众工作的重要组成部分,是党和政府了解民情、集中民智、维护民利、凝聚民心的一项重要工作,是各级机关、单位及其领导干部、工作人员接受群众监督、改进工作作风的重要途径。

仅是这句表述，就包含了对于信访工作的诸多重要认知。

1. 信访工作是群众工作。这是从信访工作的性质上讲的，信访工作的本质就是群众工作。而从一定意义上说，我们党的一切工作都是群众工作，群众工作也是我们党一切工作的基础，体现出信访工作突出的政治属性。而且，群众工作也承载与体现着我们党的群众观点、群众立场、群众路线，由此也可知晓做好信访工作的重要政治意义。

2. 信访工作可了解民情。这是从信访工作的功能上讲的，因为信访具有联系、表达、信息等功能，作为专门办理群众来信、接待群众来访的工作，信访工作通过交往、交流、互动等功能，能够深入、细致了解民情，为党委、政府的决策提供更多参考信息。

3. 信访工作能集中民智。这也是从信访工作的功能上讲的，信访工作通过交往、交流、互动等功能，可以汇集群众中的智慧与力量，如发明创造、谋略构想等，一旦被党委、政府采纳与推广，便可在更高层面、更大范围促进经济和社会的发展。

4. 信访工作可维护民利。这是从信访工作的作用上讲的，信访工作基于服务于政治需要、服务于群众需要、服务于信息需要，及时将涉及群众权益纷争方面的情况提供给相关职能机构，通过或者督促职能机构依法履职，可以切实维护好群众的合法权利，有效为群众排忧解难。

5. 信访工作能凝聚民心。这也是从信访工作的作用上讲的，一方面，信访工作通过促进交往、增进交流、推进互动等功能，积极做好群众工作；另一方面，信访工作也借助了解民情、集中民智、维护民利等功能及作用，可以更好地凝结、聚集起民心民力，不断巩固我们党的执政基础，并推进国家各项事业建设与发展。

6. 信访工作可接受监督。信访工作是各级机关、单位及其领导干部、工作人员接受群众监督的重要途径，这也是从其作用上讲的。通过了解民情、维护民利，就可以看出相关工作机构及其领导干部、工作人员的依法履职情况、服务群众情况，从而更广泛地接受人民群众的监督，担负起自身各自的责任。

7. 信访工作能改进作风。信访工作是各级机关、单位及其领导干部、工作人员改进工作作风的重要途径，这仍是从其作用上讲的。借助了解民情、维护民利，就可以知晓相关工作机构及其领导干部、工作人员的履职态度、工作作风等方面的情况，及时发现问题和不足，从而不断推动作风改进，贯彻落实好我们党全心全意为人民服务的宗旨。

（Ⅲ）信访工作的属性

属性是事物的性质与事物之间关系的统称。信访工作即群众来信来访办理工作的简称，其属性便与信访工作的领会密切相关。首要的领会，信访工作是我们党的群众工作的重要组成部分。因此毋庸置疑，信访工作首要的属性是政治属性。与此同时，基于信访工作的自身特点，结合信访的联系、表达、信息等功能，从社会的、人文的视角，信访工作也有着明显的社会属性、人文属性。这也是基于对信访工作的不同领会。并且，在不同的属性中，还可领会出信访工作的诸多不同作用。

一、政治属性

"信访"的本质是言语，基本功能是联系、表达、信息，而信访工作即办理来信、接待来访的工作。其首要属性却是政治属性，主要原因在于信访工作有着如下一些特点：其一，信访工作是群众与干部特别是与领导干部之间的联系交往,是送上门的群众工作,可以更多地联系群众,密切与群众的关系。其二,信访工作是了解民情、集中民智的重要窗口,民情民智的及时汇集,有利于国家建设和经济社会的发展。其三,信访工作是维护民利、凝聚民心的重要渠道,民情民智民利的最终落脚点是民心,因为民心是最大的政治,也是维护和巩固政权的基石。

具体来说,从政治角度,即服务于政治,或者是出于政治的需要,信访工作所能发挥的作用,从民情、民智,到民利、民心,会大致产生如下三个层次的领会:

(一)政治参与

政治参与,也称参与政治,是指公民自愿地通过各种合法方式,影响公共权力的行使和公共政策的制定过程的行为。从权利性质上作界定的话,参与式民主的权利属性是一种政治权利,国内的政治理论将政治权利概括为"知情权、参与权、表达权、监督权",其中核心的权利是参与权,即政治参与。它有四个主要特征:其一,政治参与的主体是公民,是双向(自下而上以及自上而下)地影响政治的过程。其二,政治参与必须是一种活动,而不包括态度。其三,政治参与是指影响政府决定的活动。其四,政治参与不仅包括行为者本人自愿的影响政府决策的活动,而且包括行为者受他人动员而发生影响政府决策的活动。

现代民主理论认为,政治参与是公民沟通政治意愿、制约政府行为从而实现公民政治权利的重要手段。民主与法治是现代民主政治的基础。政治民主是政治稳定的内在要求,也是政治稳定的根本保证。而政治参与的有效性及其规模、程度也成为学者们判断一种政体是否民主的重要指标。公民参与既是民主政治发展的必要条件,也是民主政治发展的重要标志。没有公民参与,就没有民主政治的存在和发展。公民与公民、公民与政府之间的对话、协商、讨论,对于政治民主也具有实质性意义。公民参与的危机,就是民主的危机,也是国家的政治危机。没有公民参与,就没有民主政治。随着现代国家在社会生活中的影响不断增强,民众通过政治参与表达自己的政治意愿,使得直接或间接影响自身利益的政府政策更多地以民意为基础,日益成为一个政治系统稳定运行的重要保证。

我国的信访主体大多是公民,当然也包括小部分的法人或者其他组织。对现代公民来说,积极主动和自觉的公共参与更是其权利意识的核心内容。信访既是一种活动,当然也包含着态度方面的表达。这个活动最终是否能够影响到政府决定,需要看信访诉求的具体内容、具体情形,部分会产生影响。个体的信访行为既有本人自愿生发的,也有受到利益群体影响而产生的,但大都是公民意愿的表达,因而便可能产生政治参与的作用。

一般来说,政治的内在逻辑:民心是最大的政治,即国家公权对各方利益权威性配置的结果是否公平正义;实质是利益的配置;核心是权力的运用,即谁来掌权、为谁掌权、如何行权、如何限权等;目的是将众意整合为公意,即人民意志,并将其以国家意志的形式加以实施,从而聚民心、汇民力、做成事。而政治过程必须在规范的规则系统,即特定的政治制度中进行。

曾长期分管国务院信访工作的习仲勋同志就指出,"人民来信来访是党和政府赋予人民群众的民主权利,是人民群众参政议政的重要方式和渠道。中华人民共和国成立以来,广大人民群众通过来信来访向各级领导机关和领导同志提供了大量的宝贵信息,在我国的政权建设、经济建设中发挥了重要的作用,成为下情上达、上情下达的'耳目'、'窗口'和'桥梁'。

领导机关和领导同志从中直接了解到人民群众的思想动态、喜怒哀乐，发现矛盾、解决矛盾。这些来自人民群众的信息材料，是正确制定法律、政策不可缺少的重要依据，长期以来，一直受到党和政府的高度重视。"[1]

（二）权力监督

公权力一般是指人类共同体（包括国家、社团、国际组织等）为生产、分配和供给公共物品和公共服务（包括制度、安全、秩序、社会基础设施等），促进、维护和实现社会公平正义，而对共同体成员进行组织、指挥、管理，对共同体事务进行决策、立法和执行的权力。也有学者认为，公权力是国家或其他法人，立于统治权的优越地位，为维护公益、处理公务而动用的权力。如警察维持社会秩序的行为、法院的审判裁决等，都属于公权力的范围。

合法的公权力本质上是一定范围内社会成员的部分权利的让渡，或是说一定范围内社会成员的共同授权。公权力有利于保障个人权利的实现和促进社会的文明与进步，但是公权力也具有其内在局限和异化特质。为此需要加强对公权力的监督，防止公权力运行中的腐败，预防和纠正有法不依、执法不严、违法不究，杜绝以言代法、以权压法、逐利违法、徇私枉法等现象。

公民信访反映情况、提出意见建议或者投诉请求等，大多会涉及自身权利的实现，以及促进社会的文明进步，因而也大多会涉及公权力的行使，通过提供相关信息，因此便直接或者间接进行着公权力的监督，进而可以产生防范公权力运行腐败等作用。习仲勋同志对此也曾指出，"我们的党是取得了伟大成绩的执政党，她一向要求人民群众对自己进行监督。人民的监督会帮助我

---

[1] 刁杰成：《人民信访史略》，北京经济学院出版社1996年版，第1页。

们克服工作中的缺点和错误，使我们工作做得更好。"[1]

（三）权利救济

权利救济是指在权利人的权利遭受侵害时，由有关机关或者人员在法律及政策所允许的范围内，采取一定的补救措施消除侵害，使得权利人获得一定的补偿或者赔偿，以保护权利人的合法权益。如果发现自己的权利受到公权力的侵害，要想及时实现权利救济，那么就需要及时向有关机关或者负责人员提出主张。

权利大都会涉及公民的切身利益，也是每个公民所努力奋斗的目的或归属。有权利就必有救济，否则权利就可能落空。保障公民的权利救济途径与方式，这也是实现法治国家、法治政府、法治社会的必然要求。

言语是公民主张权利或者权利救济的基本方式，信访则是言语的典型载体，而我国的专有涵义信访又主要用于公民反映利益方面的问题，因此公民通过信访来实现权利救济是一个重要途径。信访工作就是对于公民来信来访的处理、办理工作，因而信访工作也就可以产生权利救济的作用，也是"维护民利"的直接体现。不过，此种权利救济是在政治领域内、通过公权力来保障与实现的，所体现的也是其政治属性。

需要说明的是，信访工作主要关注的应是对"普适原则""公共原则"的反映，而不应是针对具体的人和事。因为对于具体人和事的评判，自有法律、道德的"途径"与"方式"，即"定分止争"的程序，还因为这个程序是有着诸多标准或要求的。而且，信访工作者也需始终注意一个"更高者"的存在，即自私自利者是可耻的，因为他/她不顾集体、不顾他人；小集体主义者是可耻的，因为它不顾国家、不顾公众。

---

[1] 刁杰成：《人民信访史略》，北京经济学院出版社1996年版，第2页

二、社会属性

有学者提出，信访是富有中国特色的一种社会治理制度，有源远流长的历史和深厚的文化积淀。在当下中国，信访是人民群众诉求表达、利益协调、权益保障的通道，仍属于社会治理的重要方面，反映了社会矛盾纠纷的现状和发展态势。由此来看，从信访工作中也必然可领会出社会属性。

习仲勋同志也曾指出："从表面看，这些来信来访反映的内容是一个地区、一件具体事情，实际上，每件事都不是孤立的，都和政治有关、和政策有关：或是对国家的大政方针发表自己的意见、建议；或是对国家的政务表达自己的愿望、情绪和要求；或是对各地执行政策情况的反馈；或是对社会上的各种不良现象、违法乱纪和犯罪行为进行无情的揭发、批评；或是申诉和诉讼个人问题。这些内容是花钱都买不来的宝贵的社情民意，是非常有价值的。如果我们能够全面地掌握，科学地运用它们，党和政府的决策就不会犯错误或少犯错误，即使出现失误也容易纠正。这样，我们就永远立于不败之地。这是被历史证实了的真理。"[1]

具体来说，信访工作的社会属性主要体现在促进群众与干部之间的交流互动，进而共同维护好社会的稳定有序。从共性到个性，或者从一般到特殊，这些交流互动大致可以领会为建议意见、检举控告、申诉求决三个层次。

（一）建议意见

建议意见类信访事项，一般是指对国家事务、经济和文化事业、社会事务管理等提出自己的主张和看法。即这些主张和看法是事关国家建设、社会治理，以及经济发展、文化繁荣的。

---

[1] 刁杰成：《人民信访史略》，北京经济学院出版社1996年版，第1页。

因而可以说，建议意见是涉及每个公民或者部分公民的，涉及国家方针政策的，是群众与干部之间的交流互动。这些建议意见当然也可能会涉及信访人自身，不过信访人只是以一个普通公民的身份或者是公民群体的一分子出现的。

群众的信访诉求中，经常会就政府的相关政策措施提出自己的主张和看法，特别是事关自身权益方面的。如果从交流互动的内容来说，就构成了对国家事务、经济和文化事业、社会事务管理等提出了自己的建议意见。这方面的内容，与"政治参与"也较为接近。

（二）检举控告

检举控告类信访事项，一般是指对行使公权力的部门和组织及其工作人员失职、渎职等违纪、违法行为的检举或者控告，要求予以查处。即这些交流内容主要是涉及公权力机构或人员的，也应是信访人已经掌握或者知晓其违纪违法行为情形或线索的。这些检举或控告大多会涉及信访人自身的权益，但所涉及的违纪违法的范围有限，一般也是信访人所经历或者听说的事项。

群众的来信来访中，经常会就公权力机构或人员的行为提出异议，或者表示不满，认为其在处理自己的诉求方面，存在失职、渎职等违纪、违法行为。在表示对处理结果不满的同时，也会对具体的机构或者人员提出检举控告，要求上级机关或者上级领导予以查处。这方面的内容，与"权力监督"则较为接近。

（三）申诉求决

申诉求决类信访事项，一般是指不服国家机关、其他有关组织的处理决定，提出改变或纠正的要求，或者请求国家机关履行职责，帮助解决困难、问题，满足自身特定的利益需求。从"满足自身特定的利益需求"可知，申诉求决类诉求的最大特点是个性化，也就是说，每个信访人的申诉求决事项一般是不同的。不过，申诉求决事项也会有一个共同点，即大都是与信访人的切身利益直接相关的。

申诉求决类信访事项的主要目的，就是请求公权力机构或人员帮助解决实际困难和问题，以满足自身特定的利益需求。不过，这些利益需求应当是或者基本是符合法律法规或政策的，也就是说，是当事人符合法规政策应有的权利，不符合法规或政策的利益需求，是不会得到支持的。因而这方面的内容，与"权利救济"也是较为接近的。

三、人文属性

人文总体来说就是"以人为本"，最根本的出发点就是对人的关怀，关心人的内心世界，也就是关注具体化、个别化的人。人文属性即与个体的认知水平、价值观念密切相关，因此也可以说，信访活动的最大特征就是群众个性化的表达，而信访工作也存在干部个性化的领会，即基于个体认知水平、价值观念的个性化行为。

信访工作兼有政治属性、社会属性、人文属性，而其中最为微观、最为细腻的就是人文属性，因为信访工作不仅需要面对的是一个又一个"具体化""个别化"的信访人，信访工作本身也是由一个又一个"具体化""个别化"的信访工作者来从事，是每个信访工作者基于自己的感受和认知所做出的理解。因而，信访工作者对于信访人的诉求会有不同的领会，有时甚至是截然不同的领会。

（一）所思所虑

所思所虑，即指群众对于事物的思量与考虑，以及提出自己的主张和看法。如果这些思量与考虑涉及国家事务、经济和文化事业、社会事务管理，特别是就事关自己权益的相关政策措施提出自己的主张与看法,即意味着对国家事务、经济和文化事业、社会事务管理等提出了自己的建议意见。现代社会的平等趋向,即意味着价值取向的分化,也催生了更多的建议意见。

习仲勋同志就曾指出,"对于这些信息材料的汇集和研究,一定要正确掌握。不能是群众说我们好,就高兴,说我们不好,就不高兴;多数人的意见要重视,少数人的意见也要重视;正确的意见要听,不正确的意见也要听。同时,对来信来访人反映的情况和问题不能求全责备,不能要求一定要全面、准确。群众所处的环境不同,接触面不同,看问题的角度不同,有差异是正常的。处理信访问题必须实事求是,符合法律政策,要站在党的立场上、群众的立场上,党的利益就是群众的利益。"[1]

(二)所憎所忿

所憎所忿,即指群众对于事物的憎恶与忿恨,代表着群众讨厌和愤怒的情绪。如果这些憎恶与忿恨是针对公权力部门和组织及其工作人员的失职、渎职等违纪违法行为,特别是事关群众自己权益的违纪违法行为,就意味着对公职人员的检举或控告,要求上级机关或者上级领导予以调查处理。

习仲勋同志也曾指出,"要关心群众、体贴群众,坚决反对官僚主义和主观主义的作风,不要怕群众、怕麻烦。我们要理解来信来访人的心情,许多事情在我们看来是小事,在群众来讲就是大事。处理好人民来信来访就是密切联系群众,全心全意为人民服务,贯彻群众路线,调动一切积极因素来建设具有中国特色的社会主义。国家要发展,经济要改革,广大人民群众的参与是必不可少的,没有他们的积极性是建不成社会主

---

[1] 刁杰成:《人民信访史略》,北京经济学院出版社1996年版,第2页。

义的。"[1]

(三)所盼所需

所盼所需,即指群众的盼望与需要,盼望一般比需要的情感更强烈一些。如果这些盼望是针对公权力部门和组织及其工作人员的,往往意味着要求上级部门或者领导还自己以公道,改变原部门和组织涉及自己的已有的处理决定,有着申诉的特点。如果这些需要是针对公权力部门和组织及其工作人员的,往往意味着请求国家机关履行工作职责,帮助自己解决实际困难和问题,有着求决的特点。

特别是实行市场经济体制后,由"扁平粗疏"社会进入"精细分层"社会;社会分层阶梯越长,自认所处等级越低,个体焦虑感、贫困感就会越强烈;社会分层越多,阶层间流动越困难,贫困感、失衡感及剥夺感、不满感群体也会越多,即呈现较为普遍的弱势心态。

习仲勋同志也曾指出,"人民来信来访是群众主动送上门来的信息,我们从中可以了解许多新情况,学习许多新东西,应当认群众做先生。人民来信来访又是群众主动送上门来的思想政治工作,我们必须认真细致地做好。要满足群众的正当要求,对于不正确的要求,要有针对性地做工作,给群众以解释,教育群众、引导群众。"[2]

由上述内容也可发现,尽管这里把信访工作区分为政治属性、社会属性、人文属性,但它们其实也是彼此相通的,均是基于个体或群体对于事物的具体诉求,更多表现为围绕这些具体诉求,信访工作人员所领会或抓取的侧重点的不同。

---

[1] 刁杰成:《人民信访史略》,北京经济学院出版社1996年版,第2页。
[2] 刁杰成:《人民信访史略》,北京经济学院出版社1996年版,第2页。

正是因为信访工作有着明显的人文属性，有关信访人的信访预期与前景理论的重要关联，笔者在此也稍作分享。

"前景理论"也称"预期理论"，是心理学与行为科学相结合的一项研究成果，属于描述性范式的一个决策模型。它假设人们的风险决策过程分为"编辑"和"评价"两个过程，在编辑阶段，个体凭借框架、参照点等采集和处理信息；在评价阶段，依赖价值函数和主观权重函数对信息进行判断，并做出相应的决策。该理论由美国学者卡尼曼等率先提出，卡尼曼也因此获得2002年诺贝尔经济学奖。

前景理论的价值函数属于经验类型，它有三个特征：一是人们对损失比对获得更为敏感；二是大多数人在面临获得时是风险规避的；三是大多数人在面临损失时是风险偏爱的。因此人们对于损失和获得的敏感程度是不同的，损失时的痛苦感要大大超过获得时的快乐感；人们在面临获得时往往小心翼翼、不愿冒风险，而在面对失去时会很不甘心、容易冒险。透过前景理论我们也可知道，在不同的风险预期条件下，人们的行为倾向是可以预测的。

如果把前景理论运用到信访工作实践中，便可发现与部分信访人的利益博弈心理也有较高的吻合度，因而也可用于指导和提升我们的实际工作。为此，笔者立足于前景理论的5条基本原理，并借助学者孙惟微在其所著《赌客信条》一书中归纳前景理论的5句话，结合信访活动或信访博弈的一般发展过程，逐一试加描述和分析。

损失规避——该给须给

前景理论最重要也最有用的发现之一：当人们做有关收益

和损失的决策时，表现出的不对称性。具体来说，白捡100元所带来的快乐，难抵丢失100元所带来的痛苦。或者说，增加100元收入所带来的效用小于失去100元所带来的效用。这称之为"损失规避"。行为经济学家也通过"抛硬币"等博弈游戏，验证了该论断：人们对"失"比对"得"更敏感。

结合到信访工作，在初始处理群众利益诉求的过程中，如果对其诉求没有实事求是、客观公正地梳理清楚，就贸然通过其他方式或以其他名义给予当事人相应的补偿或照顾，其所带来的效果会远低于把问题弄清楚后的如实清偿，甚至反而会让信访人觉得"信访"有利可图。这种现象在拆迁补偿矛盾中较为明显：如果拆迁群众认为其该补偿的项目未得到体现和补偿，即使最后的总体补偿一点不少，其仍会感觉吃了亏，心里不舒服，进而引发信访。因此，责任主体在处理类似问题的过程中，务必要把问题理清楚，再依法按政策实事求是、客观清晰地做出处理，让当事人心服口服。要力戒拖泥带水、捆绑打包、张冠李戴，甚至偷梁换柱、李代桃僵、浑水摸鱼式的处理，因为其往往会事与愿违、适得其反。

参照依赖——该明需明

多数人对得与失的判断，往往是根据参照点来决定的。举例来说，在"其他人一年挣6万元，你年收入7万元"和"其他人年收入为9万元，你一年收入8万"的选择题中，大部分人会选择前者，而非收入更多的后者。这称之为"参照依赖"。事实上，人们对得与失的判断，大多来自比较。人们极力争名夺利的动力，也多是来自熟人或周围人的嫉妒和攀比。也可总结为，人们在面对差异化的选择时，总是表现出"宁做鸡头，不当凤尾"等现象。

这个道理提醒我们，在处理所有涉及群众切身利益的问题时，实施主体需坚持"三公"原则（即公平、公正、公开），把标准和规则摆在明处，把区别和差异说到实处，尽量"一碗水端平"。避免因暗箱操作、马虎应付等人为因素而导致群众不明就里、相互猜疑，或者造成嫉妒和攀比，进而形成信访活动。努力从源头的制度、机制和措施上，避免信访矛盾的产生。

确定效应——该实应实

"二鸟在林，不如一鸟在手"，在确定的收益和"赌一把"之间，多数人会选择确定的好处，所谓"见好就收，落袋为安"。这称之为"确定效应"。我们可以做这样一个实验：A.你一定能赚30000元。B.你有80%可能性赚40000元，20%可能性什么也得不到。你会选择哪个呢？实验结果是大部分人都选择A，尽管B的可能收益会更多。这是因为大多数人处于收益状态时，往往小心翼翼、厌恶风险、害怕失去已有的利益。

在信访老户群体中，出尔反尔、反复无常，甚至得到过照顾处理、做出停诉息访承诺而继续信访的人比较多。这是什么原因？一方面，是由于信访人的道德认知不高、贪财求利心切等因素；另一方面，是因为在处理化解信访矛盾的过程中，信访老户也有"有好即收，落袋先安"的心理，把能得到的好处先确定下来，然后再继续索要，这样就可保证收益不会变低。这个道理提示我们，在处理信访诉求的过程中，既不能依赖"讨价还价"方式，更不能一味"花钱买平安"。如果未把问题梳理清楚，未把事实和依据亮在明处，做出实事求是的处理，也可能起不到应有的效果和作用，信访人会反复索取更多利益。

反射效应——该戒当戒

在确定的损失和"赌一把"之间做一个抉择,多数人会选择"赌一把"。称之为"反射效应"。我们可做这样一个实验。A. 你一定会赔 30000 元。B. 你有 80% 可能赔 40000 元,20% 可能不赔钱。你会选择哪个呢?投票结果是,只有少数人情愿"花钱消灾"而选择 A,大部分人愿意与命运博一下,选择 B。对于这样的结果,"理性人"会说"两害相权取其轻",选 B 是错的,因为 B 的损失或风险要大于 A。但现实是,多数人处于损失状态时,会极不甘心,宁愿承受更大的风险来博一把。也就是说,处于损失预期时,大多数人变得甘冒风险。

在信访实践中,特别是涉法涉诉事项,如果当事人抗拒其利益损失,即使通过上访方式维权可能会带来更多的利益损失,但只要觉得有"翻盘"或改变的可能,其往往仍会选择博一下,通过反复申诉甚至越访闹访的方式,力图规避损失。这就提醒我们,对于信访人的"反射效应",需要及时做好释法明理、解释疏导、教育训诫等工作,使信访人及早回归理性和现实,努力戒除其抗拒心态和"赌一把"心理。

迷恋小概率事件——该惩要惩

很多人都买过彩票,虽然赢钱的可能性微乎其微,你的钱 99.99% 的可能支持福利事业或体育事业了,可还是有人心存侥幸,博小概率事件,这称之为"迷恋小概率事件"。何谓小概率事件,就是几乎不可能发生的事件。买彩票是赌自己会走运,买保险是赌自己会倒霉。这是两种很少发生的事件,但人们却十分热衷。前景理论还揭示了一个奇特现象,即人类具有强调小概率事件的倾向。面对小概率的赢利,多数人是风险喜好者;

面对小概率的损失，多数人是风险厌恶者。即在风险和收益面前，人的"心是偏的"；在涉及收益时，我们是风险的厌恶者，但涉及损失时，我们却是风险喜好者。但在涉及小概率事件时，风险偏好又会发生离奇的转变。所以，人们并不只是风险厌恶者，他们在认为合适的情况下会非常乐意赌一把。因为归根结底，人们真正憎恨的是损失，而不是风险。

在信访老户中，这种心理也较为常见。他们大多知道自己无理或过高诉求的胜算极小，但受偏执、贪图、不合理信念等驱使，仍会热衷于"迷恋小概率事件"，通过进京非正常上访、拦截领导车辆、寻衅滋事等违法行为，妄想能惊动"大人物"，使其诉求得到解决的转机，获取不正当利益。这是无理诉求信访人典型的博弈心理，在信访活动中时常会出现。为此，对于信访人的违法行为，相关部门和机构应当旗帜鲜明地表明态度，并及时依法惩戒其违法行为，防止其博弈心理的滋长和放纵，也避免因此带来对信访秩序和信访生态的破坏与冲击。

Ⅱ 信访工作是领会的工具

上文探讨了信访工作是领会的产物，接下来，我们则需要认识到，信访工作也是领会的工具。这个工具同样大致有三层意思：作为方式的工具，即领会的方式工具；作为载体的工具，即领会的载体工具；作为渠道的工具，即领会的渠道工具。因为"手段"也包含着"工具"的含义，因此为了易于理解，这里有时也会使用"手段"来代替"工具"进行表述。

这个领会的工具，主要是基于信息这个核心来说的。笔者在《透视》一书中有过介绍，如果把群众来信来访视为领导干部眼睛、耳朵功用的延伸，因为来信来访是群众主动送上门来的调查研究，那么信访工作则可视为领导干部眼睛、耳朵成效的提升，因为信访工作就是帮助领导干部阅读群众来信、接待群众来访的专职工作。

并且，信访工作不仅要将群众来信来访中的重点内容、重要事项及时摘报给领导干部掌握和处置，而且要将群众来信来访所反映的事项和信息，按照"属地管理，分级负责""谁主管，谁负责"等原则，及时转送相关地区和部门或者责任主体予以具体办理和反馈，以确保"件件有着落，事事有回音"，从而极大地提升了领导干部处理信访的成效。从这个角度看，那么信访工作便必然是领导干部以及信访工作人员领会民心、民意、民情的"工具"。

前文也说过，信访是"需要—表达—呈现"的过程统一体，信访工作则是"需要—领会—呈现"的过程统一体。其中"需要—领会"主要是信访工作的宗旨和目的,是需以信访工作为"工具"方可实现的。而说信访工作也是领会的工具,可以表现在三个方面,即领会的目标导向、领会的机制制约、领会的能力影响。

（Ⅰ）工作目标的导向

具体来说,信访工作的领会首先会受到目标导向的影响,主要是从信访工作作为方式工具来看的。从历时角度看,这一"领会"大致经历了引导言语、自发言语、规整言语三个阶段。

一、引导言语阶段

参照前文"信访工作的演变"三个阶段划分,引导言语阶段主要是在中华人民共和国成立的初期。在此阶段,大致有以下几方面的特点:

（一）倡导参与

新中国成立后,随着人民政权的建立和健全,人民群众的政治地位发生了根本性的变化。他们以主人翁的姿态出现在政治舞台上,建设社会主义的积极性十分高涨,纷纷向党和政府提出建议意见和提供重要信息,信访量也随之日益增多。这一时期,广大人民群众的责任心和主人翁精神成为信访活动的主要体现;各级党组织和政府的广泛支持,也成为人民群众进行信访活动的重要后盾。

在此阶段,党和国家对于信访工作的主要领会:"我们的事业是人民的事业,必须有人民参加,只有千千万万的人民群众充分发挥革命积极性,群策群力,才能做好;人民群众中蕴藏着无穷无尽的智慧和力量,而我们自己则是有限的;如果没有人民群众的积极支持，我们的革命和建设就不会成功。这是我们每一个干部必须树立的、最起码的观点，并去支持和引导广大群众积极参与管理国家大事。"[1]

为此，《人民日报》曾于1953年11月2日刊发题为《把处理人民来信工作向前推进一步》的社论，"深刻地阐述了人民来信来访工作在国家政治生活中的重要地位和作用,是与党、与国家的命运息息相关的，只有这样认识，才能摆正信访工作的位置，发挥其民主渠道的作用。"[2]

正是在党和国家的大力倡导下，人民群众通过信访渠道，向各级领导报送了大量重要的社情民意信息，为领导机关制定政策提供了可靠的依据。并且，信访工作也在调解和处理人民内部矛盾以及巩固政权和经济建设成果等方面发挥了重要的作用。

可以看出，信访工作当时作为倡导群众参与社会主义建设事业的工具，需要重点领会群众信访活动中所体现的革命积极性、所蕴含的智慧和力量，支持和引导广大人民群众积极参与管理国家大事，群策群力、共同建设好人民群众自己的人民共和国。

（二）政治运动

据《人民信访史略》等资料介绍，来信来访数量在正常年份是比较平稳的，上升或下降都是渐进的，但遇有特殊情况，也曾出现过大起大落的现象，来信来访最多的年份是最少年份的数倍，甚至十几倍。影响群众情绪的政治运动、政治事件等，直接左右着群众信访的数量和内容。

一般来说，政治运动开始的时候，群众发动起来了，投入了运动，来信来访的数量增多，其内容多是揭发问题，少数是

---

[1] 刁杰成:《人民信访史略》,北京经济学院出版社1996年版,第49页。
[2] 刁杰成:《人民信访史略》,北京经济学院出版社1996年版,第49页。

反映运动中存在的问题，或是要求落实政策。如镇压反革命运动深入开展后，许多人来信来访，揭发某些反革命分子的罪行。有关部门根据这些线索，查出了一批反革命分子，也有一些人来坦白自己的历史问题，或要求澄清历史问题，等等。到了运动后期，要求落实政策的内容占多数，而且数量也较大。在运动结束后，在相当长的时间内，要求落实政策的内容比较集中，待落实政策基本结束后，来信来访的数量和内容又恢复正常。

在政治运动中对于信访工作的主要领会，正如当时中共中央指出的，"必须充分发扬民主、开展批评与自我批评，特别是自下而上的批评。必须认真地处理人民来信，对敢于揭发工作中的缺点和错误的人给以坚决支持。各级党政机关和干部必须支持人民群众的这种政治热情，保证每一件人民来信都能得到正确处理。"[1]

亦如《人民信访史略》所介绍的：总的看，信访内容的变化多和当时的政治运动、中心工作和各项政策法令及生产形势相关，即使反映个人问题，也或多或少和这些内容有关。如，1951年至1952年"三反""五反"运动时，控告各机关干部贪污和资本家申诉不服处分的来信来访很多；1953年进行新"三反"，检举、控告各级机关干部的官僚主义、命令主义和违法乱纪的来信来访也有较大幅度增加。[2]

可以看出，信访工作当时作为群众参与政治运动的工具，需要重点领会群众信访活动中所包含的检举揭发、所包罗的控告申诉，支持和引导广大人民群众积极参与到政治运动中来，通过开展运动的方式，深入推进党和国家的政治建设。

---

[1] 刁杰成：《人民信访史略》，北京经济学院出版社1996年版，第49页。
[2] 刁杰成：《人民信访史略》，北京经济学院出版社1996年版，第55页。

（三）监督政府

建设与发展革命事业，需要广大人民群众的参与和积极性；克服革命队伍中的缺点、错误和官僚主义，更需要群众的监督和帮助。只有发动全体人民群众参与，革命的事业才能兴旺，一些不良现象才能及时发现，并将它解决在初发阶段，最大限度地减少损失。在新中国成立初期，人民监察机关受理的案件，70%以上就是人民群众来信来访提供的。因此处理人民来信来访和了解社情民意，是当时监察机关的主要任务之一。

《人民日报》1953年1月19日曾发表题为《认真处理人民群众来信大胆揭发官僚主义罪恶》的社论说，"我们必须继续展开对官僚主义的斗争。我们希望全体人民群众充分地运用这种最方便、最自由、最经济而又直接的写信方法，大胆地及时揭发各地各种官僚主义的现象。人民群众对这种不良现象的斗争，有毛泽东同志、党中央和中央人民政府的支持，有革命阵营内全体反对官僚主义的革命同志的支持，因此这种斗争就一定能取得彻底的胜利。"[1]这些表述，就肯定和强调了信访工作是重要的反对官僚主义的武器，是自下而上监督的手段。

在监督政府中对于信访工作的主要领会是，"人民来信来访是人民行使民主权利和参与管理国家大事的重要形式，同时，在对各级组织及其工作人员进行监督和纠举，确保党和政府的各项方针、政策、法令得到正确实施，促进勤政廉政建设，保障和维护人民的民主权利和利益等方面发挥了重要的作用。所以说，人民的监督是全方位的监督，是有生机的监督。信访监督的实质就是人民的监督，就是广大人民参与的'人人监督'，是清除腐败的消毒剂，保证勤政廉洁的有力武器，是实现民主

---

[1] 刁杰成：《人民信访史略》，北京经济学院出版社1996年版，第49页。

的重要手段。"[1]

当然，人民群众来信来访是实行自下而上民主监督的重要方式，这种监督只有得到各级党政机关的支持、领导同志的关注，才能有效地、全面地、深入地开展，否则将流于形式，会挫伤人民群众的积极性，甚至导致人民监督工作的夭折。

可以看出，信访工作当时作为群众监督政府运行的工具，需要重点领会群众信访活动中所蕴含的民主权利、所包含的批评指责，支持和引导广大人民群众积极监督政府，大胆地及时揭发各种官僚主义现象，开展好自下而上的监督，促进勤政廉政建设。

综上所述，引导言语阶段的倡导民主参与、政治运动响应、动员监督政府等特点，一方面，表明当时的信访工作对于群众信访活动的目标导向较为清晰；另一方面，信访工作作为民心、民意、民情等领会方式工具的价值凸显。

二、自发言语阶段

自发言语阶段主要是在改革开放以后。这一时期信访工作发展的根本性变化，是国家信访观从社会动员论向矛盾化解论的调整。在此阶段，大致有以下几方面特点：

（一）利益主导

随着改革开放的推行，国家先后出台了大量新的政策。而每项新政策都会涉及一部分人的利益，这部分人的信访活动就会明显增多，而且比较集中。例如，调整工资、干部离退休制度等政策颁布后，党政机关和企业的干部来信急剧增多，拥护的、反对的、提出修改意见的都有；党政机关实行公务员制度后，

---

[1] 刁杰成：《人民信访史略》，北京经济学院出版社1996年版，第10页。

部分企业干部就有意见，认为大家原先都是党政机关干部，是组织上分配他们去的企业，现在两种待遇，工资比同期参加工作的同级党政机关干部低了好多，想不通；实施联产承包责任制时，农民来信也有增多，提出了各种各样的问题、要求和建议，等等。

收入分配改革是经济体制改革的重点和难点，因为收入分配问题既是培育增长动力的经济问题，又是维护公平的社会问题。如何处理好公平与效率的关系是收入分配改革面临的重大命题，也是极为敏感复杂的难题。与此同时，伴随改革开放的不断深入，企业改制、亏损企业拖欠职工工资、征地拆迁等问题持续凸显。一些新的矛盾纠纷反映到信访工作中，群众集体上访尤其是进京上访明显增多，与改革开放和经济建设有关的问题明显增多。因为主要涉及群众的切身利益，许多问题处理起来难度也比较大。

总之，在新的历史形势下，群众所关心的问题、社会所出现的问题，随着经济的发展而发生变化，并形成新的特点。基于城乡差距、地区差距、行业差距、群体差距等所表现出的收入差距，群众为了切身利益，自发主动、争先恐后地通过信访渠道表达相关诉求。信访工作也需要适应这些新的变化，适应这些新的特点。

（二）价值多元

党的十一届三中全会，重新确立了正确的政治路线，全党的工作重点转移到经济建设上来。国家实行了对外开放、对内搞活的政策，对经济、政治体制进行改革，工农业生产相继出台了一些新的政策。为与国际接轨，也采取了一些更为开放的规定。这不仅产生了经济建设的飞跃，也催生了人们思想的解放，随之而来的是出现了许多前所未有的新情况、新矛盾、新信息。

正如《人民信访史略》所述，以城市为重点的经济体制改革既广泛，又深刻，对国家的政治生活、经济生活以及社会生活引起的震动，对人们的传统观念、习惯势力、精神状态、生活方式的触动，都是前所未有的。伴随着这场改革的进行，各种不同的议论、看法，以及改革中出现的各种新情况和新问题，在新旧两种经济体制交替阶段，各种矛盾会更多、更复杂。

特别是在市场经济条件下，公众的价值观更是悄然发生了改变，利益驱动明显，利益观念凸显。社会环境也变得更加复杂，社会分层、人群分化，个人主义大行其道，导致公众"原子化倾向"加剧，"弱势心态"增多。这也是充满辩证法的，因为只强调金钱、利益，会激发人们的自私自利，也必然会导致理想主义精神的逐渐消退。

人们获得了崭新的"自我理解"，也带来了空前的个人权利和自由。这是现代性的重要成就，但同时也造成了严峻的困境。突出体现在现代社会价值标准的混乱、道德规范的失序，以及人生意义的迷失。这是所谓"现代性之隐忧"的要害所在。信访渠道是连接社会各个方面的敏感的神经，这些新情况、新矛盾、新信息迅速在信访渠道得到体现。而如何运用这个渠道将社情民意输送到中央，用于精神文明建设、物质文明建设，也成为当时信访部门的新课题。

（三）情绪突出

进入新世纪，信访形势又呈现出一些新特点。群众进京访增势明显，从中央到地方，群众信访增幅呈"倒金字塔型"，中央和国家机关受理的越级访、集体访增幅较大。而信访反映的问题相对集中，主要集中在农村土地征用、城镇房屋拆迁、国有企业改制、涉法涉诉、企业军转干部问题等五个方面。

而征地拆迁不是单纯地"拆房子",还涉及居民户口迁移、财产分割、就业、子女教育等诸多问题。有学者就指出,尤其拆迁是一个持续性的矛盾源,拆迁产生的社会矛盾并不会随着拆迁过程结束而消失,还会发生变异,衍生出新的矛盾。这些矛盾包括:因被拆迁人对法院拆迁判决不服而引发的涉法涉诉类矛盾;因拆迁户获得的补偿在家庭内部分配不均引发的夫妻之间、父母与子女之间、兄弟姐妹之间的纠纷而产生的家庭矛盾;因安置房质量和产权、基础设施、物业缴纳等问题引发的物业矛盾;因搬迁造成在就业、教育、医疗、养老、购物等方面问题引发的民生矛盾。特别是在拆迁的异地安置和货币补偿中,被拆迁人会面临新环境的重新适应过程,以及在家庭经济生活、家庭邻里关系、福利保障等方面的重新调整过程。

国有企业改革则是经济改革的中心环节。由于我国的社会保障体系的建立相对滞后,国企改革给原体制下的职工带来巨大压力,部分职工权益受到侵犯,造成大量社会矛盾,涉及下岗职工安置和再就业、国有资产流失、侵害职工利益、职工待遇落实、国企高管腐败等多个方面。

总之,1978年之后的中国经历了几千年所未有的变革局面:在经济体制上,逐渐实现计划经济体制向市场经济体制的过渡;在文明类型上,逐渐实现农业文明向工业文明的过渡;在治理模式上,逐渐实现人治模式向法治模式的过渡。巨大社会能量的激活与规则相对缺失现象的并存,造成社会不公平现象较为明显。

在强烈情绪的作用下,一些来访诉求形式激烈,集体访尤其是大规模集体访增多,越级集体访增幅较大;择机去省进京上访,到重要政治活动场所聚集上访有所增多,过激行为时有发生,出现跨地区、跨部门的串联上访活动。其中,既有因为利益问题而产生的不满情绪,也有很多是因为社会急剧变化、自身适应不良、处于弱势地位而产生的普遍焦虑情绪。心理学研究也发现，缺乏自尊心、自信心的个体最会用偏见来申辩自己个人的失败。

有学者将信访群众的这些非常态心理及其表现概括为5类：①非理性。表现为反映问题不客观，夸大其词，捕风捉影，过度渲染，一哄而起，盲目趋从。②狭隘性。表现为从极端自我的角度看待问题，盲目攀比，过于看重个人利益、局部利益和眼前利益。③片面性。表现为固执己见，以偏概全，用旧观念看待新事物，对他人的善意规劝和平等协商不听不理。④猜疑性。对政府对组织不理解、不信任，猜疑否定。⑤偏激性。遇事不冷静，意气用事，言语偏激，行为极端。

我国社会学者孙立平等人对此指出，改革开放之前，我国社会是国家高度强大、社会成员高度同质的总体性社会。改革开放之后，特别是近年来正在形成多元化的社会形态。在总体性社会里，各级权力高度集中，国家控制所有社会资源，社会成员之间的收入差距不大，整个社会公平有余而效率不足，社会整合较为容易；而在多元化社会里，社会分化日益严重，社会成员收入差距日趋明显，阶层贫富差距不断拉大，整个社会的运作效率有所提高但公平不足，社会矛盾加剧。社会矛盾的频发，首先表现为信访数量的激增。据统计，1994—2004年，全国县级以上党政机关的信访量从400余万起增加到约1400万起，十年间年均增长速度达到13%。

德国社会学家舍勒曾专门研究过社会怨恨，指出这是现代民主社会的产物。他认为，在中世纪的等级社会之中，每个人各安其位，各守本分，没有什么过分的欲望与野心，因此也缺乏怨恨的社会心理土壤。然而在现代民主社会，通往成功的金字塔并不容易爬，大多数人的欲望被流动的民主社会释放出来了,但最终满足欲望的可能性微乎其微,于是在心理上积淀了各种各样的怨恨:怨恨比自己更幸运的同一阶层的人、怨恨高高在上的富人与精英,等等。

综上所述,自发言语阶段的经济利益主导、个体价值多元、阶层情绪突出等特点,导致了社会矛盾频发、信访数量激增。一方面,信访工作需要不断适应这些新变化、新特点;另一方面,信访工作作为社情民意领会方式工具的角色进一步增强,需要及时将这些新情况、新形势呈报给决策机构掌握。

三、规整言语阶段

规整言语阶段主要是在党的十八大以来。在此阶段,主要有以下几方面特点:

(一)统一领导

2012年,党的十八大即明确要求,"建立健全党和政府主导的维护群众权益机制,完善信访制度"。十年后,作为新时代信访制度改革的标志性成果,全面规范信访工作的首部党内法规《信访工作条例》(同时也是行政法规)于2022年颁布施行,对进一步规范和加强新时代的信访工作具有里程碑意义。这是坚持和加强党对信访工作全面领导的重要安排,是坚持人民至上、密切党和政府同人民群众血肉联系的重要举措,也是加强和改进新时代信访工作、切实履行信访工作职责使命的重要保证。

并且,相应的改革举措也及时出台。2023年3月,中共中央、国务院印发了《党和国家机构改革方案》,决定组建中央社会工作部,负责统筹指导人民信访工作,指导人民建议征集工作;省、市、县级党委也均先后组建了社会工作部门。同年12月,中共中央印发修订后的《中国共产党纪律处分条例》,对漠视群众切身利益问题、信访工作出现不良后果等,均明确了纪律处分的具体情形与具体对象。

如：对涉及群众生产、生活等切身利益的问题依照政策或者有关规定能解决而不及时解决，庸懒无为、效率低下，造成不良影响；对符合政策的群众诉求消极应付、推诿扯皮，损害党群、干群关系；对待群众态度恶劣、简单粗暴，造成不良影响；弄虚作假，欺上瞒下，损害群众利益；其他不作为、乱作为、慢作为、假作为等损害群众利益行为。

又如：不按照规定受理、办理信访事项；对规模性集体访等处置不力，导致事态扩大；对党委和政府信访部门提出的改进工作、完善政策等建议重视不够、落实不力，导致问题长期得不到解决；其他不履行或者不正确履行信访工作职责行为。在党坚强有力的统一领导下，我国的信访工作也由此进入新的发展阶段。

（二）法治方式

2012年，党的十八大确立了"全面推进依法治国"法治新思维。2014年3月，中共中央办公厅、国务院办公厅印发《关于依法处理涉法涉诉信访问题的意见》，要求实行诉讼与信访分离制度，把涉及民商事、行政、刑事等诉讼权利救济的信访事项从普通信访体制中分离出来，由政法机关依法处理；要求建立涉法涉诉信访事项导入司法程序机制，严格落实依法按程序办理制度，建立涉法涉诉信访依法终结制度，健全国家司法救助制度。

2014年，十八届四中全会要求："把信访纳入法治化轨道，保障合理合法诉求依照法律规定和程序就能得到合理合法的结果。"2017年中共中央办公厅、国务院办公厅印发《关于进一步加强信访法治化建设的意见》，国家信访局出台《依法分类处理信访诉求工作规则》等。实行诉访分离以来，越来越多的群众选择司法渠道反映和解决问题。

2017年，党的十九大作出了中国特色社会主义进入新时代，我国社会主要矛盾已经转化为人民日益增长的美好生活需要和不平衡不充分的发展之间的矛盾的重大判断。这一重大判断，揭示了新时代广大人民群众不仅对物质文化生活提出了更高要求，而且在民主、法治、公平、正义、安全、环境等方面的要求日益增长，同时也对党和国家各项工作提出了新的更高要求，使得"改革"成为最鲜明的时代主题。

自2023年开始，中央部署推进信访工作预防、受理、办理、监督追责、维护秩序"五个法治化"，切实落实源头治理责任，对信访事项做到分清性质、明确管辖、转办督办到位，依照法律规定和程序按时处理到位；对滥用职权、玩忽职守的公职人员坚决问责到位，对扰乱社会秩序的违法犯罪行为则及时依法处理到位。以权责明、底数清、依法办、秩序好、群众满意为目标，着力解决"信上不信下""信访不信法""以访施压"等信访乱象。并且强调加强信访工作队伍能力建设，不断提高运用法治思维和法治方式开展工作的能力。

（三）规范要求

2013年，党的十八届三中全会发布的若干决定中明确提出"改革信访工作制度，实行网上受理信访制度，健全及时就地解决群众合理诉求机制。把涉法涉诉信访纳入法治轨道解决，建立涉法涉诉信访依法终结制度"。2013年至2014年，中共中央办公厅、国务院办公厅印发《关于创新群众工作方法解决信访突出问题的意见》，国家信访局先后发布《关于完善信访事项复查复核工作的意见》《关于进一步规范信访事项受理办理程序引导来访人依法逐级走访的办法》《关于进一步加强初信初访办理工作的办法》《信访事项办理群众满意度评价工作办法》等。

2015年,十八届五中全会通过的《中共中央关于制定国民经济和社会发展第十三个五年规划的建议》要求,"完善社会矛盾排查预警和调处化解综合机制,加强和改进信访和调解工作,有效预防和化解矛盾纠纷"。2015年至2016年,中共中央办公厅、国务院办公厅先后印发《关于进一步加强和规范联合接访工作的意见》《信访工作责任制实施办法》《信访事项网上办理工作规程(试行)》《信访事项简易办理办法(试行)》《关于进一步加强和规范信访事项实地督查工作的意见》,以及《中央和国家机关信访事项受理办理工作有关规定(试行)》。

对于群众的信访诉求,《信访工作条例》也要求区分建议意见、检举控告、申诉求决等不同类别分类处理,并按照相关法律法规将申诉求决类信访事项分别导入不同途径处理,即"法定程序""仲裁程序""党内程序""行政程序""履职程序""信访程序"六种途径。

党的十八大以来,信访制度改革稳步推进,对干部的信访工作及群众的信访活动作出了诸多的双向规范。各地各部门认真贯彻落实中央决策部署,全面推行网上信访、诉访分离、依法分类处理、调解和解、多元化解等改革措施,推动全国信访形势呈现出一系列积极变化。

综上所述,规整言语阶段的加强党对信访工作的统一领导、深入推进信访工作法治化、规范信访事项受理办理等要求,就是要全面贯彻落实好《信访工作条例》,认真区分群众信访诉求的不同类别,依法导入不同途径予以及时有效处理,发挥好信访工作对于群众诉求的分类、导引等领会方式工具作用,保障合理合法诉求依照法律规定和程序就能得到合理合法的结果。

在此,笔者也分享一个信访工作中有关信访事项客观判断与主观判断的思考。即准确把握事实的客观判断及义务、价值的主观判断，对于依法按政策处理好群众的信访诉求，有着十分重要的实践意义。并且，必须注意评判具体运用的次序，如果次序出现混乱或颠倒，也会影响或阻碍问题的妥当处理。

中央政法工作会议曾强调：要把群众合理合法的利益诉求解决好，完善对维护群众切身利益具有重大作用的制度，强化法律在化解矛盾中的权威地位，使群众由衷感到权益受到了公平对待、利益得到了有效维护。学者何怀宏等认为，道德判断可分为客观性的事实判断和主观性的规范判断，规范判断又可分为有关"正邪"（正当与否）的义务判断和有关"善恶"（好坏）的价值判断。因为法律的根基是道德，属于最低限度的道德，并且司法机关一般认为，法律可视为"确定的政策"，政策也可视为"灵活的法律"，因此准确把握事实的客观判断及义务、价值的主观判断，对于我们依法按政策处理群众的信访诉求，也有着十分重要的实践意义。

事实判断的基础作用

本地一中外合资企业曾分两次为部分职工增缴养老保险基数，10年后造成退休金出现较大差距，引起少增缴、未增缴职工的强烈不满。他们串联百余人，10多次集访、封堵人社部门及政府机关，言行、情绪较为激烈。人社部门调查后表示，该公司两次为200余名职工增缴养老保险时的申报缴费材料齐全，社保机构根据公司申报基数予以确认也未违反规定，按照政策现已无法受理增缴申报事项。集访职工认为是人社部门与公司相互勾连、暗箱操作，损害了他们的切身利益，要求给予补救或补偿；该公司虽已倒闭，但后由另一企业集团兼并，该集团有义务解决此遗留问题；如果确属公司申报原因，需公开公司决策文书，或由人社部门公开办理手续。

认可职工们的相关诉求极不容易。其一，原企业已经倒闭多年，补缴的巨额费用无人承担；其二，按照现行政策，人社部门无法操作；其三，已办理退休手续的职工无法弥补；其四，当时此类现象较多，如果同意补缴，会引起其他企业攀比，产生连锁反应；其五，工会、法制等单位也曾反复论证，应给职工缴纳的养老保险该公司均已及时缴纳，并未损害职工们的合法权益。

但因时间跨度较大，虽几经查找，人社部门和原公司留守人员均未能找到当时企业决策和申办的相关凭证。矛盾一时陷入僵局，职工们则缠访闹访不断。

笔者也曾在企业工作多年，对其组织运行相对较为熟悉。在人社部门、原公司留守人员一筹莫展、束手无策之际，启发他们重新查找公司当时的财务档案资料。因为增缴养老保险涉及大额资金的使用，财务报支手续应是企业保存最为规范最为齐全的凭证，一般不会丢失。根据笔者的指导，原公司留守人员很快就从留存的大量财务档案中找到了当时的报支审批手续，以及公司管理层研究决策的文件，充分证明上述两次增缴完全是该公司的自主决策行为，并非所谓人社部门弄虚作假、为虎作伥。在笔者将相关复印凭证交给串联集访的两位组织者观看，并进行政策和法治宣传教育后，他们当场泄了气，表示不再为此上访，此持续半年多的群体性矛盾也就此平息。

此案充分说明事实判断的重要地位，即"以事实为依据"的基础性作用。我们常说，要处理一个信访矛盾，首先要把矛盾的基本事实弄清楚；如果基本事实弄清楚了，就能很快找到化解矛盾的有效办法。

义务判断的关键作用

本地一对高龄夫妇（夫93岁、妇92岁）因要求享受"两人户70m²"拆迁安置面积，数次来访。虽已鲐背之年，但老人思路仍然清晰，表达能力尚可，且均是自己来访，不让子女陪同。

经仔细了解并查看相关档案资料得知，1987年老人及两个儿子（时年分别44岁、37岁）的3处住房已登记为3个家庭户，分别是其夫妇两人户和长子户、次子户。1987年，经政府审批，长子户（育有两子）拆老房建新房；2002年，经政府同意，长孙户（含长子）再拆老房建新房；2008年，经政府认可，次孙户（含长媳）再拆老房建新房。2008年，经政府审批，次子户也增建了新房。同在2008年，次子户及长孙户、次孙户均被拆迁安置。2015年，老夫妇的住房也需拆迁，但在安置面积上产生了争议。

区政府及相关部门认为，1990年的区建房审批政策明确，子女申请宅基地须与父母合并计算，严控分户；1998年的区民房建设政策规定，多子女户须明确与父母合并计算建房面积的对象；2012年的区拆迁安置政策明确，在安置房指标分户过程中，对多子户，年满18周岁可分户，同时父母须明确与其中一个儿子合并作为一户。因而，该夫妇的拆迁安置须与一子合并计算，不可单独成户；其可享受名下房屋的拆迁安置面积（59m²），但不可享受两人户（70m²）的优惠购房指标；而且该夫妇也已按拆迁面积选房，属安置到位。

既然区相关部门声称是按区政策办事，在核实该案过程中，笔者与其逐个讨论了相关政策依据。其一，对于1990年的区建房审批政策，该夫妇应不属适用对象，因为该户在1987年以前就已登记为3户，此后该夫妇也未再申请建房；其二，对于

1998年的区建房审批政策，该夫妇也未涉及，因为2002年和2008年其儿子、孙子先后3次审批建房，均未要求该夫妇拆除老房、合建新房；其三，对于2012年的区政策，该夫妇也无法适用，因为2008年时其两个儿子均已拆迁安置结束，但并未要求该夫妇同时拆迁、合并安置。现在该夫妇拆迁，如果必须执行此政策，是否应将其至少一个儿子再拉进来重新拆迁安置，那就要闹出笑话了。

基于义务判断，即"以政策为准绳"，相关部门最后妥善化解了此矛盾，老人很满意，还专门前来表示谢意。这就是义务判断或正当与否，在处理信访诉求中关键作用的体现。

价值判断的促进作用

本地一村民多次上访，声称对其数十年前的土地工安置未到位、户口未落实等，要求政府安排工作、办理户口并支付征地补偿。属地政府以查无实据、反映不实为由，未予支持。其仍然不服，申请信访复核。

经核查，1989年因交管所扩建需要，经土地管理部门同意，征用了信访人所在村的土地，除支付相关费用外，明确安置剩余劳动力1人。经村组推荐并经属地劳动部门审核，信访人成为安置对象。按照政策规定，劳动部门也安排了信访人到县属大集体性质建筑安装公司某工程队报到上班。该工程队的大集体合同制职工花名册及户口、粮油审批表均载有信访人的姓名。粮食部门也给信访人开出了粮油供应通知书及粮食供应转移证，公安机关也为信访人办理了户口迁入镇区的手续，并载明1个月的有效期限。但此后，再无信访人工作、落户的任何信息。

经反复核实情况，信访人知道无法隐瞒了，便将此事的来龙去脉和盘托出。当时，信访人确已去工程队报到，但其更希望安排到征用村地的交管所工作,工作轻松,离家也近,况且该单位当时还使用着2名临时工。他本有钢筋工手艺,若到工程队干活,还不如自己干收入高。因此他不想去工程队上班,而是长时间与交管所领导交涉。反复交涉未果,一气之下,他把户口迁移证锁在家中,自己外出打工赚钱了,也因而做了20多年的"黑户"。

至此可知,信访人当时未去单位上班、户口未落实,责任全在自身,现在其要求重新安排工作、给予补偿,无政策依据。复核结论虽已明确,但此事仍有其特殊性,即基于价值判断与追求,无论如何,信访人的户口问题仍需落实。随即,笔者邀请两级公安、人社、国土、农办、信访等部门进行会商,在取得一致意见后,经信访人申请,公安机关审批,信访人办理了农村居民户口恢复手续。随后,镇村按照相关规定和程序,照顾恢复了信访人集体经济组织成员的身份并享受相应待遇,使信访人重新回到了正常生活轨道,信访人也表示满意和感谢。

需要强调的是,在处理信访诉求过程中,事实判断、义务判断、价值判断虽各有其重要作用与意义,但必须注意评判和运用的次序。如果评判次序出现混乱或颠倒,反而会影响或阻碍问题的依法按政策处理,导致不良后果甚至恶性循环。特别是不能在未弄清事实和义务的情况下,仅听信访人的一面之词,就直接进行价值判断或处理,这样十有八九会出现问题,因此我们必须慎之又慎。

(Ⅱ)工作机制的制约

信访工作的领会除了会受到目标导向的影响,信访工作的领会也会受到工作机制的制约,这主要是从信访工作作为渠道工具来看的。从共时角度看，这一"领会"大致可分为言语与过程、问题与信息、岗位与职责三种类型。

一、言语与过程

"言语与过程"所对应的工作机制，重在要求信访工作人员要热情耐心地听取、知晓来访人的表达或者来信人的陈述。此类工作机制，大致有以下几方面的特点：

（一）强调态度

要求信访工作人员牢记群众观点，站稳群众立场，坚持群众路线，认真倾听群众的呼声与要求，把来访群众当家人，把群众来信当家书，热情接待来访群众，认真阅读群众来信，耐心与信访群众交流沟通。

人际关系理论和科学管理运动的先驱者之一亨利·劳伦斯·甘特认为："在所有的管理问题中，人是最重要的因素。"荷兰也有句谚语："信任来时是走着来的，离开时却是骑马飞驰而去的。"而耐心是为获他人喜爱、成为理想的人所须做出的必要牺牲。因为耐心是向他人传递的一种友好信号，证明自己非常重视正在发生的事情。

对此，习仲勋同志当时的观点也很有代表性。他立足于信访工作的政治属性与群众工作定位，曾语重心长地指出[1]，"人民来信来访多了好，还是少了好？肯定是多了好，多了，说明群众对我们很拥护，爱戴我们，信任我们，也说明他们加强了责任心和当家作主的思想。那种认为工作好了，来信来访就少了的看法是不对的。""就是说人民来信来访，不光是为申诉、解决个人问题，有不少是为了'参政'，对国家大事发表意见、

---

[1] 刁杰成：《人民信访史略》，北京经济学院出版社1996年版，第158页。

建议或批评。""究其实质,来信来访是党和政府同群众的关系问题,这种关系是越密切越好。""群众的利益就是党的利益,党和群众的利益是根本一致的,对群众负责就是对党负责,党和群众是一个脉搏,同命运、共呼吸。过去对来信来访不正确的态度,实际上就是对党不负责任的态度。""扣压群众来信是割断群众和党政机关的联系,是封锁中央。扣压群众信件实际是想堵住群众的口。"

(二)强调理解

要求信访工作人员充分理解信访群众的心情,理解群众的急难愁盼,想群众所想,急群众所急,帮群众所需。深入认识群众选择信访方式的根源,理解群众走上信访之路的艰辛。英国哲学家维特根斯坦认为,命令和命令的执行之间有一道鸿沟,它必须由理解来填平。与此类似,表达与领会之间也有一道鸿沟,它也需要由理解来填平。

同一种问题发生在不同人身上,其内心感受是不同的,因此需要因人而异,关注到每个人的不同感受。需要特别仔细地询问信访人情况,关注信访人感受,并转化为对信访人的深刻理解和共情。法国作家大仲马在《基督山伯爵》中就表示:这个世界的一大不幸就是每人都有自己的看法,而正是这种看法妨碍了我们去看清别人的看法。他还说,自知要比知人难得多,而知人要比自知有用得多。我国作家大冰在《乖,摸摸头》中也表示:物质世界愈发达,分别心愈胜,人心愈七窍玲珑,平视二字愈难。而平视体现出的平等与尊重,正是每个人的内心所需要的。因而倾听很简单,却也很难,难在用心。当我们了解对方,能够听到对方的心声时,问题往往也会迎刃而解。

据《人民信访史略》介绍:民主政治空气正常与否,影响信访的数量和内容。在正常情况下,信访数量波动不大,内容也多是反映当时群众关心的一些社会热点问题。但如果民主空气不正常,会直接影响群众的情绪;群众情绪又直接影响信访活动。如,"反右"斗争扩大化,影响群众的情绪,使信访数量直线下降。"四人帮"横行时,破坏了民主,广大干部群众感到十分压抑,忧国忧民成为当时的主要情绪。相反,民主气氛浓的时候,信访数量就上升,内容也多是参政型的。[1]

特别是,正常年份,信访内容多是干部作风、干群关系、民事纠纷、经济建设等,数量和内容一般波动不大,即使波动也是缓慢的。1953年1月23日,《人民日报》曾发表题为《压制批评的人是党的死敌》的社论,严肃批评少数干部对揭发他们错误的人进行打击报复的行为,要求广大干部支持和接受人民的监督,包括信访方式的监督,向一切官僚主义、欺压人民的恶劣行为作斗争。[2]

(三)强调疏导

要求信访工作人员认真细致做好信访群众的解释疏导工作,即解释好信访工作的具体程序,解说好信访事项的解决路径,介绍好法律法规和政策,阐明好处理工作的原则和底线,安抚好群众的情绪。努力让群众带着怨气而来,带着满意而归;尽可能让群众消气,让群众顺心,让群众满意。

信访工作的明线是处理群众信访诉求,信访工作的暗线则是开展思想政治工作。不过需要警惕的是,我们是通过语言来定型我们的思想,通过语言来塑造我们的情感。而暴力的语言、粗糙的语言必然会导致暴力的思维、粗糙的思维。英国作家奥威尔就指出,思维的浅陋让我们的语言变得粗俗而有失准确,而语言的

---

[1] 刁杰成:《人民信访史略》,北京经济学院出版社1996年版,第5页。
[2] 刁杰成:《人民信访史略》,北京经济学院出版社1996年版,第49页。

随意零乱又使我们更容易产生浅薄的思想。哲学家汉娜·阿伦特也曾指出，表达力的匮乏，恰恰与思考力的缺失密不可分。

在成效较为明显的阶段，如20世纪50年代初期，信访工作以及信访干部在面对问题与诉求时，通过与信访人反复地沟通交流，强化了人文关怀，也部分地成为类似中医"望、闻、问、切"的治疗手段，帮助准确诊断了相关"病情"，较好地发挥了信访工作的功能与作用。也就是信访工作基于专职工作所显示的促进交往、增进交流、推进互动等功能，也因此成为群众与党和政府之间联系的桥梁、交流的窗口、互动的途径。

《人民信访史略》还介绍，为了方便来访群众和改进接待工作，1965年6月，国务院秘书厅会同中共中央办公厅、全国人大常委办公厅和来访群众较多的中央部、委，成立了"中央机关联合接待室"，到1966年已有20多个中央机关参加联合办公。[1]该室仅成立一年多，就显示出它的优越性：①参加联合办公的部门关系密切了，相互协调、配合处理的案件多了，扯皮的事少了。②方便来访人。来访人不必为寻找有关中央机关而到处打听、奔波，避免了重复接谈和处理。同时，也缩短了在京时间，对维护首都的社会治安和中央机关的办公秩序起到了良好的作用。③便于全面掌握和了解中央机关的来访动态，及时发现共性问题和重大的问题，迅速采取措施，加以改进和解决。后由于"文革"开始，受到冲击并改变用途。

综上所述，工作机制关注言语与过程时，通过强调态度、强调理解、强调疏导等，信访工作在密切党群干群关系方面成效明显。特别是，当我们充分了解对方，能够倾听对方心声时，问题往往也会迎刃而解；当我们使用"望、闻、问、切"等"治

---

[1] 刁杰成：《人民信访史略》，北京经济学院出版社1996年版，第209页。

疗"手段时，也可以帮助准确诊断相关"病情"。信访工作对于群众言语等领会工具的作用，由此也就得到了有效发挥。

二、问题与信息

"问题与信息"所对应的工作机制，重在要求信访工作人员要认真了解信访人的诉求事项，掌握信访人的信访信息。此类工作机制，大致有以下几方面的特点：

（一）强调了解

要求信访工作人员细致了解信访人的诉求内容，了解信访人导致信访的前因后果、来龙去脉，确认好事实情况。如刘少奇同志曾指出的，"人民来信很重要，反映情况和干部作风的信件逐渐增多，这类信对于改进工作不仅有参考价值，而且有重要意义，必须受到重视。现在看各部委的报告，还不如看群众来信来得实在。"[1]

再如改革开放初期，信访工作既要推动解决历史遗留问题、落实党的政策，又要及时反映群众在经济、文化、社会生活等领域揭发和控告信息及利益诉求问题，还要从各方面集中群众智慧，为领导机关提供决策参考。特别是各级信访部门，非常注意筛选人民来信来访中的有关经济建设、经济体制改革的意见和建议，精心加工、综合整理、上报领导，为决策服务。也由于国务院办公厅信访局在这方面的作用突出，国务院领导同志称赞信访局"为领导工作起了助手作用"。[2]

可以说，社会上的所有矛盾都能成为群众信访活动的内容。毛泽东同志也经常从一件普通来信的内容中，"举一反三"，

---

[1] 刁杰成：《人民信访史略》，北京经济学院出版社1996年版，第157页。
[2] 刁杰成：《人民信访史略》，北京经济学院出版社1996年版，第274页。

引申和发现政治生活和经济建设中的重大问题。在党的七大上，毛泽东同志就曾说过这样一段话："坐在指挥台上，如果什么也看不见，就不能叫领导。坐在指挥台上，只看见地平线上已经出现的大量的普遍的东西，那是平平常常的，也不能算领导。只有当着还没有出现大量的明显的东西的时候，当桅杆顶刚刚露出的时候，就能看出这是要发展成为大量的普遍的东西，并能掌握住它，这才叫领导。"

我国信访工作数十年的经验是，凡是群众集中反映的问题，也就是党和政府重点研究的问题、社会热点问题。而要解决一个问题首要的条件是，它必须是一个"问题"。这么说的意思是指：将一个模糊陈述的问题转换成具体词句的过程，能使我们分辨"假性的问题"和"真正的问题"。假如我们所听到的抱怨与不满并非假性的，而是真正存在的问题的一个表现，那么成功协助对方清晰而具体地陈述问题，便是寻找解决之道的第一个先决条件。

也正如"吉德林法则"所说：把问题清清楚楚地写出来，便已经解决了一半。即只有先认清问题，才能很好地解决问题。正确的定义问题是解决问题的第一步，也是最重要的一步，没有之一。问题定义正确才有可能最终达成目标，问题定义错误，结果只能是谬以千里。不管是学习还是工作，我们都需要确定性的知识与信息，这是我们做好、做对事情的前提条件。

（二）强调事项

要求信访工作人员掌握和确定信访人的诉求事项，特别是在信访人表述不清、逻辑不明的情况下，帮助信访人找出诉求的重点、问题的症结，以方便后续责任主体具体受理与办理。

对于信访事项的具体办理，《人民信访史略》则有表述：新中国成立以来，对县及县以上各级领导机关处理信访问题的要求有一个逐步认识、逐步提高的过程。[1]开始的时候，只提出各级领导机关要认真处理人民来信来访，这是领导机关为人民服务的具体表现。1957年提出，"凡属自己应该办的和能够办的事，就不要往下转"，已含有"多办少转"的内容。不久，又提出信访工作做得好坏，县级是关键。1962年12月31日，国务院文件规定县"多办少转"。

根据后来的实际情况，县一般是执行"多办少转"，效果比较明显。因此，把"只办不转"和"多办少转"都归为"多办少转"。所以，"多办少转"是省、地、县共同遵循的原则。凡是认真实行"多办少转"的地方，很少发生互相扯皮的现象，信访案件绝大多数得到及时处理，取得了直接效果。

1963年9月，《中共中央、国务院关于加强人民来信来访工作的通知》出台，和以前的有关信访工作的文件相比，就信访事项的办理，具有以下显著的特点：[2]

要求各级党政领导同志将信访中的重要问题，提到本机关会议上研究解决，使得所有领导同志都了解和关心信访工作。从要求领导同志"过问"到亲自"处理"，再提到会议上研究，一次高于一次，一次严于一次。强调调动各级组织，特别是县级组织的积极性和责任心，是做好信访工作的关键。各省、地、县都有自己的个性问题或共性问题。对于这些共性的问题，上级机关和本机关的领导同志要帮助信访部门进行研究，督促有关业务部门从政策上加以解决。据有关信访部门多次分类统计和分析，来信来访中80%以上的问题，县里能够处理，也应该由县里处理，这对党的事业、对广大人民群众都有利。

---

[1] 刁杰成：《人民信访史略》，北京经济学院出版社1996年版，第178页。
[2] 刁杰成：《人民信访史略》，北京经济学院出版社1996年版，第173页。

而且，强调每个单位必须有一位负责同志掌管信访工作。提出这一要求除表明信访工作的重要外，实践经验表明，信访工作与其他工作，如工农业生产、经济建设、文教卫生等不一样，容易被忽略，如无领导同志掌管、专人负责，很容易被挤掉。信访工作虽不是生产建设，但它或直接或间接地影响工农业生产和经济建设。来信来访反映出来的大量重要问题和政策性、苗头性、倾向性问题，其中许多问题非领导出面不可，光靠下边同志是不好处理的。所以，只有信访部门和领导相结合才能做好信访工作。

特别是在思想建设方面，突出强调解决以下两个问题：一定要把人民来信来访工作看作是各级领导机关坚持执行党的方针政策、实现正确领导不可缺少的工作之一，看作是领导机关掌握第一手真实材料的主要渠道之一，是国家机关为人民服务、对人民群众负责的重要标志；在案件的处理中一定要坚持调查研究、实事求是、群众路线、阶级路线，坚持党的政策和原则，向主观主义、官僚主义、自由主义、资产阶级个人主义作斗争，提倡鲜明的原则性。

（三）强调信息

要求信访工作人员尽可能全面掌握信访人的信访信息，包括显性信息与隐性信息，抓住重点和要点，并根据需要形成文字材料，呈报上级领导或者相关责任主体研究处理。这是因为，信访工作成绩的大小，取决于领导的重视和信访部门的工作。

维纳在《控制论》中指出："任何组织之所以能够保持自身的内在稳定性，是由于它具有取得、使用、保持和传递信息的方法。"发挥信访工作的信息反馈作用，也是各个时期信访工作的一项重要任务。为此要求在提供信息方面，努力做到及时、准确、有用。为了达到这个目的，信访机构切实做到了全面情况定期反映、倾向性问题重点反映、苗头性问题及时反映。

据《人民信访史略》介绍：通过人民来信来访，每年都向国家输送大量的信息，这是对官方渠道信息的补充和"修正"，有些是官方渠道所没有的，尤其是对容易被忽略的信息，更具有拾遗补阙的作用。信访信息中的新经验、新情况很多。这些新经验、新情况在开始的时候，多数还不完善，但它向领导同志提供了信息，这些信息，有的是领导同志还不曾想到，或虽想到，但还没有形成一个完整的、成熟的意见，信访信息可以促使领导同志下决心对这些问题作出决断。实践证明，人民来信来访是信息的重要来源与资源。大量的、宝贵的、新的社情民意和各种信息源源不断地输送给党和政府，成为决策行为的可靠依据和参数。[1]

最突出的是中华人民共和国成立之初和"文革"后期落实政策最多。例如初期，毛泽东同志批示的人民来信很多，通过人民来信提供的信息，解决了一系列重大社会问题。如，解决失业工人、失业知识分子就业问题，就是其中突出的一例。[2]

改革开放以后，随着国家政治、经济形势的迅速好转和党的各项政策的逐步落实，信访形势和内容也发生了很大变化，如前所述，反映经济建设、"四化"建设和改革中的情况、问题和建议日益增多。党中央、国务院强调信访工作要为改革开放服务。信访工作的主要任务，仍然是反映情况和解决问题。反映情况，就是要继续做好信访信息工作，把大量的与改革有关的新情况、新问题，及时准确地反映给有关领导机关和领导同志，这是信访工作为经济体制改革服务最直接、

---

[1] 刁杰成：《人民信访史略》，北京经济学院出版社1996年版，第8页。
[2] 刁杰成：《人民信访史略》，北京经济学院出版社1996年版，第29页。

最有效的手段。

纵观数十年来人民来信来访的实践，充分说明它为领导机关提供了大量的、重要的、苗头性的信息，成为决策的"先导"；它又贯穿于决策的始终，每时每刻都在为决策输送新的情况和信息，充实决策的内容；它更重要的是决策后的反馈，即对决策的检验，检验决策是否符合民意，是否需要修正和补充。所以，人民来信来访在我们国家的政治建设和经济建设中占有特殊的地位，起到了其他任何形式所不能替代的作用。

综上所述，工作机制关注问题与信息时，通过强调了解、强调事项、强调信息等，信访工作在推动信访问题解决，提供领导决策参考，发挥领导助手作用、帮助掌握第一手真实材料，当好拾遗补阙角色，成为决策的可靠依据和参数，以及作为服务经济体制改革最直接最有效手段等。信访工作对于群众反映等领会渠道工具的作用，由此也就得到了不断的强化。

三、岗位与职责

"岗位与职责"所对应的工作机制，重在要求信访工作部门或者信访工作岗位要负责做好本部门或者本单位的信访工作，处理好信访人的诉求事项。也就是说，结果导向是其显著特征。此类工作机制，大致有以下几方面的特点：

（一）强调负责

要求信访工作人员全面负责做好群众信访方面的工作，信访部门是本级党委政府信访工作的责任主体，信访岗位则是本部门信访工作的责任主体。群众的来信来访，均由信访部门或者信访岗位负责接待、处理。而不管这些来信来访反映哪些情况，提出哪些问题，涉及哪些权限，产生哪些争议，导致哪些冲突。不过，这会产生"小马拉大车"的困境。

(二)强调处理

要求信访工作人员认真处理信访群众的诉求,坚持全心全意为人民服务,解群众所难,帮群众所需。不能漠视群众的需要,要努力满足群众的合理诉求。虽然,在实际工作过程中,有些信访问题,领导会认为应该管、应该有人管,但一线经办人员为减少自身麻烦,或者因工作难度实在较大,而出现推诿扯皮、应付敷衍等现象。

(三)强调结果

要求信访工作人员把群众的信访诉求都处理好,以结果来评价工作,看信访群众是否真正满意,看是否能够真正停诉息访。如果群众未能停诉息访,就说明信访工作没有做好,信访问题没有处理好,信访群众没有服务好。而不管是因为法律政策方面的原因,或是信访人自身的原因,由此也会导致"以访谋利""以访施压"等丑恶现象。

实践则反复证明,领导重视和信访部门或信访岗位主动是互为因果的。领导越重视,部门或岗位越主动,工作成效越大;而部门或岗位越主动,工作成效越大,领导也就越重视。从全面来说,领导重视是做好来信来访工作的决定一环;就信访部门来讲,主动工作则是决定的一环。[1] 即发挥好信访工作对于群众反映等领会渠道工具的作用

针对多年来信访工作中理念取向的背离偏差,以及功能作用的分歧争议,笔者曾经围绕群众工作与权利救济、维护权益与人文关怀、规范区分与评判准则等几个问题,尝试阐述了其中的区别及冲突,进而阐明当前信访工作应坚持群众工作属性,坚持以法律和政策为依据,坚持"谁主管,谁负责""属地管理,

---

[1] 刁杰成:《人民信访史略》,北京经济学院出版社1996年版,第127页。

分级负责"等原则,"保障合理合法诉求依照法律规定和程序就能得到合理合法的结果"。

群众工作与权利救济

从我国信访工作的产生与发展历程来看,其政治属性毋庸置疑。2007年《中共中央、国务院关于进一步加强新时期信访工作的意见》进一步明确,"信访工作作为党的群众工作的重要组成部分,是党和政府联系群众的桥梁、倾听群众呼声的窗口、体察群众疾苦的重要途径",因而其群众工作的特征也十分明显。群众工作可视为我们党的全部工作的基础,也是党的群众观点、群众路线的重要体现。有学者认为,执政党的"群众工作"总体上有四个特点:必须做好、无尽责任、不能回避、没有休止。因此从一定意义上说,各级国家机关或者每名党员干部都有义务和责任做好群众工作,特别是其思想政治工作。而开展群众工作的主要方法也就是教育疏导、典型示范、民主协商、换位思考、对症下药等,它的最大特色是不受内容、层级、职权、规则、程序、时间、地点、次数等的限制。

权利救济是指权利人的实体权利遭受侵害时,由有关机关或个人在法律所允许的范围内采取一定的补救措施消除侵害,使权利人获得一定的补偿或赔偿,以保护权利人的合法权益。权利救济的主要特征是依法维权,主要方法是法律救济,具体包括司法救济、仲裁救济、行政司法救济(如行政复议、行政裁决)。法律救济属于法治的主要范畴,而法治工作也有四大特点:法律至上、权力制约、人权保障、程序正当。相对于群众工作的四大特点,法治工作(包括权利救济)总体上应是有规则、有程序、有终结、有拒绝的。

有学者指出,如果信访工作兼有群众工作和法治工作的属性,那信访群众就可以"创造性"地运用话语——法治话语对其有利时就选择运用法治话语,在法治话语不利时就转向运用群众话语。这时信访工作过程就需要同时承担法治工作和群众工作的双重义务与责任,使信访工作成为无法承受之重。而且"信访救济"最大的弊端就在于它的非程序性和不确定性,其处理结果不仅难以让信访人信服,也会严重影响法治工作的氛围和权威。

维护权益与人文关怀

权益是指合法的利益,即受到法律保护的利益。维护权益也就是依法保护当事人的合法利益。在我国,公民的合法利益包括宪法和法律所规定的政治权利、民主权利、人身权利、经济权利、教育权利等。我国历来也强调,救济的获得以侵害的事实并且必须以实体权利的存在为前提。也就是说,没有实体权利的存在,也就无所谓侵权,无所谓维护。有学者指出,当下所谓"弱者维权"存在多种现象:主观意愿上,有被动型维权和主动型维权;采用方式上,也有"自曝式"维权和"作秀式"维权。而这些维权方式均有"两低一高"的特点:成本低、风险低,收益高。但政府却要为此付出更多的社会成本,并且政府的公信力及形象也极可能被弱化和受损,法律及制度规范也会被打破,因而"弱者可突破规则限制""弱者即正义"等观念应当摒弃。在法治社会中,对主体行为是否正义的判断,应当取决于主体的行为,而非主体的身份。

党的十七大报告首次提出了"注重人文关怀"等概念。人文关怀,一般认为发端于西方的人文主义传统,其核心在于肯定人性和人的价值。在我国,简单来说,人文关怀就是关注人的生存与发展。人文关怀不仅仅是从经济和道义上给予关怀,更重要的是在政治上、精神上充分实现人的价值。因此应当区分维护权益与人文关怀的具体情形，不能以维护权益来代替人文关怀，更不能以人文关怀来代替权益维护。信访工作作为群众工作，可以更多地体现人文关怀，但不可以超越法定权限介入权益维护。

依据《信访工作条例》等规定，笔者认为信访工作中涉及的"权利"或"权力"主要应有4个方面：信访人提出诉求的程序性权利、有权处理机关决定是否受理的程序性权力、有权处理机关做出问题处理决定的实体性权力、信访人得到处理结果的实体性权利。按照"职权法定""有法必依"等原则，对于有权处理机关是否依法行使了程序性权力和实体性权力，信访人均可通过法定途径，如行政复议、行政诉讼等提出疑义或追究责任。合法原则是现代法治国家进行行政活动的最基本原则，司法的本质是救济，司法也是人权法律保护的最后屏障，因此对于直接利益请求权（即合法权益受到侵害）的处理，不管是否已经行政信访程序处理，均应以法定途径的最终认定为准，而不能以行政系统的内部纠错机制来取代或规避司法机关的裁决。间接利益请求权（主要是意见和建议）可纳入行政信访处理程序，但也需认可其法律效力，不能终而不结、纠缠不清。

规范区分与评判准则

在信访工作实践中，部分信访干部也常会纠结于道德评价（包含价值）抑或法律评价（包含政策）而迷失工作方向。其实，依据学者们的观点，道德与法律的辩证关系是具有阶段性特征的：在立法阶段和立法、执法之后的反思阶段，道德规范是高于法律规范的，而在执法和司法阶段，法律规范则高于道德规范。具体来说：①立法阶段：法律本身的正当性不能来源于其自身，而只能来源于道德，不符合道德的法律是没有权威的；从法律体系而言，法律的价值、基本原则和具体规范都是道德渗入法律的有效渠道，通过价值引导、原则设定、条文规范确认，使抽象的道德原则转变为具体的法律操作技术。②执法阶段：在作为判断标准的意义上，法律成为首要的也是唯一的标准；在执法阶段，道德的作用依然是存在的，是通过执法者和守法者的内心而起到潜在的作用。③司法阶段：也应以法律至上为根本准则。道德的不明确性、不严格性，让位于法律的明确性、准确性、严格性；但道德在此阶段并非无所作为，它可通过法官、检察官的职业道德及诉讼参与人的社会公德系统，产生潜在而间接的影响。④反思阶段：道德应当成为批判、反思、修改法律的标准；对法律进行评价的标准仍然来自道德，合理性高于合法性。

并且，法治是价值、规范（也可称之为义务）和事实的动态统一体。法也是存在于价值、规范和事实三个不同界域中的统一体，法律分别以价值形态、规范形态、事实形态存在。三种形态既有明显区别、彼此独立，又互相连接并互相转化；价值、规范、事实三者的统一，构成了法的动态的生命。具体来说：①价值的本质是一种主观追求，是应然的彼岸，是人们对于未来生活状态的一种期待；价值形态的法一般以理念的形式存在于人们的意识当中。②规范的本质是对于应然的宣示和对实然的调整，是一套指令系统；规范形态常以文字和文本的方式存在于现实当中。③事实是与应然相对应的实然状态，是人们基于规范的约束而形成的与理想有所关联的事实，以人们的各种行为方式体现出来的事实，实际上是法律所调整的事实。

为此，对于具体信访诉求的评判，应坚持以法律和政策为依据，"保障合理合法诉求依照法律规定和程序就能得到合理合法的结果"。同时，对具体问题情形的判断，应坚持"谁主管，谁负责""属地管理，分级负责"等原则，以事实判断为基础和前提，以规范判断为关键和标准。只有在缺少规范依据的前提下，方可以价值判断为促进和推动。而不能任性忽略工作原则、随意颠倒评判次序，造成信访工作的混乱与被动。

（Ⅲ）工作能力的影响

信访工作的领会除了会受到目标导向的影响、工作机制的制约，从"人是信访工作的关键"来说，信访工作的领会也必然会受到信访工作人员工作能力的影响。这主要是从信访工作作为载体工具来看的，这些能力主要包括：辨识能力、沟通能力、反思能力。

一、辨识能力

辨识，即辨认识别。辨认是根据特点辨别，做出判断，以便找出或认定某一对象；识别也是指辨别、辨认。信访工作人员的辨识能力应当是信访工作岗位需要具备的基础性能力，根据现行《信访工作条例》的规定，主要应当包括信访活动、诉求类别、事项情形的辨识。

（一）信访活动

对于信访活动的辨识，主要是指信访工作人员对于群众的相关活动或者行为，是否属于信访活动的范畴，以及是否符合《信访工作条例》的规定或要求，进行的辨认和识别。如果属于信访活动的范畴，就需要按照《信访工作条例》的规定和要求进行规范、作出受理办理等。

信访活动的辨识能力对于信访工作人员领会的影响主要是，是否将其纳入需要领会的对象、必须领会的内容是哪些、应当领会的内容有多少、相关内容需要领会到什么程度、哪些内容是重要的、哪些内容是不重要的等。一般来说，这些内容主要应包含三类信息，即针对信访人的基本信息、针对信访事项的属性信息、针对问题起因的概况信息。

法国文学家布鲁叶说，好的判断是世界上最稀有的东西，比钻石珠宝还要稀有。就信息而言，能获取信息只是其中的一方面，而能认知信息、判断信息、运用信息则是重要的另一方面。按照心理学观点，认知不同，意义与价值就会不同，态度也就会有区别；面对同一件事情，不同的心态也会得出不同的结论。为此，同一个矛盾、同一个诉求，不同的眼光、不同的心态，其结果可能大相径庭。

而且，人们并不是为了"真善美"而大都是为了实现各自的利益，依据自己的偏好和最有利于自己的方式进行活动的，他们也大都是理性的、追求个人效用最大化的"经济人"。因而在信访诉求中，信访人为实现目的，假象及迷惑较多，主要有三类：包装、牵连、夸大。对于包装，需要去伪存真、现出原形；对于牵连，需要去末归本、剪掉枝叶；对于夸大，需要去粗取精、刺破泡沫。

我们也需要知道，在信访活动中，有因问题而产生不满的，也有因不满而产生问题的。一些信访老户是始终生活在不满之中的，而不管现实生活条件真实如何。因此普遍性地不满，也成为一些信访老户的一种生活态度。也正因为此类认知，处于这种心境，这些信访老户也会失去幸福的能力，遇事也总是采取外归因的方式。

还需要注意，对于事物的预期会影响满意度，选择多时会影响满意度，易得也会影响满意度，情绪状态仍会影响满意度。个体在感知中找不到确定性，就倾向于到观念那里去找确定性。

于是，观念的分量也就越来越重。也因此，言语表达的"真相"，至多只是对"真相"的描述，而非"真相"本身；而言语领会的"真相"，更非"真相"本身。即言语的"真相"，并非"真相"本身。同样，言语的"评判"，如是非、对错、善恶、好坏，至多只是人所赋予的意义，亦非"事物"本身。

《教父》的经典台词："花半秒钟就看透事物本质的人，和花一辈子都看不清事物本质的人，注定是截然不同的命运。"况且，欺骗根本不需要撒谎，改变事件的发展顺序，就足以颠倒黑白；或者强调事件的某些方面，只让你看到真相的一部分，也同样可以达到欺骗的效果。高级的谎言，它从来都不需要讲假话。

而同理心又是人类与生俱来的一种能力。我们会通过帮助他人来减轻自己因目睹他人痛苦而感到的痛苦。也可说明，表面上的利他行为，只不过是利己的手段而已。长期以来，绝大多数心理学家都支持这一观点。特别是当领导干部或者工作人员自身存在不足、感到内疚时，倾向于做些"好事"加以补偿，以减轻内疚造成的心理压力。并且一些人格因素也影响利他行为。所有这些，都在反复说明信访工作人员辨识能力的重要性，以及可能对信访工作载体工具造成的负面影响。

（二）诉求类别

《信访工作条例》将群众的信访诉求主要分为三大类，即建议意见类、检举控告类、申诉求决类，《条例》的第二十八、二十九、三十条也分别明确了相应的办理要求。其中，建议意见类信访诉求是指对党和国家事务、经济和文化事业、社会事务管理等提出自己的主张和看法；检举控告类信访诉求是指对党和行使公权力的部门与组织及其工作人员失职、渎职等违纪、违法行为的检举或者控告，要求查处等；申诉求决类信访诉求是指不服党和国家机关、其他有关组织的处理决定，提出改变或纠正的要求，或者请求党和国家机关履行职责，帮助解决困难、问题，满足自身特定利益需求等。

诉求类别的辨识能力对于信访工作人员领会的主要影响：能否做到准确归类，以及建议与意见、检举与控告、申诉与求决的进一步区分。还有，每类诉求应当重点领会的内容，重要诉求应当如何处理，以及如果诉求有交织应当如何进行归类等。

马克思说：人们奋斗所争取的一切，都同他们的利益有关。马克思还说，"思想"一旦离开"利益"，就一定会使自己出丑。利益是一个社会最基本的动力。利益的不同是矛盾的根源。辨别利益，也是看透一切事物真相的不二法则。但是，利益冲突不仅受个人对所得期望的影响，而且受个人对制度公平认同与否的制约。

而个体主义的代表性现象，是人们表现出对社会和道德价值的漠视。价值观是交往主体为人处事的基本原则，是最根本性的。因为价值观是无形的，因此价值观上的冲突总是最难解决的。虽然有时冲突似乎是针对物质利益，但实际上核心问题往往是人类至关重要的精神需求，如认同、尊严、参与。让人们表达自己的愿望并让其感受到有人愿意倾听，对于处理好这些需求是极为重要的。

（三）事项情形

《信访工作条例》第三十一条对信访人提出的申诉求决类事项，共区分为六种情形，具体包括：①法定程序，即应当通过审判机关诉讼程序或者复议程序、检察机关刑事立案程序或者法律监督程序、公安机关法律程序处理的，涉法涉诉信访事项未依法终结的，按照法律法规规定的程序处理。②仲裁程序，即应当通过仲裁解决的，导入相应程序处理。③党内程序，即可以通过党员申诉、申请复审等解决的，导入相应程序处理；④行政程序，即可以通过行政复议、行政裁决、行政确认、行政许可、行政处罚等行政程序解决的，导入相应程序处理。⑤履职程序，即属于申请查处违法行为、履行保护人身权或者财产权等合法权益职责的，依法履行或者答复。⑥信访程序，即不属于以上情形的，应当听取信访人陈述事实和理由，并调查核实，出具信访处理意见书。

事项情形的辨识能力对于信访工作人员领会的主要影响：对于申诉求决类事项是否能够精准定性，每一性质的事项具体需要领会什么内容，每一性质事项的关键信息又有哪些，以及事项有交织时该如何定性等。

我们观察和分析群众的信访诉求，通常会有四种不同的视角，包括：①动机视角，从信访人的心理来分析，大致有维权的动机、谋利的动机、泄愤的动机三种类型，以及三者的交织叠加；②维权视角，从信访人的诉求是否有理（主要指依法按政策）来分析，大致有诉求有理、诉求无理以及可以协商三种类型；③生活视角，从信访人的特殊境遇来分析，大致有求助、倾诉、意见三种类型，以及可能的交织叠加等；④环境视角，从信访人可能受到的社会影响来分析，大致有仿效行为、监督行为、建议行为三种类型，以及可能的交织叠加等。

当然，信访干部或者信访工作人员也大致存在四种主要类型：①客观型，对信访诉求采取理智和求实的态度，喜欢作具体分析；②主观型，对一些问题敏感，反应强烈，可能突出个人偏爱；③联想型，对具体情节感兴趣，特别容易产生相关联想；④性格型，喜欢使用对于性格特征的理解来解释信访活动，从信访行为中感受到人格和情绪的特征。

为此，我们对于信访诉求的评判，需要知道每个影响的节点,但不能只是针对其中的节点作出判断。而当你有了全面性的思维,你就能对一件事情有更加准确和深刻的看法,从而让你的观点更加有说服力。拥有全面性思维通常更能把握事情的实质和核心,因为不会被单一的信息或狭隘的观点所误导,能从宏观和微观、局部和整体、短期和长期等多个层面去分析问题,得出更加全面和准确的结论。全面性的思维也极大地增加了观点的说服力,因为这些观点是基于全方位和多层次的分析,所以更容易得到他人的认可和支持。这也是信访工作人员的辨识能力,对于信访工作作为载体工具,即汇集信访信息方面的重要意义和价值。

对于信访工作人员的专业与技能,笔者也曾做过一些梳理和分析,在此也作一个分享。

什么是"专业"?通常是指专门从事某种学业或职业。英国有学者则提出"专业"应具有三个基本特点:有一个很关键的社会功能,有自己特殊的知识技术,有比较坚实的知识系统;并且,所有"专业"的核心价值都是一切为了服务对象。对于信访工作"了解民情、集中民智、维护民利、凝聚民心"的作用定位,以及信访工作作为我国治理体系和治理能力的重要组成部分作用日益凸显的当下,信访干部对于自身的"专业"以及应具有的"技能",应有足够的重视与思考,不能仍然简单地认为信访干部就是做信访工作的人,就是意味着"辛苦、艰苦、清苦",而是有着专业与技能方面的具体要求的。

信访干部的专业

按照"专业"的基本特点,笔者认为,信访干部的专业主要应表现在三个方面:

(1)社会功能。主要包括三个方面:①联系。加强联系方能拉近关系、增进了解，防止彼此疏远和冷漠。也因此，信访工作及信访干部是党和政府联系群众的桥梁与纽带，一头连着党心、一头连着民心，责任重大、使命光荣。②沟通。加强沟通才能增进信任、减少误会，及时消除隔阂和偏见。信访干部的任务就是要助力领导与群众、权力与权利的沟通，巩固党的执政之基。③信息。加强信息的收集、传递与研判，便能知己知彼，避免工作的盲目与被动。信访干部的核心就是要重视社情民意信息方面的工作，为党和政府正确决策当好参谋助手，促进国家长治久安。

（2）知识技术。核心包括三个方面：①交流。信访干部需要掌握互动交流的知识与技术，以更好发挥联系、沟通的功能。②梳理。信访干部需要掌握分类梳理的知识与技术，以更清晰、更有条理地掌握群众信息。③分析。信访干部需要掌握信息分析的知识与技术，以更好地提供有效信息、核心信息，特别是有质量、有针对性的信息。

（3）知识系统。除基本的信访业务知识外，重点应包括六个方面：①政治，信访工作最根本的是其政治属性，因此信访干部需要掌握必要的政治学知识；②行政，信访工作最主要的是牵涉政府工作，因此信访干部需要掌握必要的行政学知识；③社会，信访工作最重要的是反映社情民意，因此信访干部需要掌握必要的社会学知识；④法律，信访工作最核心的是依法按政策处理矛盾纠纷，因此信访干部需要掌握必要的政策法规方面的知识；⑤文化，信访工作最根源的是其历史传承和人文特点，因此信访干部需要掌握必要的文化与心理等方面的知识；⑥经济，信访工作最本质的是有关利益方面的矛盾纠纷，因此信访干部也需要掌握必要的经济学知识。

当然，信访干部的核心价值也就是服务群众诉求、服务领导决策、服务社会治理等，特别是发挥察民情、集民智、护民利、聚民心等作用。

信访干部的技能

问题是时代的声音，矛盾是前进的动力。信访工作主要就是与问题和矛盾打交道的，因此笔者认为，从一定意义上讲，信访干部就是"听音者""接力人"。信访干部要担当好这些角色，必然需要基本的工作技能。这些技能可大致分为三个层次：

（1）初级。主要包括三个方面：①听读技能，要能听懂听清群众来访反映的内容，读懂看清群众来信表达的信息；②表达技能，要求具备基本的口头和书面表达能力；③沟通技能，要求具有基本的交流互动、解释疏导能力。

（2）二级。应当包括三个方面：①鉴别技能，主要是能够鉴别信访人及涉事方反映内容的虚实或真伪，不会轻易受蒙蔽；②分类，重点是能够分清矛盾问题的种类及成因，便于分门别类办理；③理责，核心是理清问题的责任主体，便于转办交办，明确后续具体办理的责任。

（3）三级。重点包括三个方面：①本质，核心是能够把握具体信访问题的本质，并明确矛盾的具体性质；②根源，重点是能够认识问题产生的根源，并从源头上把握矛盾所牵涉出的利害关系；③处理，关键的是根据问题的本质与根源，依法按政策做出处理应对与工作指导。

此外，对于具体矛盾纠纷的处理，还必须遵循事实判断、义务判断、价值判断的次序与要求，坚持"以事实为依据，以法律为准绳"等基本原则，坚持"正当优先于善"的总体要求，努力实现阳光信访、责任信访、法治信访的工作目标。

二、沟通能力

沟通，意思是使双方互相通连。沟通也是人与人之间、人与群体之间思想与感情的传递和反馈过程，以求思想达成一致与感情通畅。信访工作人员的沟通能力应当是信访工作岗位特别是来访接待岗位需要具备的关键性能力。基于信访工作的特点，沟通能力主要应当包括细致倾听、清晰表达、妥当把控等能力。

（一）细致倾听

细致倾听是指信访工作人员需要认真诚恳、细致耐心地倾听信访群众的诉求，通过倾听了解清楚事情的来龙去脉、虚实真伪等。在此基础上，进一步分析判断信访群众的主要诉求是什么，诉求的类别是什么，事项的情形是哪个，责任主体是哪家，事实和依据有哪些，等等。

能否细致倾听，包括认真阅读群众来信，对于信访工作人员领会的影响是很明显的，因为倾听和阅读是领会的基础和前提。而且，倾听和阅读越是仔细，获取的信息就会越多，领会的内容也才有可能越多，两者一般是呈正相关关系的。

尤其需要注意的是，当前群众信访的内容特点呈现出四个转化：①由直接利益转向制度设计，即群众诉求从主要涉及个人直接利益、具体政策落实、个案权益维护等方面，逐渐转向顶层制度设计，如民代幼职教师政策、移民安置政策等。②由现实利益转向长远保障，即在关注现实利益问题的同时，更加关注长远性基础性的社会保障，如卫生医疗、教育供给、社会救济等。③由切身利益转向揭露问题，即从个人生产生活的利益问题，进而揭露干部的违法违纪问题。④由个人利益转向公共利益，即从主要涉及个人利益、经济利益，转向关注经济建设、社会建设、文化建设、生态建设等以公共利益为主的各个方面。为此更需要细致倾听，把准诉求。

（二）清晰表达

清晰表达是指信访工作人员对来访群众清晰地表达出自己的想法，这也是双方可以进行有效沟通的前提和基础。信访工作人员的清晰表达应当包括两个方面：一是清晰表达出自己所领会的、信访群众的诉求要点，与信访群众及时进行确认，避免领会出现偏差或者不足；二是针对信访群众的诉求内容，清晰表达出自己的观点看法，或者进一步询问事项的关键焦点、细节情形等，及时推进双方的交流沟通，并尽可能地及时取得共识。

能否清晰表达，对于信访工作人员领会的影响也主要体现在两个方面：其一，是否能够及时与信访群众确认，自己已领会的其诉求的内容；其二，是否能够及时询问并领会到更重要、更关键的事项信息等。

理知时代以来，说理成为一种基本要求，这是跟公开性的要求连在一起的。一般情况下，最重要的是有说理的愿望，尤其是说理的态度，也就是尊重他人、平等待人的态度。最要紧的则是利益不一致、价值不一致的当事人之间的平等关系，只要这种平等得到了尊重，其他的，包括说理都是次要的。也就是说，达成一致只是讨论的目的之一；另一个更重要的目的，是表达一种对待他人的态度，进而形成和维持一种平等的、相互尊重的社会关系、政治关系。因为不管你尝试怎么说服我，你首先得对我有所理解；你只能在理解我怎么会有这样一种想法的基础上，才可能劝说我。亦如有学者提出的，对于听道理的人，"无论什么新鲜的道理，只当连到他已经明白的道理，归化为他的道理，对他说理才有意义。"

（三）妥当把控

妥当把控是指信访工作人员能够较好掌控双方交流沟通的情绪与节奏，以便尽可能全面深入领会信访群众的事项内容及诉求动机。这里所说的情绪，既包括信访群众的情绪，也包括信访工作人员自身的情绪，防止因为一方或者双方的情绪失控，而导致沟通效果折损。节奏的掌控也很重要，特别是在与多人同时沟通时，不能让对方带乱节奏、带偏方向。

能否妥当把控，对于信访工作人员领会的影响主要体现在：是否能够通过对沟通双方情绪与节奏的把控，让倾诉者得以充分地表达，让倾听者得以详细地了解。特别是对于诉求、事项的关键环节，得以细致深入地交流。

沟通的本质并非辩论，也非用道德和情感去压迫，而是努力搞清楚，彼此到底需要对方做什么。或者说，沟通的本质是通过表达与领会的互动交流（区别于指令等），达成自己的需求，即实现沟通需求（区别于交流）。沟通需求，方向上有侧重"表达"与侧重"领会"，内容上从侧重"信息"到牵涉"信念"，情绪比重逐渐增大、难度亦逐渐增大。

但三个客观事实让沟通很难：信息储备不一样，即双方认知不同；语言传输过程有损耗；以自我为中心的思考模式。并且还有三个应急机制也影响沟通，即负面偏好、防御性听、价值表达。其中，负面偏好是古老原始的生存机制，如放大问题；防御性听是自我保护的本能反应，如警惕对方；价值表达则是存在价值的必然表现，如展示自我。

心理学教授艾尔伯特·麦拉宾在研究信息传播时发现，人们面对面交流时，通过语言有效传递的信息仅为7%，另有38%由语气和音量的高低传递，55%靠面部表情传递。即人与人交往中给对方留下的总体印象，7%取决于交谈的内容，38%取决于说话的语音语调，55%取决于肢体语言。为此，为有效沟通及构建和谐社会关系，信访工作人员需要准确理解他人的情绪和意图。

如果矛盾依然存在或未得到改变，那么可以肯定是问题未解决。但问题未解决可能有两种情况：一种是求决问题未得到解决，这大多是客观性的，是权利义务方面的，是有衡量标准的；一种是争议问题未得到解决，这大多是主观性的，是思想认识方面的，是没有衡量标准的。而共情就是理解和分享他人情绪体验的能力，包括情感共情和认知共情两个成分。前者涉及分享他人情绪体验的能力，而后者主要指理解他人情绪状态的能力。

还需要注意，对于事物的预期会影响满意度，选择多时会影响满意度，易得也会影响满意度，情绪状态仍会影响满意度。个体在感知中找不到确定性，就倾向于到观念那里去找确定性。于是，观念的分量也越来越重。典型的如偏执型，其想法往往带有歧视、排斥、恐惧等情绪因素。偏执一般不会因别人的劝说或说理而有所改变，恰恰相反，越是劝说和说理，可能越偏执。正如美国著名作家老奥利弗·温德尔·霍尔姆斯说："偏执的头脑就像是人眼睛的瞳孔，你越是用光去照它，它就收缩得越小。"

在沟通过程中，信访干部或者信访工作人员也大致存在四种主要类型：①事务型，易于陷入具体事务，以完成岗位任务、岗位角色为主，大都简单机械地询问、了解来访群众的基本情况以及诉求或事项的主要内容；②直觉型，喜欢凭自己的直觉判断信访人的特点，以及信访诉求的性质，工作相对粗糙，贪图省事与捷径；③情感型，对信访人的情感状态较为敏感，容易被信访人的情绪所影响，常常与信访人过度共情而不自知；④探究型，对信访人的诉求事由、事情经过比较感兴趣，喜欢刨根问底，弄清来龙去脉，直至水落石出。

怎样把话说到点子上，也是沟通能力的一个重要环节，这就涉及言语的概括能力。概括力是指抓住关键信息，顺应场景，简洁明了、有逻辑性地进行表达的能力。概括力的最终形态是精准的言语输出行为。一般来说,概括力强的人能够精准地掌握信息,并且总是知道说什么,即善于紧扣说话的中心;说到什么程度,即善于把握说话的分寸;先说什么后说什么,即善于调配说话的顺序。

做好信访工作既需要感性,也需要理性。即在听取信访人倾诉时,信访工作人员需要投入更多感性,支持信访人多说多讲;在引导信访人说出一些重要情况时,信访工作者则需增加一些理性,以掌握更多的有效信息;在针对信访人的不合理要求时,信访工作者更需及时进行理性评判,正面影响信访人的心态,让其及早回归理性。这些也均是信访工作人员的沟通能力对于信访工作作为载体工具,即汇集信访信息方面的重要意义和价值。

三、反思能力

反思,是指重新思考,即对过去的事情进行深入地再思考。反思能力也被视为人类最高意识里的最高标志。鉴于反思能力对于信访工作的重要意义,对于信访工作人员的重要价值,尽管在《透视》一书中已有过具体阐释,在此仍有必要介绍一下。

我国有学者提出,人类最复杂、最高层次的心理就是反思。因为反思至少需要具有两种能力:一种是抽象思维能力,即能够把握事物的本质与规律;一种是内化标准能力,即对于事物有着自己相对稳定的衡量与评判。学者陈嘉映也指出,所谓理性,是靠反思和科学精神培育的。而信访工作作为"了解民情、集中民智、维护民利、凝聚民心"的重要综合性工作,作为促进社会和谐维护社会稳定的重要基础性工作,尤其需要具备良好的反思能力。

何谓反思能力

反思能力在本质上属于一种能力类型,与其他能力属概念的区别就在于其之反思性。何谓"反思",根据《辞海》释义,"反思"就是重新思考;在哲学领域则通常指精神的自我活动与内省的方法。英国哲学家约翰·洛克认为,人的经验按其来源可分为感觉与反思(或反省),前者即外部经验,后者即内部经验;反思是心灵以自己的活动作为对象而反观自照,是人们的思维活动与心理活动。德国哲学家黑格尔则赋予"反思"一词更为深刻的内涵,认为反思是一种纯粹的思维,是"以思想的本身为内容,力求思想自觉其为思想"。在黑格尔看来,反思是一种事后思维,是事后对既有经验和现实对象的思考。

我国古人将反思更多的定义为"基于自我的一种思考",是以自身为思考对象的思维活动。心理学家又将这种反思称为元认知。作为一种自我监控活动,人们通过元认知将自己的思想、行为置于自我监督和控制之下,使之不背离业已形成的处事规则或按照预定的计划目标发展。现在,"反思"已普遍用来表示对自己的思想、心理感受的思考,对自己体验过的东西的理解或描述;也泛指对各种事物、现象的思考,是人类独具的一种能力。

反思能力的重要性

按照心理学的一般原理,人们的行为机制遵循的是"外部事件→主观认知→产生情绪→做出行为"的模式。而"主观认知"就是人们面对各种情况时产生的想法、判断,但这个想法常常是不准确的、有误差的。不善于反思的人,认为是外部事件导致了自己产生什么情绪、采取什么行为;而善于反思的人,会对自己的想法进行分析,进而注意控制自己的情绪,改进自己的行为，使事情向着更好的方向发展。

美国哲学家约翰·杜威就用"反省思维"指称反思，认为"这种思维乃是对某个问题进行反复的、严肃的、持续不断的深思"，"就是有意识地努力去发现我们所做的事和所造成的结果之间的特定的联结，使两者连接起来"。杜威还认为，思维未必是反思性的，但是基于反思的思维必定是好的思维。那么反思能力为什么这么重要，就因为反思能力具有特别之处。参考姚林群等学者的观点，反思能力主要有五个方面的特征：

①明晰的自我意识。自我意识是意识的一种形式，指主体对自身的意识，是对自己的认识和对自己的态度的统一。自我意识体现的是个体对自我的意识以及自己与外部世界关系的意识，它包含着对自己的思维、情感、意志等心理活动的意识；自我观念、自我觉知、自我评价、自我体验、自我监督和自我调节控制等是其重要的内容。自我意识也是一个人产生自知和自爱的源泉，而自知自爱则是一个人认知他人、理解他人，建立和发展良好人际关系，进而体贴他人、关爱他人的前提。

②理性的批判精神。批判精神就是有意识地进行批判的心理状态、意愿和倾向，它左右着一定的心向，激发或激活个人朝着某个方向去思考。它是对盲从的一种主体性觉醒，能够使一个人用审视的眼光看待事物，避免思想的僵化、停滞、狭隘和片面，从而保持思维的内在活力。因此，具有批判精神的人，能够对各种事物和观点不断进行思考和检讨，根据充分的理由或证据来评估观点并做出客观判断，而不满足于现有结论和状态。同时，也敢于对事物刨根问底，绝不在复杂的表象和矛盾中迷离、退缩，拒绝接受没有依据的观点。

③主动的探究习惯。反思不只是对行为或活动的"回忆"或"回顾"，更重要的是要找到其中的"问题"及"答案"。

即通过反思，不仅总结经验与教训、问题与不足，而且还深究问题产生的原因及探寻问题解决的有效方法与策略。"提出问题—探究问题—解决问题"也是杜威提出的反省思维的基本过程。因而，善于反思的人，在面对问题时就会主动进行探究，而不是被动等待或者感觉束手无策。

④坚韧的意志品质。反思也是不辞劳苦、冲破艰难困苦进行探究的过程。这一过程如果没有坚韧的意志力，很难进行下去。因此反思的意志力，不仅体现在反思活动的持续性、战胜困难和忍受痛苦的"韧劲"上，而且表现在督促自己自始至终盯着那些问题和不合理性上，并敢于解释或承认存在的问题与不合理性。所以，善于反思的人是敢于正视自身不足和接受他人意见，愿意忍受疑难的困惑和探究的辛苦，有着常人所没有的坚韧意志力的人。

⑤有效的执行模式。反思不同于冥思苦想，也不是哲学上那种"只动脑不动手"的沉思，而是跟行动密不可分。也就是说，反思不仅要会"思"，而且还要能"做"，反思是与行动紧密相连的。反思的最终目的是改进、完善，为了解决问题，为了达成目标。一个只会找问题，而不能解决问题的人，不能算是一个真正的反思者。

在反思的过程中，人们常以自身的思想、行为、道德修养、价值观念等为思考对象，通过自我检查、自我剖析，以是克非，从而不断取得进步，实现自我发展。因此，从上述反思能力五个方面的特征，我们也可领会培养个体反思能力的五个重要意义，即：①促进认识自我，自知自爱；②促进深思熟虑，谨慎细致；③促进实事求是，深入本质；④促进坚忍不拔，努力改进；⑤促进独立自主，知行合一。

信访工作需要反思能力

信访工作最主要的特点,就是专门与问题和矛盾打交道。面对纷繁复杂的各种纠纷冲突,应对面广量大的各类负面信息,要时刻保持清醒头脑,及时做出妥当评判和回应,信访工作及信访干部必然需要具备良好的反思能力。

尽管具体地看,反思能力有着五个方面的特征及意义,但概括起来看,反思能力主要就集中在两个方面,即:抽象思维,能够把握事物的本质与规律的能力;内化标准,对事物有衡量与评判的能力。这两点对于信访工作和信访干部尤显重要。

就抽象思维而言,主要是能够从信访群众的叙事式、情境式表达中,提取真正属于其求助内容的、关于矛盾和问题本质的信息,以便尽快掌握其求助事项的性质与根源,并大体领会其所反映事项的演变规律及过程。而且,一方面,出于本能,绝大多数信访人只会选择表述对其有利的情况,而对其不利的情况只字不提或是尽量遮掩;另一方面,出于目的,部分信访人还会对其诉求进行一定的包装、夸大和牵连,以求取得更多的同情与支持。面对这些情形,是否具有抽象思维能力就显得十分重要,因为这关系到信访干部是否会被信访人所陈述的表象所迷惑,是否会被信访人所表述的情形所误导,出现认知的偏差与问题的误判,进而影响和制约信访工作的质效。

同时,信访工作与医生看病也有类似之处,均要求从结果来推测原因,即先知道症状、情形,再分析症结、原因,再对症治疗、对事评判。而且,对于如何解决问题,也需要先确定目的,再分析障碍,再采取措施,直至矛盾能得到妥善化解,相关工作能得到改进提升。因此,信访工作及信访干部的抽象思维确实很重要。

就内化标准而言，主要是能够始终坚持"依法按政策处理问题"的基本原则，坚持"属地管理、分级负责""谁主管、谁负责"的工作原则，坚持"诉访分离""依法分类处理"的办理原则等，及时对群众诉求做出准确判断与有效回应。特别是在信访工作中要坚持"是非"标准，不能无原则的"和稀泥""捣糨糊"，甚至"花钱买平安"，使小事拖大、大事拖炸。"信访的有限性"就在于，不是信访工作者没办法，而是信访工作、信访制度没办法。如自认为特殊者、例外型的对于法律、政策的不满等。

凡事利弊相生、长短相随。事实也在不断提示我们，讲人情的好处是古道热肠，有情有义有温暖；讲人情的坏处是人情至上，极易颠覆操守和公平。操守混乱的世界，温暖是无意义的；公平缺失的社会，情义是靠不住的。亦如滑坡原则所指出的，如果允许某些并非显然可反对的事情，会导致另一些显然可反对的事情，那么对于两者之中的任何一种，就都不应允许。滑坡论证就是为了避免灾难的善意努力，或者说需要我们坚守的底线思维。

而信访诉求并不仅仅是政府管理的问题，也与信访人自身经历社会环境变迁、无法适应新的环境、适应能力不足、处于弱势地位有关。并且，群众还会根据自己的需要在道德话语、法律话语、政治话语之间来回切换，通过构建"苦难—救援"（道德话语）、"蒙冤—为民做主"（法律话语）、"腐败—惩戒"（政治话语）等不同情境来寻求庇护。个体心理学之父阿德勒也认为：当人们因生理或心理问题感到受挫，便会不自觉用其他方式（或在其他领域）来弥补这种缺憾，缓解焦虑，减轻内心不安。而日本作家江户川乱步还指出，怀疑容易成瘾，一旦冒出头，往往像积乱云扩散般，以惊人的速度蔓延开来。

心理学研究还发现，人类的思维具有三个缺陷：①思维的自然惰性，因为思维需要消耗能量，所以思维很难维持在一个良好不变的状态；②思维的路径依赖，我们总是习惯靠经验和现有的知识解决问题，而忽略了新情况的发生；③思维的必然局限，一方面我们的感官对于某些客观存在的事物是无法感知的，另一方面观察也是有盲区、有选择、有倾向的。

历史事实也反复告诉我们，大多数人不太情愿深入调查研究、不太能全面了解情况、不能够以事物发展变化的根本原理为比较依据，而是根据自己的经验或二手的知识为依据作比较、作选择的，那就必然会犯"刻舟求剑"之类的错误。也就是说，大多数人是没有"实事求是"的智力与毅力的，也是必然会产生"平庸之恶"的。

如上所述，反思能力对于信访工作人员领会，即汇集信息的影响主要体现在：一是抽象思维能力，关系到是否能够及时把握信访矛盾的本质与根源，从而迅速做出准确分析与认定；二是内化标准能力，关系到是否能够对信访事项做出稳定的衡量与评判，贯彻好法治思维与法治方式；三是提升作用能力，关系到是否能够始终坚持信访工作的政治底色，坚持从党的群众观点、群众立场、群众路线的角度来对待信访群众，发挥好信访工作的桥梁纽带作用。

总体来说，信访工作人员的工作能力对于领会的影响，关系到他们在日常信访工作中，是否有能力捕捉到个体境遇与制度变迁的微妙关联，是否有能力把弱势群体可能难以言明的"病患"转化成清晰可辨的"症候"，使它们可以用政治等手段来加以治理，也让可能被压制和扭曲的声音能够通过正常渠道得以表达，进而为通过政治手段对社会"病患"加以疗治提供必要的条件。

结　语

　　信访制度的宗旨在于联系，即密切党和政府与人民群众的联系及关系，它维系的是民心；信访制度的关键在于表达，即看重和倾听人民群众的呼声与意见，它传递的是民意；信访制度的核心在于信息，即汇集与发觉人民群众的急难愁盼事项，它体察的是民情。民心是政治领导的基石，民意是政治评判的支柱，民情是政治决策的根据。民情连通着民意，民意连接着民心。而民心民意民情的汇集传递必须通过"言语"，即"说写—听读"或者"表达—领会"。这些"表达—领会"的一个重要方式，则是"信访"与"信访工作"。

　　所谓"信访"，它既是"联系—表达—信息"功能的统一体，也是"需要—表达—呈现"过程的统一体。其中，"表达—呈现"层面的"信访"主要是"表达"的"产物"，而"需要—表达"层面的"信访"则主要是"表达"的"工具"。因此说，信访既是表达的产物，也是表达的工具。与"信访"过程相对应，"信访工作"也是"需要—领会—呈现"过程的统一体。其中，"领会—呈现"层面的"信访工作"主要是"领会"的"产物"，而"需要—领会"层面的"信访工作"则主要是"领会"的"工具"。因此说，信访工作既是领会的产物，也是领会的工具。

　　从心理学的视角看，"信访"与"信访工作"相当于"言语"。而"言语"又必然是与人的"个性"密切相关的，两者也均与诸多心理学知识紧密关联。例如，基础心理学范畴的认知、感情、意志等共性心理过程和动力、能力、人格等个性心理特征，社会心理学范畴的个体的社会化、社会认知、社会动机、社会态度等

结　语

独特个性呈现，以及个体的认知模式、认知能力、认知水平等高级心理过程，特别是世上最难抵抗的普遍的"趋利避害"的人性特征、人性力量，即"能够通过某种方式为自己逃避不利事实时，总是会逃避；能够通过某种方式为自己赢得有利状态时，也不会错过"等，最终均会直接或间接影响到"言语"，包括"说写—听读""表达—领会"。也因此，信访工作范畴的心理因素无疑十分重要，人也始终应成为信访实践的关键。

基于哲学家、心理学家的一些观点，笔者倾向认为，人的心理或精神世界应有三大命题。其中，最基本的命题是认知，因为认知是最基本的心理过程，是感情和意志产生的基础，也是整个心理活动的契机，其与个体心理特征也持续相互影响；最核心的命题是语言，因为语言乃是思想的符号，世界上所有问题的内核均是语言问题，语言的边界也是人认知的边界，语言模塑着人的心灵并限定其对世事的想法；最重要的命题则是人际关系，因为个体的心理世界是人际关系的产物，人际关系和人际互动贯穿了个体的社会化过程的始终，人际关系也是个体生存其中的社会环境的核心，同时心理世界也是人际关系的工具，是应对和处理人际关系与人际互动的中枢。

就"认知"而言，它关系到"民情"的研判，也是复杂问题本质化的基础。面对同一件事情，当人们从不同的角度来定义时，会带来完全不同的感受与结果；同一种矛盾纠纷，不同的眼光、不同的心态，其结果也会大相径庭。因此信访工作中需要因人而异，关注到每个人的不同感受，并通过仔细地询问与倾听，转化为对信访人的深刻理解和共情。但同时，关爱或者人道主义却不能与正义对立，因为关爱的内涵应当包括基于同情的帮助与针对错误的纠正，否则关爱会助长非正义。而且在任何社会中，情绪的终极规则均是由法律制度规定的。

有哲人还指出，苦难与阳光绝不是截然被划分在此岸与彼岸的两个绝不相容的世界。其深刻之处不仅在于，阳光以苦难为底色才更有力度，而且在于，阳光和关爱在很大程度上正是建立在人生苦难与绝望的根基之上。悲剧的本质也并非不幸，而是事物无情活动的严肃性，这种无情的必然性则充满了科学的思想。世间最大的无稽之谈，是把各种不幸视为反对，视为必须消除之物。人们又惯常放大自己的痛苦而低估他人的感受，所有人也更均希望生活在安全和免于恐惧的环境之中，但如果每个人都可以为所欲为，这样的社会安排就不可能出现。

而且，任何制度都有优缺点，弘扬其优点，制度就工作得好；人人都想利用其缺点，制度就会失效。制度本身无论设计得多精巧，最终都缺失不了人的调控；任何理性系统，最终也都不能离开人的价值选择和判断。因而即使是一个好的制度，也需要人心来维护。如果人们都把过上良好生活的希望更多地放在制度上，在某种意义上即是放弃了个体的责任。再良好的制度也不可能确保每个个体一定能过上良好的生活，因为中间有太多偶然因素，有太多的幸与不幸。

就"语言"而言，它涉及"民意"的分析，也是本质问题规律化的前提。语言是思想的符号，也是理性的依凭。信访工作作为党和政府与人民群众联系的桥梁、倾听群众呼声的窗口、体察群众疾苦的途径，以及由此而来的宽广宏大的意义与价值，使其承载了诸多的美好愿景与精神寄托。也因此信访成了人们各言各事、各说各话及各表其情、各行其是的集中场所。任何逼真的摄影之所以不能替代绘画，在于后者有笔墨本身的审美意义在；亦如描绘及表述不能替代事实与真相，因为前者也蕴含着预设的立场和观点。而虚假、欺骗，即意味着企图操纵。

弗洛伊德还说，没有一个没有理智的人，能够接受理智。并

结 语

且,有什么样的理性,便会确认什么样的合理性;有什么样的合理性,也会要求有什么样的理性与之相适应。而利己则是一种强大的动力,它一旦过度,便是贪婪,就变得十分危险,因为贪欲会损害乃至摧毁一个合理的制度。尤其是心态失衡之人,无论选择什么都会不甘,无论得到什么都会不满,无论怎么度过都会生悔。因为总是带着负面情绪和世界互动,必然会带来更多的负面情绪。因而信访工作也好,稳定工作也罢,"三失一偏"(生活失意、心态失衡、行为失常及人格偏执)人员最终均是其中的难点所在、重点所在。

因此在"公共"与"私己"这对矛盾中,信访工作需要关注的始终应是对"公共原则""普通规则"的反映,对"更高者""更大者"的研判,而不应仅针对具体的人和事。因为对于具体人和事的评判,自有法律、道德的"途径"与"方式",即"定分止争"的程序。也可以说,信访工作需要始终如一地坚持反思性的立场,特别是在日常生活工作的世界中,努力捕捉个体境遇与制度变迁的微妙关联。努力把弱势群体可能难以言明的"病患"转化成清晰可辨的"症候",从而使它们可以用政治等手段来加以治理;也让可能被压制和扭曲的声音能够通过正常渠道得以表达,从而为通过政治手段对社会"病患"加以疗治提供必要的条件。所以说,最重要的学问就是学会"问询"问题,最重要的问题始终都是"问对"问题。

就"人际关系"而言,它牵连到"民心"的评估,也是规律问题根源化的关键。问题无疑是需要按规定处理的,但信访工作所面对的不只是问题,真正面对的是群众;问题处理的效果也不仅仅取决于法律和政策的规定,也取决于干部的责任心,以及是否真正善待群众、真心服务群众。用解决诉求的思维对待信访,与用群众工作的思维对待信访,是两个完全不同的价值网。而且,对于信访诉求不能仅限于具体问题，也应该重视信访人的心理和社会适应状态。也就是说，干部眼里不能只关注问题，而没有人。与信访人的充分交流互动，才是做好信访工作的最关键部分。正如有哲人说，事情的尽头是人性。人对了，事也就对了；人不对，事就对不了。笔者则进一步认为，就人性、认知、语言、人际的关系来说，人性的导航是认知，认知的体现是语言，语言的归宿是人际。

因此在理解信访群众与信访工作者的关系时，双方虽然应是伙伴关系，理论上没有所谓强势弱势的问题，但微观上需要信访工作者做出更多改变，包括增强信访人文素养，如对信访制度宗旨的认知、对信访活动本质的把握、对信访工作价值的了解、对信访信息内涵的领会。当前，信访人文也是转变信访困境不可或缺的重要环节。在浮躁和杂乱的环境中仍然能够保有认真细致的态度，不仅是责任心和使命感使然，也是人性的光辉在发挥作用，即真切地关心他人、关心集体，以及关心党和国家的前途与命运。

黑格尔曾指出：相互作用是事物真正的终极原因。即任何事物都是"互动因果关系"，原因产生结果，而结果又产生原因。或者说，内因是外因作用的结果，外因也是内因而成的环境。个体与环境、自我与社会之间的关系同样也是交互的，人既是社会环境的产物，又影响、形成其所依附的社会环境。交互的观点也能更好地解释人的特征与所处环境之间的交互式因果关系。即个体与社会环境之间是交互决定的，而非相互独立的。

为此我们需要知道，信访工作既是信访环境的适应者，也是信访环境的改变者。从百余年的信访实践来看，信访制度及其工作，初始时预设的是政治属性，加强与人民群众的联系和关系；改革开放后拓展至社会属性，加强社会矛盾、权益纠纷的应对与处置；当前主要面对的是人文属性，需要更加关注个性化、差异

结 语

化的表达与需求。由此,信访工作应当也存在着三重境界:知晓和办理群众的不同信访诉求,如谁主管、谁负责,属地管理、分级负责等;掌握与区分信访诉求的不同本质,如建议意见、检举控告、申诉求决,以及诉访分离、分类处理等;洞察并领悟信访诉求产生的不同根源,如干部因素、个体因素、系统因素等。

南辕北辙的寓言告诉我们,做任何事情,都要首先认准方向、找准道路,否则就会事与愿违,犯根本性的错误。国外也有名谚:如果一艘船不知道该驶向哪一个港口,那么任何地方吹来的风都不会是顺风。现代管理学之父德鲁克提出:管理的本质是建立信任,最大的管理成本是信任成本。在一个社会中,人与人之间的信任程度,对这个社会的繁荣与秩序有着深远影响。信任与合作也仍然是现代国家最关键的组成部分,尤其是群众与干部之间的信任程度,信任越大国家就会越成功。对于那些层出不穷的无理或过高诉求的信访,若用社会学的视角分析,看到的是个体法律意识、道德品质的缺失;若从心理学视角来分析,实际是群众与干部之间以及群众与群众之间信任的缺失。而这种信任缺失的背后,主要又是干部素质要求的不足,这又必然涉及政治学的分析研判。为此,我们不能只用法律或政策的方法,还必须用政治学、社会学、心理学等理论,全面系统认识信访活动及信访矛盾,并将信访系统放在更大的整体中来理解,切实发挥好信访工作"了解民情、集中民智、维护民利、凝聚民心"重要作用,推进走向信访工作的整合时代。

参考文献

[1] 阿尔伯特·班杜拉. 自我效能 [M]. 缪小春, 译. 上海: 华东师范大学出版社, 2022.

[2] 阿明·福尔克. 人性的博弈: 为什么做个好人这么难 [M]. 北京: 中信出版集团, 2024.

[3] 爱因斯坦. 爱因斯坦晚年文集 [M]. 方在庆, 韩文博, 何维国, 译. 海口: 海南出版社, 2014.

[4] 岸见一郎, 等. 被讨厌的勇气: "自我启发之父"阿德勒的哲学课 [M]. 北京: 机械工业出版社, 2015.

[5] 保罗·瓦兹拉维克. 人类沟通的语用学: 一项关于互动模式、病理学与悖论的研究 [M]. 周薇, 王皓洁, 等译. 上海: 华东师范大学出版社, 2016.

[6] 保罗·瓦茨拉维克, 等. 改变: 问题形成和解决的原则 [M]. 北京: 教育科学出版社, 2007.

[7] 薄钢. 信访学概论 [M]. 北京: 中国民主法制出版社, 2012.

[8] 布莱克本. 我们时代的伦理学 [M]. 梁曼莉, 译. 南京: 译林出版社, 2009.

[9] 蔡文辉, 李绍嵘. 社会学概要 [M]. 3版. 北京: 世界图书出版有限公司, 2007.

[10] 蔡燕. 信访心理学 [M]. 北京: 中国卓越出版公司, 1989.

[11] 曹康泰, 王学军. 信访条例辅导读本 [M]. 北京: 中

国法制出版社，2005.

[12] 陈嘉映．说理[M]．上海：上海文艺出版社，2020.

[13] 陈嘉映．走出唯一真理观[M]．上海：上海文艺出版社，2020.

[14] 陈小君．信访法制[上]：信访法制通论[M]．北京：中国民主法制出版社，2012.

[15] 成云新．透视：信访与群众工作[M]．北京：团结出版社，2022.

[16] 崔丽娟．心理学是什么[M]．2版．北京：北京大学出版社，2007.

[17] 戴维·刘易斯．非理性冲动[M]．胡晓姣，等译．北京：中信出版社，2014.

[18] 刁杰成．人民信访史略[M]．北京：北京经济学院出版社，1996.

[19] 费尔南多·萨瓦特尔．伦理学的邀请：做个好人[M]．于施洋，译．北京：北京大学出版社，2008.

[20] 冯天瑜，何晓明．中华文化史[M]．上海：上海世纪出版集团，2005.

[21] 傅佩荣．哲学与人生[M]．北京：东方出版社，2006.

[22] G.伽莫夫．从一到无穷大：科学中的事实和臆测[M]．修订版．暴永宁，译．北京：科学出版社，2002.

[23] 高建国．人性心理学[M]．北京：中国经济出版社，2013.

[24] 何怀宏．伦理学是什么[M]．北京：北京大学出版社，2002.

[25] 侯玉波．社会心理学（第三版）[M]．北京：北京大学出版社，2013.

[26] 江利红, 王凯. 信访法治化专题比较研究 [M]. 北京: 人民出版社, 2018.

[27] 江利红, 王凯. 亚洲类信访制度比较研究 [M]. 北京: 人民出版社, 2016.

[28] 金国华, 连淑芳. 信访心理学 [M]. 上海: 上海大学出版社, 2014.

[29] 卡罗尔·韦德, 等. 心理学 [M]. 第13版. 北京: 中国人民大学出版社, 2023.

[30] 康拉德·洛伦茨. 人性的退化 [M]. 寇瑛, 译. 北京: 中信出版社, 2013.

[31] 美沙伦·贝格利. 大脑的情绪生活: 大脑如何影响我们的思想、感受和生活 [M]. 上海: 格致出版社, 2014.

[32] 李皋. 变迁与启示: 改革开放四十年化解社会矛盾经验研究 [M]. 北京: 中国民主法制出版社, 2018.

[33] 李睿秋. 打开心智 [M]. 北京: 中信出版集团, 2022.

[34] 李泽厚. 中国古代思想史论 [M]. 北京: 人民文学出版社, 2021.

[35] 李泽厚. 美的历程 [M]. 北京: 人民文学出版社, 2021.

[36] 莉莎·费德曼·巴瑞特. 情绪 [M]. 北京: 中信出版社, 2019.

[37] 刘林. 冲突与危机管理 [M]. 北京: 中国民主法制出版社, 2012.

[38] 刘平. 法治与法治思维 [M]. 上海: 上海人民出版社, 2013.

[39] 刘树年. 高级信访工作实务 [M]. 北京: 中国民主法制出版社, 2012.

[40] 卢坡尔. 伦理学是什么 [M]. 陈燕, 译. 北京: 中国人民大学出版社, 2014.

[41] 卢梭. 论人类不平等的起源和基础 [M]. 龚小彦, 译. 南京: 译林出版社, 2013.

[42] 罗伯特·西奥迪尼. 影响力: 经典版 [M]. 闾佳, 译. 北京: 北京联合出版公司, 2016.

[43] 罗素, 等. 罗素谈人的理性 [M]. 石磊, 编译. 天津: 天津社会科学院出版社, 2011.

[44] 派克, 等. 少有人走的路: 心智成熟的旅程（白金升级版）[M]. 长春: 吉林文史出版社, 2007.

[45] 庞朴. 一分为三: 中国传统思想考释 [M]. 深圳: 海天出版社, 1995.

[46] 培根, 罗素, 等. 人生的艺术: 英美名家论人生 [M]. 刘英跃, 等译. 北京: 当代中国出版社, 2013.

[47] 萨瓦特尔. 伦理学的邀请: 精装版 [M]. 于施洋, 译. 北京: 北京大学出版社, 2015.

[48] 盛文林. 人类历史上的重要学说 [M]. 北京: 北京工业大学出版社, 2012.

[49] 史蒂夫·马丁, 等. 细节: 如何轻松影响他人 [M]. 北京: 中信出版社, 2016.

[50] 舒晓琴. 中国信访制度研究 [M]. 北京: 中国法制出版社, 2019.

[51] 苏曦凌. 行政人的非理性世界: 行政决策的非理性维度研究 [M]. 北京: 光明日报出版社, 2013.

[52] 孙继虎. 政治学原理 [M]. 武汉: 华中科技大学出版社, 2013.

[53] 孙惟微. 赌客信条: 你不可不知的行为经济学 [M].

北京：电子工业出版社，2010.

[54] 托尼·朱特.沉疴遍地[M].杜先菊，译.北京：中信出版社，2015.

[55] 王凯，郭晓燕.聚焦 透视 思考：国内外重大社会热点事件综述（2014）[M].北京：中国民主法制出版社，2016.

[56] 王浦劬，等.以治理的民主实现社会民主：对于行政信访的再审视[M].北京：北京大学出版社，2012.

[57] 王煜.社会稳定与社会和谐[M].北京：社会科学文献出版社，2006.

[58] 威尔·杜兰特.哲学家[M].北京：中信出版社，2021.

[59] 威尔·杜兰特，等.历史的教训[M].倪玉平，张阅，译.成都：四川人民出版社，2015.

[60] 威廉·詹姆斯.思维盲点[M].常春藤国际教育联盟，译.北京：现代出版社，2017.

[61] 文森特·赖安，拉吉罗.思考的艺术[M].北京：机械工业出版社，2015.

[62] 吴镝鸣.信访理论研究：全国首届"信访与社会矛盾冲突管理"研究方向教学成果[M].北京：人民出版社，2014.

[63] 吴光远.不可不知的人生哲学[M].北京：中国和平出版社，2006.

[64] 吴为.通俗心理学[M].北京：华夏出版社，2012。

[65] 小川仁志.改变人生的哲学之夜[M].杜海清，译.武汉：华中科技大学出版社，2016.

[66] 小川仁志.完全解读哲学名著事典[M].唐丽敏，译.武汉：华中科技大学出版社，2016.

[67] 严飞.穿透：像社会学家一样思考[M].上海：上海

三联书店，2020.

[68] 杨永明，等. 信访心理学[M]. 西安：陕西人民出版社，1988.

[69] 叶启晓. 诠释人类学[M]. 北京：北京大学出版社，2012.

[70] 尤瓦尔·赫拉利. 人类简史（从动物到上帝）[M]. 北京：中信出版集团，2017.

[71] 余秋雨. 观众心理学[M]. 上海：上海教育出版社，2005.

[72] 袁清明. 群众信访心理学[M]. 郑州：中原农民出版社，2016.

[73] 翟校义，张宗林，等. 信访法治化研究[M]. 北京：人民出版社，2016.

[74] 曾仕强. 人性的奥秘：曾仕强谈人性的弱点[M]. 北京：北京联合出版公司，2014.

[75] 张宏杰. 简读中国史：世界史坐标下的中国[M]. 长沙：岳麓书社，2019.

[76] 张康之. 论伦理精神[M]. 南京：江苏人民出版社，2010.

[77] 张为娜. 自控力：掌握情绪提高效率的实用心理学[M]. 北京：中国铁道出版社，2016.

[78] 张宗林，吴镝鸣. 国家治理体系下的信访制度研究[M]. 北京：人民出版社，2018.

[79] 张宗林，郑广淼. 依法行政：法治社会的根基[M]. 北京：人民出版社，2017.

[80] 张宗林. 中国信访理论的新发展：2005—2014[M]. 北京：人民出版社，2016.

[81] 张宗林, 郑广淼. 信访与法治 [M]. 北京: 人民出版社, 2014.

[82] 张宗林. 中国信访史研究 [M]. 北京: 中国民主法制出版社, 2012.

[83] 郑日昌. 情绪管理与压力应对 [M]. 北京: 机械工业出版社, 2008.

[84] 中国就业培训技术指导中心, 中国心理卫生协会. 心理咨询师（基础知识）[M]. 北京: 民族出版社, 2012.

[85] 梁川. 信访学概论 [M]. 北京: 中国方正出版社, 2005.

[86] 周国平. 幸福的哲学 [M]. 武汉: 长江文艺出版社, 2019.

[87] 朱大鹏. 法律面对的人类形象 [M]. 北京: 中国金融出版社, 2013.

[88] 祝灵君, 齐大辉. 群众工作手册 [M]. 北京: 中共中央党校出版社, 2012.

附 录

一本值得信访实务工作学习的好教材
——《透视：信访与群众工作》评读

张宗林

信访是一门学问，甚至说是一门很深的学问。遗憾的是，很多年来，我们并没有把它当作一门学问来看待，也没有把它当作一门学问来研究。成云新同志长期从事信访实务工作，善于积累，勤于思考，认真研究，是无数信访工作人员中的榜样，实属难能可贵。

成云新同志长期从事信访实务工作，累计办理信访相关诉求1500余个，曾与数千名上访群众有过深入交流，掌握了大量的一手材料和情况，为出版本书打下了重要基础。

《透视：信访与群众工作》一书共分为上篇：信访是什么，中篇：信访为什么，下篇：信访做什么，从不同的视角研究信访。作为中国独有的制度设计，把信访工作的程序、信访工作的功能，以及信访工作的作用，有机地串联在一起，使得本书具有较好的完整性，理论具有扎实的基础。从信访的多个点位思考并加以论述，体现了作者对信访工作的熟知，对社会上就信访工作中的薄弱点，以及对信访工作存在的不同观点和看法，均较为熟悉，并在本书中均有回应。尽管是一家之言，但体现了作者对信访工作有着亲身的体验，对信访工作有着细致的观察，对信访工作存在的困惑有着深入的思考和研究。

长期以来，在全国信访领域，理论研究落后于工作实践的状况始终存在，信访工作实践长期缺乏理论指导的状况始终存在。2010年以后，在国家信访局的高度重视下，全国信访理论研究得到前所未有的发展。大批的信访实务工作者开始认真思考和研究相关理论问题，大批的专家学者积极地参与信访理论研究，使全国的信访理论研究，特别是基础理论的研究，呈现了前所未有的良好局面。

近十多年来，关于信访的理论研究文章大量发表，关于信访的理论研究著作大量出版，为全国的信访工作实践作出了积极贡献。《透视：信访与群众工作》一书无疑是众多著作中的一分子，也一定会发挥积极的作用。本书既是理论研究方面的著作，也是一部很好的实务工作概论性质的著作，相信对我国信访理论研究，对我国信访工作的实践，都具有重要的积极作用，也是广大信访实务工作者培训的一部好的教材。

（作者系全国首家信访领域专业智库"北京市信访矛盾分析研究中心"创办人，中国政法大学教授、博士生导师，中国行政法学会信访法治化专业委员会主任委员，中国信访高等教育联盟主席；原载2023年10月25日《江苏法治报》）

谁持彩练当空舞
——透视《透视：信访与群众工作》

刘正强

随着社会的变迁、政治的演化与法治的进步，信访活动、信访工作、信访运行等亦呈现出时而潜移默化、时而跌宕起伏的特点。擦亮与刷新信访是一些学者、官员无日或忘的使命。南通市信访局副局长成云新的著述《透视：信访与群众工作》（简称《透视》）就是这种努力的一个成果。

多年来，信访制度一直处于毁誉、褒贬的风口浪尖上。《透视》对中国基层信访运行乃至信访理论具有通透性的理解，我从事信访研究十数年，自以为对信访的掌握尚可，但云新其人、其书、其思考、其境界，使人耳目一新。

本书勾连古今、鉴往知来，有相当的历史视野

信访制度是中国共产党首创的一项民意收集与整理制度，历代一些制度也具有类似的理念和主张，但与近代西方民本主义，特别是当今我党执政理念中的以人民为中心、以人为本的思想存在着很大差异。《透视》具有历史视野和反思精神，对古代执政思想多有引述和阐释，如引用《尚书·泰誓》"天矜于民，民之所欲，天必从之；天视自我民视，天听自我民听"及张居正"治理之道，莫要于安民；安民之道，在于察其疾苦"的内容体现了重民、爱民、养民、惠民、教民、使民的朴素思想。作者尤其用《道德经》关于"失道而后德，失德而后仁，失仁

而后义，失义而后礼"的论述，来比拟信访工作的发展历程也经历了轻关系而后联系、轻联系而后事项、轻事项而后维权、轻维权而后维稳等过程，具有启发意义。

本书登高望远、继往开来，有高度的政治自觉

信访部门是联系群众的桥梁、倾听呼声的窗口、体察民情的途径，这是信访制度的优长所在，如果专注于解决实际问题，就降低了信访制度的功能和定位，使其混同于一般制度。对此，云新的认识是到位和深刻的，他提出："信访工作作为群众工作的组成部分，也属于寻求和建立共识的基础性活动，而非定分止争的工作。而且定分止争工作是需要很强的专业素养和能力的，也是需要威慑力、强制力作为依靠的，未经过专门训练的人员是承担不了的，甚至会南辕北辙。因此不能把信访工作混同于法治工作，不能要求信访工作来定分止争，更不能指望信访工作来化解所有矛盾。"不过，他感到忧心的是，目前作为核心的信息工作、作为首要属性的政治工作、作为外显属性的群众工作都有所淡化。他对法治与政治关系的理解也很到位，"就权利救济来说，信访工作的最终目的，不是让群众相信'信访'，而是要让群众相信我们是法治国家、法治政府、法治社会，最终要靠法治解决问题。"这种境界是很有启发意义的。

本书触类旁通、信手拈来，有清晰的辩证思维

云新的思想并不保守、僵化、教条，而是多有涉猎、触类旁通，比如他用矛盾论、实践论等观点描述信访现象、分析信访问题、探究信访治理，具有一定的说服力。比如，他提出救一弊往往也会生一弊，纠一偏常常也会起一偏，即在所谓理性的指导下，有选择就必定有冲突，有便利就必定有优选，有偏差就必定有攀比，有可能也必定被穷尽。也就是说当信访处理的随意性更大时，投机性信访的比例也会更大，当持续上访能取得额外好处时，上访老户才会不断涌现，当进京越级上访没有代价却会提升受益的概率时，进京越级上访也才会持续增多。他对信访中"事"与"人"的辩证关系的把握也十分到位，表面上，群众大都因"事"而来，但根源上，却大多因"人"而异。即信访人起先大都是为一个或一些具体的事项向干部求助或申诉，在得不到支持后，可能会转向指责相关干部作风态度方面的问题，由处理事转向指责人。只要有人的主观参与，一件事情发生的过程和结果可以有无数视角，人的自由意志就是其中最大的变量。

本书深入浅出、娓娓道来，有较高的实用价值

云新是做信访实务工作的，他提出：掰开信访看信访、顺着信访看信访、跳出信访看信访，书中关于信访的真知灼见比比皆是。比如，对于找领导、批条子的传统做法是不是"人治"，是不是"权大于法"，他指出："有事请领导干部出面解决问题，并非就是'批条子''搞特殊'，也不是推崇'权大于法'。'找领导'办事的正确打开方式，都应是推动百姓操心事、烦心事顺利进入'程序'体系和'法治'框架，依法推动问题解决。也可以说，站在台前的是领导，真正解决问题的其实是党和政府在法治框架内的有序运行体制。找领导办事，实际上找的是党和政府；群众'信'领导，本质上'信'的是党和政府能够在法治的框架内，公正地解决好民生问题。"他进而认为："仅仅希望以扩充信访部门的权力来消解群众信访困扰的做法，不仅不能从根本上化解矛盾，而且必然会对现行国家政治体制内部、国家各个权力机关之间的权力配置格局和既有的法律制度造成破坏，从而造成危害国家核心政制的后果。"再比如，他认为信访系统不应是国家的消化系统（即化解功能）——那是立法、执法、司法以及纪检监察的职能——而应是国家的神经系统，既是传递社会感觉的通道，也是汇集社会智慧的渠道。

总之，《透视》至少有两点让人佩服：一是对信访制度的理解和把握通透，其境界既可与中央群众工作的理论无缝对接又扎根基层，真知灼见喷薄而出，作者对西方心理学的一些前沿理论、马克思主义唯物辩证法运用自如。二是文笔优美、金句迭出，既可算是学理著述，又具有散文、随笔的风格。不夸张地说，本书可以成为信访领导的案头书，信访工作的入门书，信访研究的必读书。

（作者系上海社会科学院副研究员、中国社会学会法律社会学分会常务理事、上海信访学会会员；原载2024年10月12日《南通日报》）

做信访工作的明白人
——读《透视：信访与群众工作》有感

顾艳平

从事信访工作10多年，有过迷茫，受过委屈，也感受到来自群众的温暖。通读《透视：信访与群众工作》，在产生共鸣的同时，心中解不开的结，在这本书中找到了答案。该书从信访是什么、信访为什么、信访做什么三个方面，进行了详细论述，让我不知不觉、发自内心地接受，并且有感而发。

首先，《透视：信访与群众工作》告诉我，信访制度是历史发展的产物，符合马克思主义的观点和方法。信访工作是发挥政治参与、权力监督、权利救济作用的渠道，是党和政府了解民情、集中民智、维护民利、凝聚民心的一项重要工作，是党和政府与人民群众沟通的桥梁，是上情下达、下情上达，是干部联系群众制度范畴的一个组成部分，甚至可视为兜底性、基础性的组成部分。信访制度就是我们党的群众路线的具体化、常态化、制度化。当我们认识了信访制度的发展及作用，或许在信访工作过程中我们就多了一分自信，少了一分疑惑；面对不同的声音，我们也有必要去澄清一些误区，不能因为信访工作存在一些不完善而否定信访工作在维护社会和谐稳定方面所起的积极作用。正如书中所言，并不存在只有好处没有缺点的制度。不可否认，会有极少数人利用信访途径，试图为自己牟取更多的利益而且能够得逞，但我们却不能因此就否认制度的合理性、必要性。

其次，《透视：信访与群众工作》提示我，信访工作是群众工作，是交流，是互动。人们彼此之间的想法，从来不会一样。当我们在做信访工作时，我们会和不同的人打交道；同样一个诉求，每个人的认知及追求的结果可能也不一样。这就要求我们在与信访群众打交道时，多一些宽容，多一些理解。当我们在沟通过程中认为群众有偏见或非理性诉求时，应该在我们认知的范围内，尽量站到群众的立场。即便不能感同身受，也应尽可能换位思考。也许换个角度，对问题的看法就不一样了。书中所引用的诺贝尔文学奖得主鲍勃·伦的说法：有些人能感受雨，而其他人则只是被淋湿。我们化解矛盾、解决问题的过程，更是做思想工作的过程，也就需要我们沉下心，担当起做群众工作的使命。精神的慰藉，胜过物质上的给予；心灵的相通，超越距离的障碍。看了这本书让我顿悟，信访工作不仅仅是解决问题、化解纠纷，更多的是与群众沟通，是对人的关怀。

最后，《透视：信访与群众工作》更让我明白，人生舞台的诸多角色，其实是一位真正主角的面具。作为一名信访工作者，更多的是透过现象看本质，去了解群众真正的诉求和真实的想法；或者透过一个或多个信访问题，看到一种社会规律或问题，让信访工作真正了解社情民意，为领导决策提供有价值的参考。当然，信访部门仅通过信访事项，对条线所显露的问题，提出的建议意见可能会存在很大的片面性。如何与条线相结合，共同分析好问题，也需要统筹和分工。

同时，这本书也提出了一些困惑。对于一些过度信访，或有法定途径而信访人却执意在信访渠道空转，我们没有更多的手段和办法。或者通过信访途径解决的一些问题，可能凌驾于法律之上，我们如何去规范，让信访工作回归法治的轨道，值得我们去思考。

（作者单位：如皋市信访局，原载 2024 年 3 月 14 日《南通日报》）

境界 情怀 担当
——读《透视：信访与群众工作》

冯军

欣闻成云新同志有著作出版，拜读后即给作者发去两则信息："呕心沥血之作，说尽信访事，发良心之呐喊""功夫细腻，见解深刻；知识渊博，逻辑严谨；站位高远，情怀厚重"。写书是要耗费心神的，这本书原创观点很多，涉猎广泛，思深忧远。

这是一篇"境界"之作。本书把信访是什么、为什么、怎么办，掰开揉碎了说，运用矛盾论、实践论、系统论等马克思主义观点分析研究，广泛涉及政治学、法学、社会学、行政学、管理学、心理学、历史学等诸多学科知识，道尽信访的前世今生，说透信访的观念争议，指归信访工作的本质属性，体现了作者广博的知识积累、深入的学术思考、长期跟踪研究的深厚功底。可以说，这是一次对信访理论全领域的崭新探究，是作者对党的信访工作长期思索实践的一次厚积薄发，是作者对信访工作热爱的一次畅情抒发。"境界决定高度"，书中凝结着作者强烈的责任使命意识，是对信访工作是党的群众工作重要组成部分的深刻体认，是对信访工作回归群众工作路线本源的热切呼吁。

这是一篇"情怀"之作。作者多层次、多维度反复析论"群众与干部"这对信访活动中的主要矛盾关系，着力围绕"干部"这个矛盾主体角色作了多角度剖析定位。突出强调了作为"干部"这个集合，在信访活动中，要深刻领悟信访工作的政治性和人民性，深刻领会群众路线是党的生命线的深刻意义，并把它内化为我们的工作自觉。强调坚持对群众负责与对党负责相统一，对割裂或偏离两者正确关系、导致信访功能异化的现象进行了逻辑严谨的批驳指正。可以说，通篇凝结着作者"为民解难、为党分忧"的浓厚情怀。"情怀决定胸怀"，作者将使命情怀融于笔端，胸怀大局，文章富有深情和穿透力。

这是一篇"担当"之作。当今，信访工作在维护群众合法权益与维护社会和谐稳定方面发挥着重要作用，信访工作体系、制度在不断进步和发展，但基层一线干部面临着沉重的信访工作压力也是一个不能回避的问题。作者以丰富的信访工作实践经验、丰厚的学术素养，以及对当今信访问题的敏锐深刻感知，直面当前信访工作争议、争论、困惑甚至是不良现象，博采各家观点，进行独立思考，形成原创性成果，并以极大的自信和勇气，呼吁正视信访制度所涉及的系列问题。"担当决定作为"，作者把握信访工作时代需求，应答信访工作时代之问。我认为，此书是作者将学术探究的爱好与信访工作社会责任融为一体的一次有益尝试。

（作者单位：如东县信访局，原载2024年5月15日《江海晚报》）

其他对《透视：信访与群众工作》的评读

孔凡义（武汉大学信访制度研究中心主任，教授、博导，中国社会治理研究会咨询专家）：《透视：信访与群众工作》一书建立了"是什么""为什么"和"做什么"的信访问题研究框架，对信访的多重面孔进行全景式的扫描分析，行文充满了辩证性、思想性和实践性。作者以富有哲理的笔调深刻阐释了信访制度存在的内在紧张关系，并通过"掰开信访看信访""顺着信访看信访""跳出信访看信访"，由里到外分别从微观、中观和宏观层面对信访制度及其运行进行了富有创见的讨论。

翟校义（中国政法大学教授，《信访与治理研究》刊物主编）：云新同志的《透视：信访与群众工作》一书，读来颇有感触。该书虽不是一本规范的学术之作，却是一个在信访战线上长期战斗的信访工作者对信访、对信访工作、对《信访工作条例》深度思考的结晶，充满了对信访与群众工作的热爱。信访与群众工作的复杂性、信访被"污名化"，及相关研究的匮乏，导致外界对信访与群众工作存在大量的误解，该书有助于人们从信访工作者的角度理解信访与群众工作，理解信访工作者，理解信访活动背后的相关制度规范。

章志远（华东政法大学二级教授、博导，中国行政法学研究会常务理事）：成云新同志的《透视：信访与群众工作》一书以"是什么""为什么""做什么"为主线，立足多年信访工作实践经验观察，对信访制度进行了较为系统的研究，为推动中国特色信访制度的发展完善做出了积极贡献，是信访研究重要的参考文献。

（《人民信访》（2024 年第 4 期）与《江苏信访》（2023 年第 4 期）亦予引介）